아트토크 머니토크

아트토크 머니토크

이지혜 지음

갤러리에서 아트페어까지
미술 시장에서 만난 그림값의 비밀

ART
TALK
MONEY
TALK

미래의창

목차

CHAPTER 4

서울을 주목하는 갤러리들

CHAPTER 5

돈이 되는 미술 키워드

시작하며

미술, 돈으로 말해볼까요?

우리가 알고 있는 자산들을 떠올려보자. 부동산, 주식, 채권, 보석, 미술품이 대충 생각나고 비트코인이나 음원 저작권 같은 대체 자산도 여기에 포함될 수 있을 것이다. 이렇게 경제적인 가치를 지닌 재화를 사고파는 거래가 반복적으로 발생하고, 여기에 적정한 거래가가 형성되는 것을 우리는 시장이라고 부른다. 앞서 언급한 자산들 또한 일정량 이상의 거래와 이를 소구하는 사람들이 모였기에 각각의 시장이 형성될 수 있다. 한마디로 물건과 사람, 돈이라는 세 가지 요소에 시간까지 더해져야 비로소 자산의 성립 조건이 갖추어진다.

이러한 전제로 미루어 보았을 때, 미술품은 당연히 자산에 해당된다. 내가 전공한 무용과 미술은 예술이라는 공통분모를 갖고 있다. 그러나 미술에 비해 무용이 더욱 막연하게 느껴졌던 이유는 결국 '세일즈'가 되지 않기 때문이었다. 무용은 시작되는 순간 끝나버리는 휘발성이 강한 예술인 데 비해, 미술품은 거래가 가능한 실재적 예술이라는 점이 내게는 무척 근사하게 느껴졌다. 하지만 이러한 장점에 끌린 것이 비단 나뿐만은 아닌 것 같다. 미술품을 '영혼이 있는 황금'이라고 부르는 사람들까지 있는 걸 보면 말이다. 하긴 실물 자산으로서 양도차익을 노릴 수 있을 뿐만 아니라 돈으로 환산할 수 없는 심리적인 수익을 얻을 수 있는 미술품의 매력은 그만큼 강력하다.

특히나 미술품은 하방경직성이 강한 대표적인 자산으로 손꼽힌다. 하방경직성은 경제 여건의 변화에도 불구하고 가격이 하락하지 않고 그 수준을 유지하려는 경향을 가리킨다. 이처럼 시간에 따라 가격은 안정적으로 상승하면서 동시에 폭락에 대한 방어력까지 뛰어난 미술품은 자산의 측면에서 월등하게 유리한 가치를 가지고 있다. 국내에서는 세제 혜택이 뛰어나다는 장점 역시 돋보인다.

나는 '시장'이라는 단어가 가진 생생한 활기를 좋아한다. 그러나 한국 미술 시장은 너무나 오랜 시간 폐쇄적으로 형성되어 왔다. 시장의 법칙에 따라 일정량의 거래가 꾸준히 발생하기는 했지만, 겉에서 보면 존재조차 모를 만큼 그 파장은 고요하기만 했다. 여기에 시장참여자 역시 다른 자산 시장에 비해 극도로 부족했다. 물론 그 수를 정확히 셀 수는 없지만 국내 미술품 경매회사에서 통상적으로 관리하는 고객의 수로 비추어 보았을 때, 대한민국에서 실질적으로 컬렉터라고 부를 수 있는 사람들의 숫자가 500명 정도에 남짓하다는 중론이 거의 사실로 받아들여지고 있는 듯했다. 그러나 바야흐로 자본의 시대가 본격적으로 도래하며 미술 시장에 세대교체의 바람이 불기 시작했다. 과거에는 고미술로 컬렉팅의 세계에 발을 들인 중장년층이 주축을 이루었으나 최근에는 미술품보다 미술 시장의 가치에 주목한 젊은 세대의 진입이 새롭게 이루어졌다. 이렇게 미술 시장은 아주 커다란 변화의 서막을 맞이했다.

2020년 본격화된 미술 시장의 흥행은 퀀텀점프Quantum Jump의 전형적인 그래프를 그리며 상승랠리를 이어갔다. 그러나 급발진했던 자산 시장의 시동이 꺼지자마자 거품까지 끼었던 미술품 가격은 맥없이 가라앉기 시작했다. 미술 시장이 새로운 역사를 써나가는 것을 보며, 오랜 시간 저평가되어 있던 미술품 가격과 자산가치에 주목해야 한다고 떠들어 대던 사람들도 지금까지의 흥행은 초보 운전자가 액셀러레이터를 다소 급하게 밟았을 뿐이었다며 차갑게 돌아섰다. 그런데 정말 그럴까? 여기서 나는 이러한 현상을 반대로 해석할 수 있는 또 다른 여지를 발견했다. 미술품을 자산으로 봐도 될 것인지에 대한 논란이 탁상 위로 올라온 지 불과 몇 년 만에 미술 시장은 이미 자산 시장과 동일한 체계를 따르고 있다. 부동산 시장에 조금의 그늘이라도 생길라치면 무섭게 등장하는 10년 주기설이나 버블론이 미술 시장에도 복붙(복사해서 붙이기)처럼 나타났다.

미술 시장은 미술품을 거래하는 사람과 돈, 그리고 수요와 공급이 서로 맞부딪히며 만들어내는 드라마틱한 파장으로 어느새 명실상부한 자산의 한축을 담당하고 있었다. 아트 컬렉터인 나에게 미술품은 가장 배타적이면서 동시에 유기적이고, 보수적이면서도 판타지가 가득한 대상이다. 한편 내가 몸을 담고 있는 업계인 부동산과 동일한 선상에 놓고 봤을 때 미술품은 가장 고결한 시장의 힘을 보여주는 상품이 되기도 한다.

일대일 매칭으로 거래되는 미술품의 특성에 따라 가격이 시세와 다르더라도 판매자와 구매자가 거래금액에 합의했다면 거래가 성사된다.

반면 가격이 아무리 합리적이라고 하더라도 작품을 구성하는 수백 가지의 요소 중 단 한 가지라도 내 취향과 맞지 않는다면 거래는 불발되어 버린다. 자산으로서의 성격이 두드러지면서도 개인의 취향을 절대적으로 반영하는 것이 미술품이 가진 아이러니한 매력이다.

미술품이 가진 다채로운 매력을 하나하나 말하기도 입 아프지만, 미술품보다 더욱 강력하게 컬렉터를 매료하는 것이 있다. 바로 미술 시장을 이루고 있는 비즈니스의 핵심, 즉 사람이다. 세계적인 아트 딜러들이 자신의 성공 비결로 미술품이 아닌 '휴먼 비즈니스'를 언급했을 정도로 미술 시장은 인맥이 곧 금맥이 되는 곳이다. 가장 지적이고 감각적인 자산의 시장, 그리고 그 시장을 이끄는 사람들은 또 얼마나 우아하고 트렌디한지 모른다. 돈이 많은 모두가 그림을 사지는 않는다. 명품을 사는 부자는 많아도 그림을 사는 부자가 상대적으로 적은 것은, 그림에 자본 그 이상의 지성이라는 재화가 필요하다는 사실을 뒷받침한다. 설사 그것이 명품과 같은 값을 치르는 것일지라도 말이다.

《아트토크 머니토크》는 세계적인 규모로 발돋움하는 아트시티인 서울을 줌인하는 동시에 이미 세계 미술 시장을 선도하고 있는 다양한 도시로 시선을 줌아웃해보고자 한다. 예술 선진국들이 경제의 한축으로 미술품 자산 시장을 어떻게 이끌어 가고 있는지 안내하는 책의 이야기를 따라가다 보면 아름다운 도시의 보석 같은 미술 행사들도 만나볼 수 있을 것이다. 그뿐만 아니라 미술 시장의 발전과 더불어 확장되고 있는 다양한 유통 채널도 소개했다. 이전까지 갤러리와 미술품 경매회사가 양분하고 있던 미술품 거래 방식은 미술 시장 전체를 획일적이고 지루하게 만드는 요소가 되기도 했다. 그러나 극단적으로 치우쳐 있던 오프라인 유통 채널이 온라인으로 재편되며 시작된 변화는 이전까지 없었던 완전히 새로운 형태의 플랫폼과 중간 채널들을 만들어내며 미술 시장을 더욱 풍성하게 하고 다채로운 취향을 가진 컬렉터들과 더 다양한 작품들을 만날 수 있도록 확장하고 있다.

거래의 속도나 안정성의 측면에서 본 미술품은 여타의 자산에 비해 거래의 유속이 가장 느린 축에 속한다. 그렇다고 해서 미술 시장에 트렌드가 없다고 생각한다면 그것은 큰 오산이다. 미술품이 집중적인 조명을 받기 시작하던 2021년 당시의 키워드를 아트와 재테크를 합친 신조어인 아트테크ArtTech로 정의한다면, 지금 2023년에 살고 있는 우리가 주목해야 할 요즘의 미술 키워드는 무엇인지 이번 책에서 자세히 다루었다. 아직은 낯설지만, 호기심이 드는 새로운 미술 사조와 미술 시장에 이제 막 신고식을 마친 앳된 작가들을 만날 수 있는 무궁무진한 여정이 될 것이다.

책에서 다루는 중요한 키워드 중 하나를 미리 말하자면 바로 세금이다. 세금은 온갖 호사스러운 것들이 가득한 미술 시장에서 어쩌면 가장 따분하고 지루한 단어일지도 모른다. 하지만 내 마음에 꼭 드는 작품을 구입해서 두고두고 즐겁게 감상했으니 이제 헐값에 되팔아도 괜찮다고 마음먹은 것이 아닌 이상, 컬렉터에게 세금은 필수 교양이다. 따라서 한국과 더불어 다양한 미술 선진국에서 미술품 세금을 어떻게 다루고 있는지를 함께 짚어보았다.

앞서 미술 시장에서 미술품만큼 매력적인 것이 사람이라고 언급한 바 있다. 이번 책을 준비하면서 세계 미술 시장에서 입지를 다지고 있는 미술 전문가들을 만났고 직접 인터뷰를 진행했다. 그동안 베일에 싸여 있었던 다양한 미술계 직업군에 대해 알 수 있는 기회이자 그들이 일생을 바쳐 촘촘히 쌓아왔을 인사이트를 얻을 수 있는 귀중한 자원이 되리라 확신한다. 더불어 미술 선진국에 살고 있는 그들이 던진 메시지에서 우리 미술 시장이 향해야 할 올바른 방향을 읽을 수 있을 것이다.

'미술'이라는 단어를 사전에서 찾아보면 '공간 및 시각의 미를 표현하는 예술'이라는 정의가 나온다. 여기에 수요와 공급에 따라 사람과 돈이 몰리고 시장이 만들어지면서 미술은 본래의 사전적 의미를 그대로 간직한 채 점점 더 넓은 범위를 포괄하는 단어로 확장되고 있다. 그렇다면 오늘날의 미술은 어떻게 설명할 수 있을까? 나는 미술을 금융과 부동산, 정치와 행정, 엔터테인먼트와 셀러브리티의 산물이라고 새롭게 정의하고 싶다. 미술품은 양도차익을 통해 수익을 실현할 수 있는 자산이며, 동시에 가장 궁극적인 향유의 대상이 되기도 한다. 전 세계적으로 미술품을 다루는 세금 체계가 마련되어 있다는 것은 미술품이라는 자산이 이미 제도권 안에 편입되어 있다는 사실을 방증한다. 짧게는 수개월에서 길게는 수년간의 웨이팅을 각오해야 하는 세계적인 명품 브랜드들은 또 어떤가? 더 올라갈 곳 없을 만큼 높아진 브랜드 이미지를 더욱 고취하기 위해 명품 브랜드가 선택하는 방법 역시 미술과의 컬래버레이션이다.

미술을 아름다움으로만 즐기기에는 미술품이 가진 장점들이 너무나 무궁무진하다. 철저한 외부인이었던 내가 아트 컬렉터로서 바라본 미술 시장은 크고 작은 경제의 톱니바퀴가 신기하리만치 딱딱 맞물려 돌아가는 하나의 거대한 사회였다. 이곳에서 금광을 따라 걷는 동안 나는 인맥을 타고 흐르는 금맥을 발견했으며, 돌과 금을 구별할 수 있는 안목을 가질 수 있게 되었다.

당신에게 미술품이란 무엇인가? 좋은 작품이란 무엇이라고 생각하는가? 머릿속에 막연하게 떠오르는 답이 무엇이었든, 영혼을 위로하고 감각을 자극하는 궁극의 미술품을 찾아 나서는데, 이 책이 좋은 안내서가 되기를 바란다. 그 과정에서 분명 당신만의 르네상스를 발견할 수 있을 것이다.

2023년 5월

이지혜

CHAPTER 1

변화하는 미술 시장

WELCOME TO NEW ART,
NEW GENERATION!

피에트 몬드리안, 〈구성 II〉

2022년 11월, 소더비는 휘트니 미술관의 관장을 역임했던 데이비드 솔링저의 개인 컬렉션으로 경매 프로그램을 꾸렸다. 솔링저의 컬렉션 중 하나였던 〈구성 II〉는 5,100만달러(한화 약 676억원)에 낙찰됐다.

위기 후에 열린 새로운 미술 시장

매년 3월의 하순은 세계 최대 아트페어로 손꼽히는 아트바젤Art Basel의 아시아 거점인 아트바젤 홍콩Art Basel Hong Kong(줄여서 '홍콩 바젤'이라고 한다)이 열리는 주간이다. 홍콩 바젤은 한국에서 비교적 가까운 데다 아시아 미술 시장의 트렌드를 한눈에 파악할 수 있어서 한국의 컬렉터들이 가장 많이 찾는 해외 아트페어다. 또한, 이 시기에는 홍콩 바젤에 참가하지 않거나 참가 기회를 얻지 못한 갤러리들이 인근 지역에 한데 모여 메이저 아트페어와 밀접한 관계를 맺는 위성 아트페어도 열린다. 이런 위성 아트페어는 그 존재만으로 기존 메이저 아트페어가 성공적으로 자리를 잘 잡았다는 것을 의미하는 동시에 서로의 위상을 높여주는 시너지 효과를 기대할 수 있다.

북미 거점으로 열리는 아트바젤 마이애미Art Basel Miami는 약 30개의 위성 아트페어와 동시에 개최되며, 뉴욕의 최대 아트페어 아모리 쇼Amory Show는 최대 16개의 위성 아트페어를 거느린 적도 있다. 아트센트럴Art

출처 | 유튜브 채널 'Art Basel'

2019년 아트바젤 홍콩의 전시장 모습

아트바젤은 매년 스위스 바젤과 미국 마이애미에서 아트페어를 개최해 왔으며 아트바젤 홍콩은 2013년부터 시작됐다.

Central도 홍콩 바젤과 같은 시기 개최해 관람객들의 낙수효과를 톡톡히 보는 위성 아트페어다. 홍콩 바젤에서 소개되는 작품들은 놀랄 만큼 훌륭해서, 오직 그 행사를 위해 여행을 떠나는 컬렉터들의 모습은 마치 미쉐린 3스타를 찾는 미식 관광객들과 닮아있다. 반면 아트센트럴은 비교적 잘 알려지지 않았지만 합리적인 가격에도 훌륭한 작품을 만날 수 있는 위성 아트페어로, 빕 구르망Bib Gourmand에 비유할 수 있다. 빕 구르망 역시 미쉐린 가이드가 선정하지만, 별을 받은 미쉐린 3스타에 비해서는 합리적인 가격과 맛, 그리고 적절한 양을 모두 갖춘 식당에 부여된다.

한국의 3월은 아직도 코끝이 시린 계절이지만, 홍콩 바젤을 보러 온 컬렉터들은 여기서 한발 먼저 봄을 만끽한다. 가벼운 옷차림으로 아트페어를 관람하고 발 빠르게 작품을 컬렉팅한 후, 웬만큼 동향을 파악했다 싶으면 홍콩에 지점을 낸 글로벌 메가 갤러리들을 순회하는 게 이들의 주요 코스다.

아트페어가 열리는 시기에 맞춰 갤러리들은 가장 정성을 들여 손님맞을 준비를 한다. 어느 작가의 전시든 허투루 준비하는 일이 있겠냐 만은, 아무래도 갤러리들은 아트페어 기간에 선보이는 전시에 더 심혈을 기울인다. 세계에 흩어진 컬렉터들이 홍콩으로 모이는 이 짧은 한 주가 그들의 눈을 사로잡을 수 있는 절호의 찬스이기 때문이다. 홍콩의 갤러리는 한 건물에 층층이 입주해있는 경우가 많다. 가장 꼭대기 층까지 엘리베이터를 타고 올라간 후에, 천천히 관람하며 계단을 이용해 한 층씩 내려오는 것이 내 나름의 요령이다. 그렇게 꼭대기 층에서 시작한 갤러리 투어가 1층에서 끝날 때쯤이면 이미 내 가방은 각 층에서 가져온 갤러리의 책자로 터지기 일보 직전이 된다.

아트페어 중 최고의 브랜드 파워를 가진 아트바젤은 영어와 중국어가 두루 통용되며 면세 정책을 쓰고 있다는 강력한 이점을 들어 아시아 기지국으로 홍콩을 선택했다. 더불어 당시 자리를 막 잡아나가던 홍콩 국제 아트페어Art HK를 그대로 인수하면서 홍콩을 아시아 거점 도시로 최종 낙점했다. 하지만 '열흘 붉은 꽃은 없다'는 말이 있듯, 아시아의 아트시티로 공고한 입지를 구축해온 홍콩의 위상이 흔들리고 있다. 여기에 가장 큰 역할을 한 것은 역시 코로나19다.

코로나19 기간 동안 홍콩은 어느 국가보다도 강력한 국경 봉쇄 체재를 최장기간 유지했다. 여행객에게 21일간 호텔이나 정부 지정 시설

격리를 의무화했으며, 오미크론 변이가 확산되자 미국과 영국 등 8개 국가의 여객기 입국을 금지했고, 고위험국가발 여행객에게는 공항 환승도 금지했다. 이렇게 강력한 제로 코로나 정책 아래, 홍콩에 입주했던 글로벌 기업과 자본이 한꺼번에 빠져나가는 헥시트HEXIT가 두드러지게 나타났다. 국제 금융허브의 지위가 힘없이 무너졌고 이러한 파장은 각종 산업으로 옮겨붙었다.

엄밀히 말하면, 코로나19가 발발하기 이전에도 홍콩이 가지고 있는 핸디캡은 분명히 존재했다. 홍콩의 불안한 국내 정세와 세계 최고 수준으로 높은 임대료가 바로 그것이다. 글로벌 부동산 컨설턴트 기업 나이트 프랭크Knight Frank의 2021년 보고서에 따르면 홍콩은 압도적으로 전 세계에서 럭셔리 부동산 임대료가 가장 높은 도시였으며 이는 2위인 뉴욕보다도 50% 이상 비싼 수치였다. 빌딩 임대료 또한 다른 도시에 비해 특히 높은 편인데, 여기에는 지리적인 이유가 있다. 도시의 중심업무지구CBD가 홍콩섬에 자리 잡고 있으므로 빌딩을 새로 지을 토지 공급은 거의 불가능하다고 봐야 한다. 그런데도 글로벌 갤러리들이 여전히 홍콩을 매력적이라고 판단했던 이유는 아트바젤이 홍콩에서 개최된다는 강력한 대전제가 있기 때문이었다.

그러나 코로나19의 장기화로 홍콩의 국경 봉쇄 기간도 무한정 길어지면서 홍콩 바젤은 본래의 제 기능을 하지 못하고 있다. 이미 대부분의 유럽 국가에서 마스크 착용이 전면 해제되던 2022년 상반기에 열린 아트바젤 홍콩은 관람객이 눈에 띄게 적었을 뿐 아니라 아트페어에 참가한 부스의 절반 이상이 갤러리스트가 없는 고스트 부스Ghost Booth로 개최되며 아쉬움을 낳았다.

그렇다면 현재 아시아의 새로운 거점은 어디일까? 많은 미술계 관계자는 홍콩의 중심축이 현재 서울로 이동한다고 말한다. 이러한 의견에는 몇 가지 근거가 있다. 우선 세계 탑 브랜드 아트페어이자, 아트바젤의 최대 라이벌 프리즈 아트페어Frieze Art Fair가 아시아 개최 도시로 서울을 선택했다는 것부터 심상치 않은 일이다. 프리즈는 그동안 런던과 뉴욕, 로스앤젤레스를 기반으로 중세부터 현대까지 다양한 시대의 미술품을 총망라하며 소개해온 아트페어다. 2022년, 이러한 굴지의 명성을 가진 아트페어가 국내 토종 브랜드 키아프KIAF와 공동 개최하는 '프리즈 서울Frieze Seoul'이 드디어 역사적인 첫발을 내디뎠다.

출처 | 프리즈

2022년, 아트바젤의 최대 라이벌 프리즈 아트페어가 아시아 개최 도시로 서울을 선택했다.

또 다른 근거로 세계 곳곳에 지점을 둔 글로벌 갤러리들이 속속 서울에 입점하고 있다. 고 이건희 삼성그룹 회장을 주요 고객으로 두었던 콧대 높은 유럽권 명품 갤러리가 한국에 지점을 내는가 하면, 일찍이 2016년부터 한국에 서울점을 냈던 갤러리 페로탕Perrotin은 프리즈 서울의 개막에 맞춰 2호점을 내기도 했다. 코로나19가 어떤 변수로 작용할지 한 치 앞을 내다보기 어려운 시기였음에도 서울에 지점을 낸 메가 갤러리들은 그 이름을 일일이 열거하기 어려울 정도로 많다.

그리고 여기 홍콩을 쏙 빼닮고, 마이애미 아트바젤을 벤치마킹한 아트페어가 있는 도시, 부산이 있다. 사실 내가 고등학교에 다닐 때만 해도 부산은 대표적인 예술 불모지였다. 웬만한 공연 하나 보려면 비행기나 열차 탑승권을 끊어 서울에 오가는 강행군을 해야 했을 만큼 말이다. 하지만 오늘날의 부산은 음악회나 공연예술은 물론이고 미술 전시와 아트페어가 열리는 아름다운 아트시티로 그 명성을 쌓고 있다. 이제 컬렉터들은 3월 마지막 주 홍콩행 티켓을 끊는 대신 5월 둘째 주에 맞춰 부산을 찾는다. 물론 신선한 바닷바람과 환상적인 날씨 아래 멋스러운 차림으로 휴양지의 기분을 만끽하는 이들이 부산의 대표적인 아트페어인 아트부산 관람이라는 단 하나의 목적 때문에 이곳을 찾는 것은 아니다. 하지만 아트바젤이 열리는 시기를 홍콩이 '아트위크'로 명명하고 도시 전체를 하나의 갤러리로 탈바꿈하는 것처럼, 부산 역시 아트부산이 열리는 시기에 맞춰 '아트'라는 예쁜 리본을 묶어 도시 전체를 근사하게 단장하는 것이다.

2022년, 아트부산이 전년 대비 2배가 넘는 매출을 끌어올릴 수 있었던 것도 위성 아트페어의 공이 컸다. 디자인과 공예에 집중한 롯데 아트페어Lotte Art Fair를 비롯한 여러 행사가 같은 기간에 일제히 문을 열어 '아트페어가 열리는 아름다운 해양 도시'라는 이미지 구축에 화력을 더해주었다. 홍콩이 그랬던 것처럼, 부산 역시 흥하는 아트페어의 수순을 자연스럽게 밟고 있다.

그뿐만이 아니다. 젊은 층을 중심으로 투자의 서막이 올랐던 2020년, 주식과 부동산, 가상화폐만큼이나 급부상한 자산은 바로 미술품이었다. 물론 이전에도 분명히 미술품은 자산의 역할을 충실히 하고 있었지만, 그동안 가려져 있었던 미술품의 투자 가치를 드디어 인정받게 되면서 아트테크라는 신조어도 이 시기 새롭게 등장했다. 본래 아트테크는 아트와 테크놀로지의 합성어로 예술과 과학기술의 접목을 일컫는 단어다. 그러나 오늘날 아트와 재테크를 줄여 부르는 말로 더 많이 사용되면서 미술품을 사고팔아 발생하는 양도 차익을 비롯해 미술품을 매개로 한 재테크 방법을 아울러 통칭하는 말로 더 많이 쓰이고 있다.

우리나라의 문화 국격을 몇 배로 끌어 올린 이건희 컬렉션도 언급하지 않을 수 없다. 생전에 국보 100점 수집 프로젝트를 자체적으로 진행했을 정도로 고인이 미술품에 큰 애정을 가졌던 만큼, 한 개인의 컬렉션이 이렇게 역대 최대이자 최고의 평가를 받는 경우는 해외에서도 찾아보기 어렵다. 이건희 컬렉션은 미술애호가만이 아니라 전 국민의 폭발적인 관심을 받았고, 국립현대미술관에서 개최된 〈이건희 컬렉션 특별전: 한국미술명작〉은 몇 차례나 연장되었다. 위대한 컬렉터가 남긴 미술품들을 관람하기 위한 행렬이 길게 이어진 현상은 자연스럽게 작품을 소수

계층의 전유물이 아닌 모두가 즐길 수 있는 것이라는 인식으로 연결됐다. 즉, 누구나 미술품을 즐기는 현상이 두드러지게 된 것이다.

그 사이, 국내에서는 다양한 특색을 가진 소형 갤러리들이 문을 많이 열었다. 그간 국내 미술 시장을 선도했던 기성 갤러리들이 그들의 정통성을 강조하느라 어딘가 경직된 느낌을 지울 수 없었다면, 소형 갤러리들은 상대적으로 유연한 운영 방식과 취향을 큐레이션해주며 키를 낮췄다. 덕분에 퇴근길이나 주말에 들러 작품을 고르는 직장인들이 많아졌다. 이들이 바로 미술 시장의 견인차 역할을 해온 MZ세대다. 온라인 특화형 세대인 이들이 미술 시장에 진입하면서 온라인 플랫폼을 이용한 미술품 거래는 눈부신 발전을 거듭하며 그 영역을 확장해가고 있다. 그 기세는 세계적인 온라인 미술품 플랫폼이자 미술계의 구글이라 불리는 아트시Artsy가 현재 가장 주목하고 있는 컬렉터 집단을 '한국인 컬렉터'라고 직접 언급했을 정도다.

2022년 아트시 플랫폼에 새롭게 유입된 한국인 컬렉터의 비율은 2021년 대비 230% 증가하여 성장률 1위에 등극했다. 더욱 흥미로운 사실은 온라인 플랫폼을 이용하는 컬렉터들이 생각보다 모바일을 더욱 자주 사용하고 있다는 점이다. 안드로이드 운영 체제에서 아트시 앱을 미국 다음으로 많이 다운로드한 나라가 한국이었다. 이는 모든 유통 채널이 온라인으로 전환되는 동안에도 미술 시장이 여전히 오프라인 체제를 유지하고 있었던 이유를 '화질' 때문이라고 생각했던 미술계의 선입견을 보란 듯이 깨부쉈다.

사실 미술계 사람들이 이렇게 생각했던 데도 나름의 이유는 있었다.

크기와 색상을 비롯해, 미술품을 볼 때 따져야 할 대부분의 중요한 사항들은 육안으로 확인해야 하는 것들이기 때문이다. 하지만 이제 온라인에 적응한 컬렉터들에게 이미지의 화질이나 구매 경로는 더 이상 크게 중요하지 않다는 사실을 알 수 있다. 코로나19가 바꿔 놓은 사회의 면면들로 이제 우리가 다시는 이전의 삶으로 돌아갈 수 없듯이, 미술 시장도 마찬가지다. 다양한 변수로 미술 시장은 점점 다이내믹해진다. 미술 시장을 바라보는 시선 또한 각양각색이다. 과거 소수의 관계자와 소비자로만 이루어졌던 미술 시장이 폐쇄적이고 단조로운 형태였다면 오늘날의 미술 시장은 그 층도, 범위도 가늠할 수 없을 정도로 넓어졌다.

10년 후 서울은 어떤 도시가 될까? 지금보다 훨씬 성숙해질 MZ 컬렉터들은 어떤 모습을 하고 있을까? 우리는 어떤 방식으로 미술품을 거래할까? 궁금하고 설레기도 하지만 한편으로는 상상이 되지 않아 걱정스럽기도 하다. 그러나 모든 걱정을 접어두고 다시 사실 관계만 따져보자면 한국의 미술 시장이 본격적인 궤도에 올랐다는 것은 분명해 보인다. 각자의 상상은 마음속에 묻어둔 채, 일단 승기를 잡기 위해 우리는 달려야 한다. 이 우아하고 트렌디한 시장의 승자가 되는 방법은 역시 공부뿐이다.

MZ세대가 재정렬한 미술 시장의 새 판도

MZ세대에 관한 흥미로운 얘기를 들은 적이 있다. M, 그러니까 밀레니얼 세대는 MZ세대라는 단어를 좋아하지만, Z세대는 싫어한다는 것이다. 밀레니얼 세대 입장에서는 어린 세대와 한 패키지로 묶이는 게 좋을 수 있겠지만, 막상 Z세대는 그들의 고유한 특성이 밀레니얼 세대와 비슷하다고 여기지도 않을뿐더러 함께 정의되는 것을 원하지 않는다. 이 비슷한 일화를 들은 적도 있다. 밀레니얼 세대가 '요즘 애들은'이라고 하니까 잠자코 듣고 있던 Z세대는 불쑥 말을 내뱉는다.

"진짜 요즘 애들은 '요즘 애들'이라는 표현 안 써요."

Z세대들의 주장은 나름대로 일리가 있다. 밀레니얼 세대와 Z세대를 함께 묶기에 그 둘은 달라도 너무 다르다. 밀레니얼 세대는 베이비부머 세대의 자녀들로, 80년대부터 90년대 초중반까지 폭발적인 발전을 이뤄낸 대한민국의 정세 아래 비교적 여유로운 유년기를 보냈다. Z세대의 경우는 1997년 IMF 외환위기 전후로 태어나 2008년 글로벌 금융위기에

사춘기를 겪었다. 중산층이 줄어들고 양극으로 분열되는 부의 계층이 이동하는 것을 생생히 목격했던 Z세대는 전 세대 중에서 가장 자본주의적인 성향을 보이고 있다.

미술 시장은 시대와 장소를 불문하고 어디에나 존재한다. 하지만 그 시대를 사는 사람과 사회적 배경이 접목되며 변화한다. 지금의 미술 시장에는 MZ세대라는 새로운 손님이 등장하며 새로운 챕터로 넘어가는 큰 변곡점을 그리고 있다. 새 손님을 받은 미술 시장의 생태계는 어떻게 변화하고 있을까?

가장 두드러지는 변화는 바로 미술품의 자산화 현상이다. 2022년, 아트바젤과 스위스의 금융그룹이자 아트바젤의 최대 후원사 UBS에서 공동 발간한 〈2021년 세계미술시장보고서A Survey of Global Collecting in 2021〉에 따르면 아트 컬렉터 중 MZ세대가 차지하는 비중은 58.7%로 이미 기성 컬렉터들을 넘어섰다. 그중 Z세대 컬렉터들은 자산 포트폴리오의 30% 이상을 미술품에 할애하며 이 수치는 모든 세대를 통틀어 가장 높다. 자산이 막 형성되기 시작하는 10대 후반에서 20대 초반부터 미술품이 자산 포트폴리오의 상당 부분을 차지한다는 점은 주목할 만하다. 미술품이 앞으로 Z세대의 자산 증식에 결정적인 역할을 할 것으로 기대해 볼 수 있기 때문이다.

물론 미술품은 아주 오래전부터 이미 자산에 편입되어 있었다. 제작된 지 100년 이상 지난 미술품이 현재까지 잘 보존되어 올 수 있었던 데는 예전부터 사람들이 미술품을 단지 응접실용 장식품으로만 치부한 것이 아니라 예술품이자 가문 대대로 물려줄 자산이라고 여겨왔기 때문일 것이다. 다만 자산으로서 미술품이 갖는 장점들을 많은 사람이 알지는 못했다. 비로소 MZ세대가 미술 시장의 날개 위에 올라앉고 나서야 미술품은 아트테크라는 새로운 단어와 함께 자산으로서 입지가 공고해졌다.

두 번째 변화는 미술품 거래 방식의 다양성이다. MZ세대들이 등장하기 전까지 미술 시장은 단조로웠다. 국내 전통적인 갤러리들의 소속작가들 위주로 작품을 공급받았으며 이렇게 형성된 작가군이 2차, 3차 시장까지 이어지는 흐름이 오랜 시간에 걸쳐 굳어졌다. 컬렉팅 방식도 크게 다를 바 없었다. 부모님 세대부터 수십 년째 거래를 트고 지내는 단골 갤러리와 소위 집안의 숟가락, 젓가락 개수까지 아는 사이로 친밀하게 인연을 맺으면서 작품 제안을 받는 경우가 대부분이었다. 그러다 보니 미술 시장 전체를 놓고 봐도 주로 거래되는 작가군은 거기서 거기였다. 하지만 최근 몇 년 동안 행동파 MZ세대들이 앞장서며 다채로운 거래 방식들이 생겨났다. 해외 갤러리와 이메일을 주고받으며 직접 소통하거나, 소셜미디어를 통해 작가에게 직접 DMDirect Message을 보내 작품을 사는 직거래 방식이 활성화됐다. 시장 관계자들은 이렇게 직거래를 적극적으로 도모하는 컬렉터들을 딜렉터Deallector라고 부른다. 적극적인 MZ세대들의 컬렉팅 방식은 여기저기서 찾아볼 수 있다.

〈2021년 세계미술시장보고서〉에는 Z세대 컬렉터들은 평균 25곳의 갤러리와 소통한다는 통계가 있다. 이는 밀레니얼 세대가 19곳, X세대가 15곳, 베이비부머 세대는 10곳 정도라고 응답한 것과 비교했을 때 Z세대가 얼마나 적극적인지 가늠해볼 수 있는 대목이다. 이게 다 MZ세대의 능동적으로 타고난 태도와 다른 세대에 비해 월등한 해외 경험 등으로 가능한 부분이다. 컬렉팅도 같은 맥락이다. MZ 컬렉터들은 시장 내 전문가 집단의 의견보다는 소셜미디어에서 팔로우하는 다른 컬렉터나 인플루언서의 컬렉션을 적극적으로 참고하고, 여기에 자신만의 취향과 감각을 복합적으로 조합해 독창적인 컬렉션을 구성해가는 모습을 보인다.

마지막으로는 작가 발굴에 직접 참여하는 현상을 꼽을 수 있다. 1차 시장에서 2차, 3차 시장으로 순차적인 거래 구조를 갖췄던 미술 시장이 다이내믹한 공급 구조로 재편되는 동안, 해외 미술품 전문 경매회사의 라이브 경매에 직접 응찰하는 컬렉터도 부쩍 늘었다. 앞서 설명한 딜렉터의 성격을 보이는 컬렉터들이 딜러를 건너뛰고 바로 해외 갤러리에서 작품을 사는 경우도 바로 여기에 해당한다.

이 시기 급부상한 작가로는 스페인 출신의 에드가 플랜스Edgar Plans를 꼽을 수 있다. 1977년생인 에드가 플랜스는 2018년 키아프 아트페어에 참가한 스페인의 피그먼트 갤러리Pigment Gallery를 통해 국내 컬렉터에게 처음 소개돼 좋은 반응을 얻었으나 이후 국내에서 이렇다 할 전시가 없어 미술 시장에서는 제대로 다뤄지지 않았다. 이러한 사실은 국내 미술품 전문 경매회사 케이옥션과 서울옥션을 보면 더욱 명확히 알 수 있는데, 에드가 플랜스의 작품은 국내 경매에 처음 출품된 시기인 2021년 이전까지는 단 한 번도 경매에 나온 적이 없었다. 하지만 MZ 컬렉터들의 열성적인 해외 바잉을 통해 2021년부터 국내 미술 시장에서 라이징 스타로 떠올랐고 경매에 첫 낙찰 기록을 남긴 이후부터는 현재까지 거의 매달 경매 리스트에 오르는 단골 작가로 자리매김했다. 경매를 통해 거래되는 작품군도 작가가 직접 제작한 원화에서 판화, 그리고 귀여운 아

출처 | 에드가 플랜스 페이스북

MZ 컬렉터들의 적극적인 해외 바잉으로 한국에서 라이징 스타가 된 스페인 화가, 에드가 플랜스.

트토이까지 다양하다.

이쯤되니, MZ들의 속마음이 궁금해진다. 이들은 미술 시장에 얼마나 진심일까? 조금 더 터놓고 말해보자면 그들의 진심 혹은 의도에 괜한 노파심이 든다. 애초에 MZ세대들이 미술 시장에 진입했던 이유가 바로 투자였기 때문이다. 이들이 미술 시장에 발을 디딘 지 시간이 좀 지난 현재도 여전히 그럴까? 2022년 예술경영지원센터가 발표한 〈한국 MZ세대 미술품 구매자 연구〉에 이러한 우려를 단숨에 매듭짓는 흥미로운 결과가 있다. 최근에 산 작품들의 향후 상태를 예측해보라는 항목에 기성 컬렉터들이 MZ 컬렉터들보다 '재판매'를 선택한 응답자의 비율이 훨씬 높았던 것이다. 물론 MZ 컬렉터가 기성 컬렉터보다 재판매 예상 시기를 다소 짧게 잡고 있기는 했지만, MZ 컬렉터들이 미술품 거래를 단순한 플리핑fliiping(단기거래 형태)으로 치부하고 있다는 막연한 선입견이 깨지는 순간이었다.

다만 MZ 컬렉터들의 취향이 너무 캐릭터 특성이 두드러진 작품에만 치중됐다는 문제는 진지하게 생각해볼 만하다. 미술품을 향한 심리적 장벽이 낮아지면서 친밀하고 유쾌하게 즐길 수 있는 작품들에 대한 선호도가 높아지는 것은 어쩌면 자연스럽지만, 이러한 트렌드에 미술 시장이 강하게 편승하는 듯한 느낌이 있다. 상대적으로 낮은 가격대의 작품들이 거래되는 경매 프로그램의 출품 리스트를 보면 눈이 크고 귀여운 동물들이나 어디서 본 적 있는 만화 캐릭터들이 각양각색이다. 일부 미술계 관계자들은 이를 두고 아예 '카와이かわいーい 시장'이라고 낮잡아 부르기도 한다. 이런 작품들은 미술사적 의미가 아직 검증되지 않았기에, 미술 시장에서 롱런할 수 있을지 장담할 수도 없는 경우가 많다.

호황기와 활황기를 지나 하강기에 들어선 국내 미술 시장에서 기성 컬렉터와 MZ 컬렉터는 여전히 듀오 체제를 유지하고 있다. 비록 시장은 예년에 비해 어려워졌으나 두 세대가 시장을 양분하고 있는 만큼 다이내믹한 양상이 나타나고 있다. 우선 2021년은 국내 미술 시장에서 경매의 강세가 두드러진 해였다. 이에 따라 매출 상위 10위권의 작가군에도 변화가 나타났는데, MZ 컬렉터의 뮤즈로 불리는 우국원 작가가 낙찰 총액 10위에 새롭게 안착한 동시에 낙찰률 1위를 차지했다. 심지어 이 당시 경매 낙찰률 1위의 성적은 무려 국내 경매에 출품된 우국원 작가의 작품이 단 1점의 유찰도 없이 100% 낙찰되어 이루어진 결과라는 점에서 더욱 놀라웠다. 한국 구상화 열풍을 이끄는 작가이자, 그라피티Graffiti 거장 장미셸 바스키아Jean-Michel Basquiat와 비견될 정도로 주목받는 우국원 작가의 인기는 가격 상승세만 봐도 단번에 알 수 있다. 2021년 8월, 〈Tah-Dah〉가 서울옥션에서 3천만원에 경매가 시작되어 1억2천만원이라는 놀라운 낙찰가를 기록한 데 이어, 한 달 후 열린 케이옥션에 출품된 〈Ugly Duckling〉도 1억5천만원으로 시작한 경매가 2억3천만원에 새로운 소장자를 찾았다.

그러나 MZ 컬렉터들의 슈퍼스타였던 젊은 작가의 열기는 시장이 하강기에 진입하자마자 급속히 식었다. 물론 그중에서도 약진했던 작가들은 그 인기를 어느 정도 유지했지만 어쨌든 그 기세가 꺾이고 있음은 분명히 느껴졌다. 고공행진의 연속이던 우국원 작가도 예외는 아니었다. 2022년 우국원 작가의 낙찰률은 여전히 100%를 달성했으나 낙찰 총액이 57.8%나 하락했다. 우국원 작가와 함께 인기를 누리던 문형태 작가는 2021년에 비해 66%나 떨어졌다. 평범한 일상과 소재에 작가만의 재치와 동화적 해석을 부여해 주목받았던 문형태 작가의 작품은 경매가 열릴 때마다 출품되어 최고 낙찰가를 연속으로 경신했으나 1년 만에 완전히 기세가 꺾인 모습이었다.

2021년, 당시 젊은 작가들이 보여주었던 활약은 정말 눈부셨지만 너무 눈이 부시다 못해 반짝하고 사라지고 말았다. 하지만 젊은 작가들

2021년 낙찰 총액 탑10 작가 비교

순위	작가명	낙찰 총액(원)	출품 수	낙찰 수
1	이우환	394억8,774만	507	414
2	쿠사마 야요이	365억2,794만	238	199
3	김환기	214억1,126만	179	129
4	김창열	200억6,039만	485	424
5	박서보	196억2,885만	246	222
6	정상화	83억6천만	78	63
7	마르크 샤갈	71억1,234만	33	22
8	이영배	59억2,794만	117	112
9	윤형근	53억6,240만	50	48
10	우국원	48억3,160만	64	64

2021년 국내 경매 시장 낙찰률 순위

순위	작가명	낙찰률(%)
1	우국원	100
2	문형태	99.34
3	이건용	99.32
4	최영욱	99.05
5	윤형근	96
6	이영배	95.73
7	하태임	95.54
8	하종현	94.29
9	아야코 롯카쿠	93.75
10	유영국	92.86

출처 | 한국미술시가감정협회, 아트프라이스

의 짧은 활약을 마냥 부정적으로만 해석할 것은 아니다. 작가들이 미술 시장에 데뷔한 시간이 짧았던 만큼, 이들을 향한 낮은 신뢰도가 가격 하락에 영향을 미치는 것은 어쩌면 당연한 결과다. 그리고 이러한 젊은 작가들을 선호하던 MZ 컬렉터들도 컬렉팅의 연차가 짧으므로 미술 시장을 점차 학습해나가는 과정은 필수적으로 수반되어야 한다.

기성세대들이 독식하던 과거와 비교했을 때 현재의 미술 시장은 훨씬 역동적이다. MZ 컬렉터들이 미술 시장에서 차지하는 매출액은 아직 미미하지만 그 영향력만큼은 막대하다. 사실 모든 자산 시장을 관통하고 있는 10년 주기설이나 버블론을 차치하고 MZ 컬렉터들이 자체적인 성숙기에 도래하기 전까지는 그 누구도 미술 시장을 안정적이라고 판단하기는 어려울 것이다. 기성세대와는 확실히 다른 감각과 시각, 하물며 이전에는 없었던 가치 소비라는 새로운 이슈까지 있다. 미술 시장을 예측하기 위해 계산해야 할 조건들이 이전보다 훨씬 많아졌다. 우리는 앞으로의 미술 시장을 위해 무엇을 준비해야 할까?

스몰토크

이지현 널 위한 문화예술 COO

MZ세대의 미술을 말하다

전시를 보고 나서도 마음에 남은 궁금증을 해결하지 못해 유튜브를 뒤지다가, 미술에 대해 가려운 곳을 신통방통하게 긁어주는 〈널 위한 문화예술〉을 우연히 만났다. 그 이후로 〈널 위한 문화예술〉은 내가 가장 좋아하는 유튜브 채널이 되었다. 이 채널을 운영하는 스타트업 널 위한 문화예술의 COO인 이지현님은 인스타그램에서 아트 인플루언서로도 활동 중이다. 나와는 그녀는 오랜 '인친(인스타그램 친구)' 사이였지만 서로 마주칠 기회가 없었는데, 이번 기회를 빌려 DM으로 인터뷰를 요청하기로 했다. 한편, 그녀는 내적 팬심을 가득 담은 메시지가 본론으로 들어가기 전에 이미 'YES'를 외칠 준비가 되어 있었다고 한다.

반갑습니다. 이지현 COO님. 자기소개 부탁드립니다.

저는 '널 위한 문화예술(이하 널위문)'이라는 콘텐츠 스타트업의 COO입니다. 입사하기 전에는 예술 경영 정보를 전달하는 페이스북 페이지를 운영하다가 지금의 대표님이 입사 제안을 해주셨고, 회사에 합류한 지는 6년 차가 되었습니다. 제가 입사한 후 널위문에도 많은 변화가 생겼는데요. 가장 주된 것은 온라인 플랫폼의 확장입니다. 2023년, 〈널 위한 문화예술〉의 유튜브 구독자는 약 30만 명, 그리고 조금 더 전문적인 정보를 전달하는 〈예술의 이유〉의 구독자는 그보다 조금 더 높은 39만 명 정도를 보유하고 있네요. 물론 개인적으로도 소셜미디어를 아주 열심히 운영하고 있어요.

최근 미술 전시를 관람하는 MZ세대들이 정말 많아진 것 같아요. 이런 현상에 대해 어떻게 보세요?

저는 사실 지금이 관심의 최고점이라고 생각해요. 그런데 앞으로도 더 큰 상승 여력이 있다고 보기에, 현재의 최고점보다 더 높은 최고점이 있으리라는 생각도 합니다. 앞서 말씀하신 것처럼 사실상 전시 문화는 MZ세대의 가성비와 가심비(가격 대비 만족도), 성취욕구를 한번에 충족시켜주면서 이미 라이프 스타일로 편입되었다고 보는 게 맞을 것 같습니다. 다만, 우리나라가 유행에 민감하다는 점에서 이러한 폭발적인 현상이 얼마나 지속력이 있을지는 생각해봐야 하는 부분이지 않을까 싶어요. 제 개인적인 생각으로는 그만큼 미술이 가진 매력이 크기 때문에 이런 폭발력이 조금 사그라들더라도 관심은 꾸준히 지속될 것 같기는 해요.

미술 시장에 진입한 MZ세대를 미술 전시 소비자와 아트 컬렉터라는 두 부류로 나눠보자면, 이 둘의 비율은 어느 정도 될까요?

비율까지는 알 수 없지만 제가 체감하고 있는 것은 의외로 이 두 소비자층이 겹치지 않는다는 거예요. 지금 전시를 빼놓지 않고 다니는 미술애호가들이 궁극적으로 수집까지 하는지는 잘 모르겠는 경우도 있고, 반대로 컬렉터들이 모든 전시회를 다니며 일명 '도장 깨기'를 하는가 보면 이것도 아닌 경우가 많거든요. 그래서 저에게 이 두 부류는 서로 다른 섹터에 있는 것 같다고 느껴져요.

가령, MZ 컬렉터들은 오직 미술만을 즐기기보다는 가구나 인테리어, 오브제 등 심미적으로 아름다운 감각을 두루 향유하는 데 관심이 높은 것 같아요. 반면 미술 전시를 즐기는 소비자들은 말 그대로 미술을 여가 생활로 바라보는 거죠. 우리가 주목해야 할 지점은 이 두 부류가 서로 닿아 있지 않다고 하더라도, 이 두 소비자의 절대적인 양과 그 수가 꾸준히 늘어나고 있다는 거예요.

미술 시장의 세대교체를 실감하는 부분인데요. 한편으로는 이들이 너무 미술품을 투자 대상으로만 접근한다는 시각도 존재하는 것 같아요.

당연히 자산적인 관점으로 접근하는 MZ세대들이 많은 것도 사실 같아요. 하지만 우리에게 이런 시각은 너무나 자연스럽지 않나요? 친구들끼리 만나서 주식이나 부동산 이야기를 하는 것처럼 그 주제의 하나로 미술품이 편입된 것뿐이죠. 자산 관리는 우리 세대 초미의 관심사이기도 하니까요. 물론 미술품의 특성을 간과한 채 단순히 자산으로만 간주했던 분들은 그야말로 잠깐 미술 시장에 발을 담갔다가 나가시겠죠. 하지만 호기심 반, 투자 가치 반으로 접근했던 분 중에 점차 미술품의 본질과 그 매력에 빠져드는 경우도 많은 것 같아요. 지금은 그들이 미술 시장의 주축이 되는 과정에 있지 않나 싶고요.

컬렉터들의 평균 작품 소장기간이 이전에 비해 줄어들고, 명품 브랜드에만 국한되었던 '리셀Resale 문화'가 미술 시장에도 자리를 잡았는데요. 이런 현상에 대해 어떻게 보세요?

물론 MZ세대가 진입하면서 미술 시장에도 리셀 문화가 생겨나긴 했지만, 리셀 역시 물품을 되파는 형태의 거래를 일컫는 말이기 때문에 이 자체는 자연스러운 현상이라고 생각해요. 미술 시장의 거래를 활성화하는 데도 도움이 되고요. 그러나 이보다 더 중요한 것은 판매가 너무 경매회사 같은 기관 위주로만 이루어져 있다는 점이에요. MZ세대들이 주로 구매했던 신진작가의 작품들은 이전의 낙찰 기록이 전무한 경우도 많고 작가들의 업력 또한 높지 않아 경매회사를 통한 재판매는 생각보다 쉽지 않아요. 경매를 통해 거래가 성사된다고 하더라도 발생하는 수수료 역시 너무 높고요. 그런데 이런 생각을 하는 것이 저뿐만은 아닌 것 같아요.

MZ 컬렉터들이 미술품을 거래하는 새로운 형태는 어떤 게 있을까요?

'당근 마켓'에 작품이 정말 많이 올라와요. 실제 직거래도 많이 성사되고 있어요. 저는 리셀 문화가 '명품 되팔기'에서 기인한 만큼 이미 자리가 잡힌 명품 브랜드의 리셀 플랫폼을 참고해 미술품 리셀 플랫폼을 만드는 것도 좋은 것 같아요. 그 방식과 구조가 건전하다면 미술 시장에서 거래되는 미술품의 범위가 더욱 방대해질 뿐 아니라 장벽 또한 한층 더 낮아질 테니까요.

미술을 어려워하는 이들은 여전히 존재하죠. 잠재적 미술애호가들에게 전하고 싶은 메시지가 있다면요?

저는 미술 시장의 장벽을 높게만 느끼시던 분들이 미술관의 전시나 행사 프로그램을 통해 처음 발을 디딘 후 엄청난 열정가로 거듭나는 모습을 지금도 꽤 자주 목격합니다. 미술을 문화라는 단어로 치환해도 꽤 어울릴 정도로 미술 시장은 과거의 어렵고 폐쇄적이던 시절에 더 이상 머물러 있지 않아요. 그래서 저는 미술을 교과서 느낌의 딱딱한 단어가 아니라 문화생활의 하나로 생각해보기를 권하고 싶어요. 카페에 가고, 저녁 메뉴로 파스타를 주문하고, 재즈 라이브를 들으러 가는 것처럼 말이에요.

인스타그램 | **@_april_lee_**

유튜브 | **〈널 위한 문화예술〉, 〈예술의 이유〉**

시장이 나빠졌을 때
비로소 드러나는 민낯?

나는 아트바젤과 UBS에서 정기 발행하는 미술 시장 보고서를 놓치지 않고 읽는 편이다. 전 세계에서 한 해 동안 발생하는 미술품 거래량과 거래액, 유통 채널 등을 세분화해서 다뤄서 시장의 환경을 이해하고 비전을 전망하는 데 보고서는 유익한 지표가 된다.

어느 날, 습관처럼 보고서를 읽어 내려가다가 나는 익숙한 단어를 발견하고 눈길을 멈추었다. South Korea(한국). 2021년 전 세계 미술품 매출 순위를 매기는 보고서의 원형 그래프 안에는 '한국'이라고 또렷하게 적혀 있었다. 항상 있는 일은 아니었다. 매년 조사에서는 매 항목의 상위권 5개 국가만을 명시하고 나머지를 기타 국가other로 표기한다. 이번 조사 결과, 한국은 전후 및 동시대 미술 부문에서 처음으로 거래액 순위 5위(2%)를 기록하며 세계에서 다섯 번째로 큰 현대미술 경매 시장을 가진 나라라는 것을 증명했다. 작년 5위를 기록한 나라는 어디였을까? 전년도 보고서를 찾아보니 우리가 제친 국가는 바로 독일(1%)이었다.

2021년부터 2022년 전반까지 나타난 한국 미술 시장의 성장세는 괄목할 만한 수준이었다. 물론 코로나19의 위기를 빠른 회복력으로 타파한 것은 전 세계 미술 시장의 공통적인 현상이다. 2020년은 세계 시장 매출이 지난 10년 중 가장 큰 폭으로 하락한 해였는데, 바로 다음 해인 2021년 세계 미술품 거래총액이 무려 29%나 상승한 것을 보면 알 수 있다. 그러나 2022년 하반기에 접어들면서, 유동성 잔치를 벌이며 그래프를 정점으로 끌어올리던 자산 시장들은 일제히 시동을 끄고 멈춰 섰다. 미국 달러화의 강세가 이어지고 글로벌 경기침체 우려로 투자심리가 크게 위축되며 코스피는 20개월 만에 처음으로 2,300선이 붕괴했다.

2021년
전 세계 미술품
매출 순위

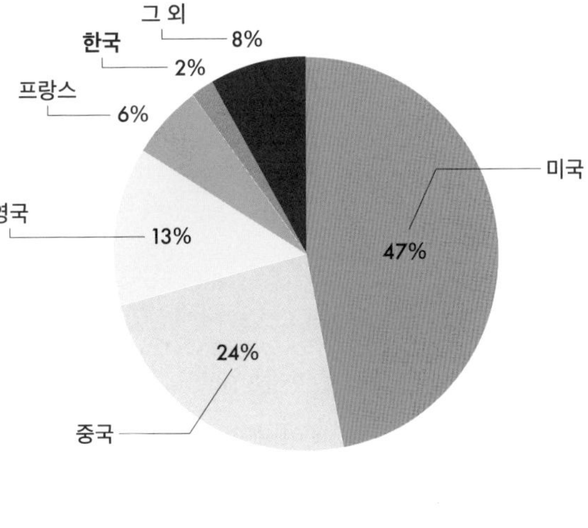

출처: 아트바젤, UBS

자산 시장의 붕괴가 잇따르면서 자연스럽게 미술 시장에서도 우려의 목소리가 높아졌다. 미술 시장의 관계자들은 상승랠리를 이어갔던 미술 시장의 찬란한 정점이 어디일지 갑론을박을 펼쳤다. 하나의 현상을 두고도 '이제 시작이다', '아직 아니다', '이미 왔다' 등 밀고 당기는 여론은 부풀어갔다. 2022년 가을, 국내 전통 강자인 키아프와 글로벌 메이저 아트페어 프리즈가 동시 개최되는 역대급 행사가 열렸고 국내 컬렉터들은 그해 미술품 살 돈을 프리즈 서울에서 다 써버렸다. 2022년 4분기 국내 경매회사의 낮은 매출은 예정된 수순이었다.

2022년 국내 미술 시장은 분기별로 온탕과 냉탕을 오갔다. (재)예술경영지원센터에서 발표한 '2022년 2분기 국내 상반기 미술 시장 키워드'만 봐도 한국이 아시아 시장의 한축으로 떠오른 영향력과 그 비전을 긍정적으로 바라보고 있었다. 그러나 4분기에 들자 미술 시장은 완전히 구매자 주도 시장으로 돌아섰다. 2022년 한 해 동안 집계된 국내 10대 경매사의 낙찰 총액은 총 2,335억원으로 2021년 대비 27%나 떨어졌다. 이러한 수치는 코로나19가 본격적으로 시작된 2020년에 비해서도 감소한 결과라는 점이 놀라우면서도 씁쓸하다. 낙찰 총액뿐만 아니라 2021년 66.4%이던 낙찰률도 2022년에는 58.4%까지 떨어지며 시장의 속살을 그대로 보여주었다.

한국 미술 시장이 이렇게 더 밀려갈 데 없이 속수무책으로 반토막이 나는 동안, 세계 미술 시장은 되려 펄펄 날고 있다. 2022년 11월, 휘트니 미술관의 관장을 역임했던 데이비드 솔링저David Solinger의 개인 컬렉션으로 경매 프로그램을 꾸린 소더비Sotheby's는 이날 역사상 세 번째로 높은 최고가 매출을 달성했을 뿐만 아니라 화이트 글러브 세일white-glove sale을 이루는 쾌거를 맛보았다. 화이트 글러브 세일은 이날 경매 프로그램에 출품된 모든 작품이 단 1점의 유찰 없이 100% 완판된 것을 말하며, 이는 경매를 이끈 경매사에게 흰색 장갑을 주는 옥션 하우스의 오래된 세레모니에서 유래한다.

같은 해, 크리스티Christie's 뉴욕에서 열린 마이크로소프트의 공동창업자 폴 앨런Paul G. Allen의 소장품 컬렉션에서도 100% 완판이 나왔다. 이날은 개인 컬렉션의 단일 경매로 세계 경매사 탑3에 드는 필립스Phillips에서도 미국 작가 사이 트웜블리Cy Twombly의 기념비적 걸작이 출품돼 4,164만달러(한화 약 558억원)에 팔렸다. 이날 필립스의 경매 낙찰률은 98%, 낙찰 총액은 1억3,900만달러(한화 약 1,900억원)였다. 단적으로 비교해보자. 2022년 9월, 프리즈와 동시 개최된 키아프 매출액은 약 700억원으로 추산된다. 필립스는 저녁 경매 한 번으로 우리나라 1등 아트페어 매출의 약 3배를 달성해버린 셈이다.

이른바 거물급 컬렉터들을 'HNWHigh-Net-Worth'로 분류하고 미술품 구매 동향을 상세히 연구하는 이유는 이들이 바로 미술 시장을 어떻게 주물러서 어디로 데려갈지를 정하는 결정권자이기 때문이다. 앞서 설명한 아트바젤의 보고서도 상당 부분을 거물급 컬렉터의 거래 동향 분석에 할애하는데, 분석 결과만 보더라도 국내와는 분위기가 사뭇 다르다. 해외의 거물급 컬렉터는 여전히 미술 시장을 향한 강력한 신뢰도와 적극적인 구매 의도를 보였다. 심지어 이들은 2022년 상반기보다 하반기에 더 많은 작품을 사들일 계획이 있다고 응답했다.

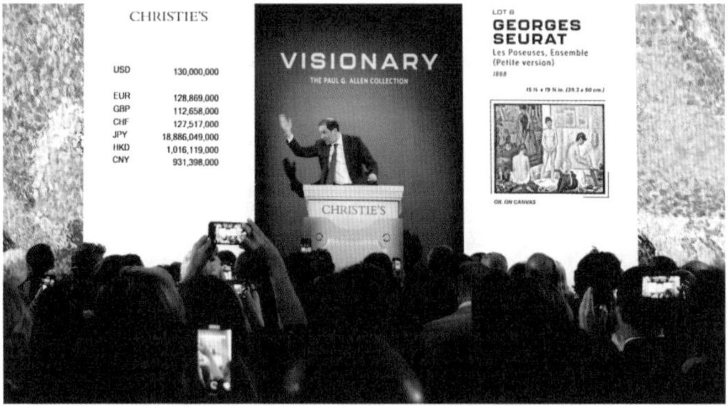

출처 | 크리스티 웹사이트

크리스티가 진행한 마이크로소프트 공동창업자 폴 앨런의 소장품 경매는 16억1,587만달러(한화 약 2조1,701억원)라는 최고액을 경신하면서 미술품 경매사에 한 획을 그었다.

조르주 쇠라, 〈모델들, 군상(작은 버전)〉
마이크로소프트의 공동창업자 폴 앨런 컬렉션 경매 첫날, 조르주 쇠라의 작품은 1억4,920만달러(한화 약 2천억원)에 낙찰됐다.

나는 대륙을 오가며 이러한 온도 차를 제대로 체감했다. 우선 2022년 10월, 나는 파리에서 최초로 개막하는 아트바젤의 새로운 페어 브랜드 파리+ 파 아트바젤Paris+ Par Art Basel을 관람했다. 파리는 새로운 브랜드와 함께하는 아트위크를 맞아 도시 곳곳에 아름다운 전시를 준비하고 미술애호가들을 환영했다. 나는 파리에 머무르는 동안 미술계에 종사하거나 평생에 걸쳐 미술품을 수집한 프랑스 컬렉터들을 만났는데, 그들은 미술 시장의 견고함과 향후 비전을 긍정적으로 바라봤다. 심지어 다른 자산 시장이 하락하는 동안에 미술품은 견고하게 자산 포트폴리오를 받쳐준다고 말하는 이도 있었다.

파리에서 돌아오고 아직 시차 적응이 되지 않은 상태에서 나는 다시 도쿄로 향했고 아트위크 도쿄Art Week Tokyo를 관람하며 주말을 보냈다. 일본은 한국에 비해 수집 문화가 일찍이 자리 잡았고, 어마어마한 프라이빗 컬렉션을 자랑하는 개인 컬렉터들이 많다. 이번 아트위크 도쿄에서는 VIP에게 일본의 유명한 개인 컬렉터들의 공간에 초대해 작품을 선보이는 행사가 여럿 있었다. 이번 초청에서 성숙한 컬렉터 문화를 보여주는 일본의 자신감이 충분히 느껴졌다. 한편으로는 코로나19로 하늘길이 막혀 있는 동안 더욱 강해진 일본 토종 갤러리들의 파워가 제대로 실감되기도 했다. 굵직한 아트페어는 없지만 현지 컬렉터들이 든든히 받쳐주고, 소형 갤러리들이 자국의 신진작가들을 끊임없이 발굴해내는 선순환은 역시 미술 선진국다웠다.

일본에서 서울로 돌아와서는 국내 갤러리스트들과 저녁 식사를 했는데, 그들이 식사 자리에서 터놓고 이야기하는 사정은 내 생각보다 더

한국 MZ세대 미술품 구매자 연구

구매자: 최근 구입한 작품의 가격대 분포
단위: %

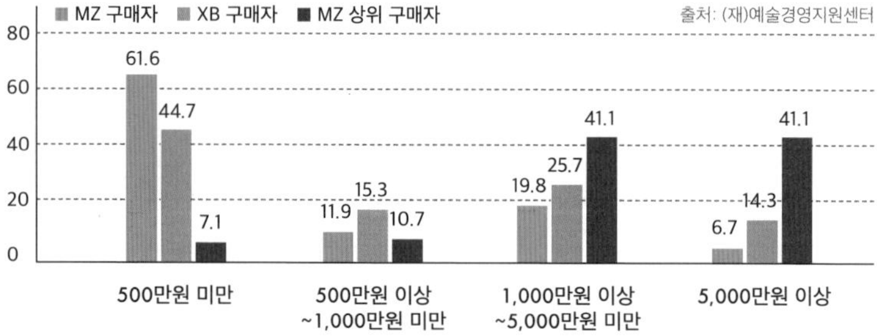

심각했다. 그들이 표현하는 속마음은 한마디로 "딱 죽겠다"였다. 그간 작품을 내밀기만 하면 "귀엽다!"라는 반응과 함께 한큐에 성사되던 거래가 완전히 멈춰버렸다고 했다. 컬렉터들의 입장도 다르지 않다. 전에는 백두산만큼 높아진 갤러리들의 콧대에 컬렉터들이 마음의 상처를 꽤 입었는데 요새는 반대로 갤러리로부터 "그 작가 그림 찾는다고 하셨죠?"라는 전화를 심심찮게 받는다는 것이다. 일단 한국 미술 시장이 '사자'에서 '팔자' 시장으로 이미 돌아선 것만은 확실했다.

시장이 좋을 때는 다 같이 좋아 놓고, 왜 이제 와서 국내 미술 시장만 이렇게 찬바람 쌩쌩일까? 주머니 사정이 안 좋은 건 우리뿐일까? 괜한 위화감이 든다. 세계 미술 시장이 호황을 이어 나가는 지구력을 보여주는데도, 국내 미술 시장이 꺾여버린 이유를 찾으려면 한국 미술 시장이 호황기에 어떤 작품들에 주목했는지를 살펴봐야 한다. 위의 그래프를 보면 대다수의 국내 컬렉터가 한국 작가들을 집중적으로 구매해왔다는 것을 알 수 있다. MZ 컬렉터의 평균 작품 구매 가격대는 100만원에서 500만원 미만이었는데 이들은 한국 작가 중에서도 신진작가를 선호했다. 반면 예산이 많은 MZ 컬렉터일수록 한국 작가보다 미국이나 유럽 작가를, 그리고 신진작가보다는 중견작가를 선택했다. MZ 컬렉터들이 한국 작가, 그중에서도 신진작가를 주로 선택했던 가장 큰 이유는 적은 예산 때문일 확률이 높아 보인다.

이 대목에서 우리가 한국 미술 시장에 대해 얻을 수 있는 힌트는 생각보다 많다. MZ 컬렉터의 미술 시장 진입은 해외와 우리나라 모두 같은 전제 조건이다. 하지만 해외 MZ 컬렉터들은 이미 젊은 시절 엄청나게 큰 부를 이룬 큰손 컬렉터가 많은데 비해, 우리나라의 MZ 컬렉터들은 투자 가치만을 보고 뛰어든 개미투자자들이 대부분이라는 점에서 결정적인 차이가 발생한다. 위 조사에서 MZ세대의 미술품 평균 구매로 가장 높은 응답률을 기록했던 100만원에서 500만원 미만의 가격대는 과거《한경 비즈니스》에서 조사했던 MZ세대의 평균 주식 투자 누적 금액과 완벽히 일치한다. 한마디로 MZ세대들은 비슷한 예산을 가지고 각자에게 맞는 투자처에 선택적 투자를 한 것이다.

국내 미술 시장을 주도하고 있는 세대가 바뀌었으므로 지금부터는 컬렉터들의 특성도 달리 해석해야 한다. 이제까지 기성 컬렉터들은 미술 시장에 냉각기가 찾아올 때마다 가격을 조금 손해 보더라도 빠르게 되파는 방법보다는 장기적으로 소장하고 마음껏 감상하는 쪽을 선택했다. 미술품은 부동산처럼 금리에 직접적인 영향을 받지도 않으며 취득세와 보유세도 없고, 거래 방식 자체가 현금 완불 구조로 이루어져 있었으므로 소장기간에 별도의 금액이 발생하지 않으니 기성 컬렉터에겐 그게 더 이득이었다.

이제는 달라졌다. 이 흐름은 수치를 보면 잘 알 수 있다. 모든 세대에서 은행 송금이 가장 많았지만, 그다음 선호하는 거래 방식으로 기성 컬렉터는 현금(31.1%)을, MZ 컬렉터는 카드(32.7%)를 선택했다. MZ 컬렉터 중 상당수가 은행 송금 대신에 카드를 이용하는 경향이 있어, 카드의 금리는 이들의 투자에 큰 영향을 미치게 된다. 최근 늘어난 MZ 컬렉터 중에는 자산가치가 하락해도 예전처럼 그대로 가지고 있기보다 기대했던 값을 받지 못하더라도 일단 시장에 던지고 보는 경우도 많았다.

불황인 처지야 피차 다르지 않다고 하더라도, 이미 작가와 컬렉터 간의 신뢰 기반이 확실하며 컬렉팅 문화가 일찍이 자리 잡은 해외 미술 시장은 좋은 작가의 수작이 나오면 언제든지 구매할 수요층이 두껍게 존재하는 반면 국내 미술 시장은 불황을 함께 버텨낼 아군이 없다. 당연히 혼란스럽다. 미술 시장의 과거를 말미암아 미래를 예측하기에 최근 미술 시장은 이전과 너무나 달라졌다. 지금 우리는 어떤 것을 고려해야 할까? 우선 원론적인 것부터 생각해보자.

경기가 침체할 때 투자 자산의 옥석을 고르는 몇 가지 중요한 키워드가 있다. 그중 먼저 다뤄볼 것은 안전 자산이다. 자산을 안전하게 만드는 요인은 무엇일까?

첫 번째 요인은 시간이다. 미국 국채가 가장 안전한 자산으로 인식되는 이유는 단순하다. 미국이라는 국가의 신용등급이 AAA를 유지하고 있으며 30년물 국채가 존재하기 때문이다. 여기에 더불어 미국이 전 세계 1위 경제국가로서 최강국의 지위를 앞으로도 유지할 것이라는 믿음도 한몫한다. 검증된 자산이 긴 시간에 걸쳐 내재적 가치를 유지해왔으며 이것이 앞으로도 지속된다고 판단할 때 우리는 이를 안전 자산으로 여긴다. 미술품이 가진 핵심 가치도 마찬가지다. '인생은 짧고 예술은 길다'는 말처럼 미술품이 가진 내재적 가치는 거의 영구적이다.

미술품의 자산성은 어떨까? 프랑스의 미술가격데이터베이스 플랫폼 아트프라이스artprice는 만약 2008년 김창열 작가의 작품에 100달러를 투자했다면 2021년에는 1,588달러가 되었을 것이라고 분석한다. 13년간 투자수익률을 계산하면 무려 1,488%다. 미술투자자문사 마스터웍스Masterworks도 지난 25년간 S&P500(9.5%)보다 현대미술의 수익률(14%)이 월등하게 높은 것으로 파악했다. 더불어 오래 소장한 미술품일수록 향후 수익 위험성이 낮아진다는 씨티그룹의 보고서도 미술품의 영속성을 뒷받침한다.

안전 자산의 두 번째 요인은 유동성이다. 2021년과 2022년 국내 미술 시장에는 분명하게 달라진 점이 있다. 매수 금액의 심리적 상한선이 생겼다는 것이다. 2023년 1월, 케이옥션 메이저 경매를 보면 단적으로 알 수 있다. 이 경매에는 김환기 작가의 대작 〈북서풍〉이 다시 출품됐다. 〈북서풍〉은 2022년 11월 출품됐다가 경매 시작 전 취소된 전적이 있었다. 왜 소장자는 내놨던 작품을 다시 거둬들였을까?

알아둘 것이 있다. 일단 경매에 나온 모든 작품은 낙찰 결과가 공개

출처 | 케이옥션 웹사이트 캡처

김환기의 〈북서풍〉을 제외하면 이번 경매에서 시작가가 10억원을 넘는 출품작은 없었다.

된다. 경매에 나와 유찰된 작품은 가치가 꺾인 미술품으로 낙인찍히고, 이후 경매에 작품을 다시 내놓는다고 하더라도 제대로 된 값을 받기가 어렵다. 따라서 소장자로서는 유찰될 바에는 아예 출품 취소가 낫다고 판단했을 것이다. 이러한 속사정으로 2023년 재출품된 작품은 이전보다 몸집을 낮춰 15억원에 경매가 시작됐고 마침내 새로운 낙찰자를 만났다. 만약 시작가를 낮추지 않았더라면 이번에도 작품을 팔지 못했을지도 모른다. 작가의 수작이라고 할 법한 작품을 소장하고 있는데도 시기를 잘못 잡는 바람에 이렇게 어렵사리 작품을 팔아야 했다니…. 소장자로서는 여간 난처한 일이 아닐 수 없을 것이다.

이번 경매에서는 김환기의 〈북서풍〉을 제외하면 시작가가 10억원을 넘는 출품작이 없었다. 코로나19 당시 30억원 이상의 고가 출품작이 사라졌듯, 경색된 경제 상황에 이번 경매에서 10억원 이상 고가 미술품 출품은 대폭 줄었다. 출품작을 살펴보면 5천만원 안팎의 미술품 비중이 가장 높았다. 이는 신중 모드로 숨을 고르는 컬렉터의 의도를 판단한 경매사의 전략 혹은 구매 고객들의 부담을 덜어주려는 배려로 분석된다.

컬렉터가 블루칩 작가를 찾는 이유는 당연히 '안정성 확보'지만 우리는 여기서 하나를 더 생각해야 한다. 블루칩 작가의 모든 작품을 안전자산이라고 할 수는 없다. 우리는 작품을 고를 때, 안정성이라는 조건에 유동성을 더해야 한다. 그림이 지나치게 크거나 너무 빼어난 수작인 나머지 가격이 지나치게 비싸거나 작가가 일생일대의 시도로 완성해놓은 독특한 작품이거나…. 이런 것들은 안정성하고는 거리가 있다. 안정성의 다른 말은 유동성이다. 당신이 유동성을 확보하고 싶다면 특출난 작품보다 두루두루 '모난 구석 없는' 작품을 고르는 것이 중요하다.

내가 고른 것이 모난 구석이 없는 미술품인지 어떻게 알 수 있을까? 그럴 때는 게임 캐릭터의 능력치를 한눈에 보여줄 때 사용하는 방사형 그래프를 그려보면 판단에 도움이 된다. 거미줄을 연상케 하는 이 그래프를 활용하면 각 능력치가 얼마나 고르게 분포되어 있는지 쉽게 알 수 있다. 여기에 당신의 마음속에 꽂혀버린 그 작품을 대입해보자. 작품을 구성하는 다양한 요소들, 예를 들어 작품의 제작 연도와 소재, 도상, 작가가 주로 사용하는 상징적인 소재와 색상 등을 점수화하고 방사형 그래프를 만든다고 가정해보면 한결 쉽다. 각 요소가 현저히 낮거나 뛰어나다면 들쭉날쭉한 별 모양의 그래프가 완성될 것이다. 반대로 그래프가 완만한 정다각형 형태에 가까울수록 빠지는 구석이 없는 좋은 작품이라고 할 수 있다. 그런 미술품이 호불호를 타지 않을 확률은 당연히 높다.

예시로 다음 페이지에 방사형 그래프를 그려보았다. 제이니 작가 작품의 방사형 그래프는 작품을 도식화할 수 있는 각 요소 중 제작 연도와

제이니 작가

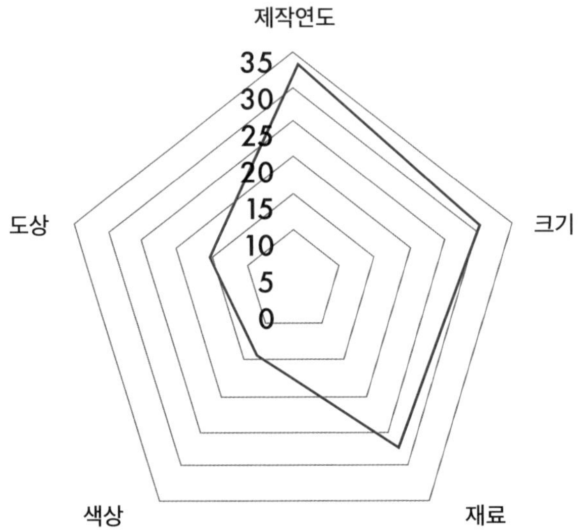

모난 구석 없는 작품을 판별하는 방사형 그래프

거미줄을 연상케 하는 방사형 그래프를 활용하면 내가 고른 미술품이 모난 구석이 없는지 쉽게 알 수 있다. 그래프가 완만한 정다각형 형태에 가까울수록 빠지는 구석이 없는 좋은 작품일 확률이 높다.

크기, 재료는 상위권 점수를 받았으나 전체적인 구성을 뜻하는 도상과 색상이 부족하다. 한쪽으로 기울어진 도형 모양 덕에 쉽게 알 수 있을 것이다. 물론 내 마음에만 든다면 이런 작품도 나쁘지 않다. 하지만 작품의 안정성을 고려하려면 모두에게 보기 좋은 작품을 선택해야 한다. 그래야 작품을 되팔기도 쉬워지고 유동성을 확보하기 쉽다.

시장이 좋을 때는 작가들이 폭넓게 소개되고 컬렉터들도 적극적으로 작품을 검토한다. 하지만 하락세로 전환된 시장에서는 확실한 작가와 작품만이 살아남는다. 투자의 귀재라고 불리는 워런 버핏은 다음과 같이 말을 남겼다.

"썰물이 졌을 때 비로소 누가 발가벗고 헤엄쳤는지 알 수 있다."

시장이 나빠졌을 때 비로소 민낯이 드러난다는 뜻이다. 분별력은 불황기에 검증된다.

스몰토크

디디에 그리프 프랑스 공인 미술품 감정사

100년 후에도 안전한 미술품의 비밀

비가 내리는 아침 9시, 근사한 양복에 비옷을 걸친 노신사가 인터뷰 장소로 들어왔다. 프랑스 공인 미술품 감정사인 디디에 그리프Didder Griffe였다. 한국에서도 만난 적 없는 미술품 감정사를 프랑스에서 마주한 것은 내게 특별한 기회였다. 습한 날씨에도, 미술품 감정사라는 직업에서 시작해 미술품 유통 시장에서 판치는 위조품의 실체까지 이어지는 긴 질문에 디디에는 차분히 답을 해주었다. 파리에서 수십 년간 일해온 미술품 감정사의 대답은 내 예상보다 더욱 놀라웠다.

너무 반갑습니다. 독자들에게 미술품 감정사에 대해 소개 부탁드립니다.

프랑스 기준으로 설명해보겠습니다. 우선 감정사가 되기 위해서는 변호사 자격증이 필요합니다. 저 역시도 변호사가 된 이후 루브르 박물관 Louvre Museum 산하의 미술학교에서 감정사 학위를 받았고요. 미술품 감정사는 크게 '제너럴리스트Generalist'와 '스페셜리스트Specialist'로 나눌 수 있어요. 제너럴리스트는 여러 분야를 두루 포괄하는 감정사를, 스페셜리스트는 한 분야의 미술 감정을 심층적으로 하는 감정사를 말합니다.

가령 이건희 삼성그룹 회장의 컬렉션을 상속받은 가족들은 제너럴리스트에게 의뢰해 문화재와 가구, 미술품과 보석 등의 자산 규모를 측정할 수 있을 겁니다. 제작 시기가 모호한 고대 미술 작품을 발견했다면 이 분야를 오래 연구한 스페셜리스트가 전담하는 식이지요. 저는 가구와 미술품, 그리고 보석과 아트 오브제를 주로 감정하는 제너럴리스트입니다.

미술품 감정사에게는 어떤 자질이 필요할까요?

인내심과 경험입니다. 특히 경험은 감정사뿐 아니라 컬렉터에게도 해당되는 자질일 겁니다. 경험이 많은 컬렉터가 초보 컬렉터보다 더 좋은 작품을 고를 수 있는 것은 오롯이 경험에서 오는 안목 때문일 겁니다. 컬렉터가 어떤 작품을 바라보는 첫눈에는 정말 많은 정보가 담겨있어요. 첫눈은 섬광처럼 느껴질 만큼 너무나도 짧은 순간이고 그야말로 무의식적이라, 그저 힐끗 본 것처럼 느껴질 수도 있어요. 하지만 지금까지 컬렉터가 쌓아온 안목이 높다면 그 순간 획득한 정보들은 대부분 정확할 겁니다. 그만큼 다양한 작품을 관람하고, 또 비교해본 경험은 중요해요.

저는 지난 42년 동안 미술품 감정사로 일했기 때문에 10m 밖에서도 눈에 들어온 미술품이 가진 정보 대부분을 한눈에 파악할 수 있습니다. 하지만 반드시 그 미술품을 뒤집어 하나하나 샅샅이 확인해봅니다.

미술 시장에 유통되는 미술품 중 위조품의 규모는 어느 정도일까요?

미술 시장이 긴 시간에 걸쳐 꾸준히 발전하는 동안 위조품 시장 역시 엄청나게 성장을 거듭했어요. 요즘 감정하는 미술품 중에는 정말 끔찍할 정도로 완벽하게 모방된 경우도 정말 많아요. 물론 과거에는 이렇게까지 위조 기술이 발전하지는 않았지만, 미술 시장에서 오랫동안 유통되는 동안 위조품 역시 나이를 먹으며 자연스러워집니다. 그런 위조품은 감정하는 게 점점 어려워지죠.

이게 어느 정도인가 하면, 파블로 피카소Pablo picasso가 훗날 서명이 없는 자기 작품을 발견하고 서명을 한 적이 있는데 이 작품이 나중에 알고 보니 위작이었던 적이 있었어요. 작가도 자신의 위작을 알아보지 못한다니까요. 요즘에는 미술품을 감정할 때 주로 사용되는 X-Ray 투시 기법을 역이용해 작품을 더욱 완벽하게 위조하기도 합니다.

위조품에 특히 취약한 작품군이 있다면요?

2010년 1월, 런던 소더비에 출품된 작품이 당시 미술품 경매 사상 최고가인 1,202억원에 낙찰되면서, 현대 조각의 거장으로 불리게 된 알베르토 자코메티Alberto Giacometti 작가는 제 경험상 미술 시장에서 가장 위조품에 취약한 작가입니다. 대략 1천 점 이상의 위조품이 유통되고 있는데,

이는 작가가 생전에 남긴 작품 수에 비하면 정말 많은 숫자죠. 일반적으로 작가가 유명하고 작품의 가격이 높으면 높을수록 미술 시장에 유통되는 위작의 수도 많다고 보면 됩니다. 피카소, 마티스, 호안 미로Joan Miró 등 교과서에 나오는 작가들이 대표적으로 위작이 많은 작가입니다. 이름을 들으면 알 만한 현대미술 작품들은 당연히 포함되고요.

작품값이 가파르게 오르는 작가들 역시 위작품의 첫 번째 타깃이 됩니다. 미술품은 기본적으로 작가의 철학과 고유한 작업방식이 한데 결합해서 완성됩니다. 하지만 위조범은 작가의 아이디어를 쉽게 차용하고, 여기에 최신식 레이저 복사기와 기술을 더해 완벽한 위조품을 만들어내는 거죠.

한국은 최근 들어 '아트 퍼니처Art Furniture'라고 불리는 르 코르뷔지에Le Corbusier, 샬럿 페리앙Charlotte Perriand, 장 푸르베Jean Prouvé 등 전설적인 디자이너들의 가구를 가장 많이 수입하는 나라입니다. 이 가구들은 아름답지만 사실 복제하기는 정말 쉬워요. 너무나 세련된 아이디어와 혁신적인 디자인으로 만들어졌지만, 정작 제품을 생산하는 기술 자체는 어렵지 않거든요. 감정사들은 현재 시장에서 유통되고 있는 아트 퍼니처들의 50%를 복제품으로 추산하고 있어요.

미술 시장에서 위조품을 가려내기 위한 감정사의 역할이 있다면요?

미술 시장은 위조품에 너무나 취약하고, 이런 상황에서 감정사들의 역할은 점점 중요해지고 있습니다. 특히 프랑스 미술품 감정사들이 전 세계 미술 시장에서 인기가 많은 이유는 다른 나라 감정사에게는 없는 시스템이 프랑스에 있기 때문인데요.
위조품이 너무나 완벽해서 감정사가 감정을 잘못했을 경우, 감정사가 보증서를 발급한 감정품이 나중에 위조로 밝혀지는 경우가 있어요. 이때 프랑스 감정사는 감정 비용을 되돌려줘야 하고, 이 감정 비용은 감정사가 아닌 보험회사가 100% 지급하게 됩니다.
누구의 잘잘못이 아니라 위조품이 너무나 완벽해서 발생한 사고에서 작품의 소장자와 감정사 모두를 보험회사가 보호하는 시스템인 거죠.

머나먼 한국 컬렉터에게 감정사로서 해주고 싶은 조언이 있을까요?

프랑스어에는 '파뉘르지슴Panurgisme(부화뇌동)'이라는 단어가 있습니다. 1천 마리의 양이 1마리의 양을 무작정 따른다는 뜻인데요. 지금 일부 국가의 미술 시장에서 흔히 일어나고 있는 현상을 완벽하게 의미하는 단어라고 생각합니다. 컬렉터들은 어떤 작품이 좋은지 스스로 끊임없이 질문해야 하며 그것이 왜 좋은지에 대해 자기에게 설명할 수 있어야 합니다. 단지 다른 컬렉터들의 영향을 받아 수동적인 태도로 모방하듯 작품을 선택해선 안 되겠죠.
작품을 선택할 때는 100년 후를 내다봐야 합니다. 이 말은 작품이 가진 내재 가치를 보라는 뜻도 있지만, 내가 선택한 작가가 작품 관리를 어떻게 하는지 보라는 의미도 포함됩니다. 작가가 제작해온 모든 작품을 시대별로, 시리즈별로 실은 전작 도록을 일컫는 카탈로그 레조네Catalogue Raisonne는 작가의 가치를 재고하는 데 필수적이라고 할 수 있어요. 이 작업이 고되지만, 의미가 있는 이유는 카탈로그 레조네에 포함되는 모든 작품에 미술품 감정사의 보증서가 발급되기 때문이에요. 이렇게 완성된 카탈로그 레조네는 작가를 보호하는 법적 근거가 되는 동시에 컬렉터들이 소장한 작품의 진품성을 보증해줍니다.

현재 카탈로그 레조네가 있는 작가와 없는 작가의 차이는 미미할지 모르지만, 시간이 지날수록 이들의 작품 가치는 뚜렷하게 달라질 겁니다.

부동산 vs. 미술품, 인플레이션에서 살아남는 자산

어릴 때 국어사전 읽던 버릇만큼은 아니지만, 나는 여전히 단어의 의미를 꼼꼼하게 뜯어보거나, 어원을 골똘하게 생각해보는 것을 좋아한다. 그런 의미에서 '미술품'이라는 단어는 그 본질과 완벽히 부합하는 것 같다. 공간 및 시각의 미를 표현하는 '미술'과 물건의 성질과 바탕을 의미하는 명사인 '품'이 만나 완성된 '미술품'은 음악이나 무용과는 달리 유일하게 거래가 가능한 실재적 예술이다. 이는 실물 자산으로서 양도차익을 누릴 수 있을 뿐 아니라 돈으로 환산할 수 없는 심리적인 만족감을 얻을 수 있다는 점에서 가장 매력적인 투자 수단이 된다. 이러한 맥락으로 일부 컬렉터들은 미술품을 '영혼이 있는 황금'이라고 부르기도 한다.

미술품은 부동산, 기념주화, 귀금속과 함께 실물 자산으로 분류된다. 실물 자산은 금융 자산에 비해 경제적 가치와 사회적 부를 창출하는 데 직접적으로 기여한다는 장점이 있지만 유동성 확보가 어렵고 비교적 큰 투자 금액이 필요하다는 단점도 있다.

피에르 니콜라 윌리오,
〈Still Life with Silver and Gold Vessels, Fruit, and Flowers〉

미술품은 실물 자산으로서 양도차익을 누릴 수 있을 뿐 아니라 돈으로 환산할 수 없는 심리적인 만족감을 얻을 수 있다는 점에서도 매력적인 투자 수단이 된다.

코로나19가 장기화되는 동안, 자산 시장은 엄청난 호황기를 보냈다. 월급이 나의 미래를 보장해주지 않는다는 불안감이 불씨가 돼 은행에서 증권사로 향하는 머니 무브Money Move(자금 이동) 현상이 빨라졌고 낮은 금리와 함께 빚을 내서 투자한다는 '빚투', 영혼까지 끌어모은다는 '영끌족'이 대세가 됐다. 자산 시장은 빠르게 뜨거워졌지만, 이 열기를 말릴 사람은 아무도 없었다. 일단 2021년 기준 최저 임금 상승률이 1.5%에 머무르는 동안, 서울 아파트 평균 매매가가 11억원을 넘어섰다. 이는 2019년에 비하면 3억원 이상 오른 금액이었는데, 그때와 비교해 내 월급이 이만큼 올랐는지 따져보면 가만히 있는 게 바보라는 소리가 나오지 않을 수가 없다.

당시 끓는점 100도씨를 이미 넘긴 자산 시장의 열기는 너무나도 뜨거워서 초가삼간을 화르르 태워 먹을 정도였다. 불씨를 죽이지 않을 정도로만 옆에서 입김을 후후 불어 넣고 오래오래 따뜻하게 불을 쬐었으면 좋았겠지만 정신을 차려보니 이미 빨간 경고등이 울린 뒤였다. 러시아-우크라이나 전쟁과 중국의 방역 통제로 원자잿값이 폭등하면서 세계적으로 긴축경제가 시작됐다. 천장을 뚫을 기세로 우상향을 보이던 그래프들은 일제히 멈춰서 숨 고를 새도 없이 곤두박질쳤다.

사실 그동안에도 거품이 너무 많이 꼈다는 지적은 늘 있어왔다. 1929년, 뉴욕의 구두 닦는 소년이 주식 투자에 뛰어든 것을 보고 조지프 케네디Joseph Kennedy가 대공황을 예측했던 것처럼 국내 부동산 시장에는 '인천 집값이 오르면 상승장도 끝물'이라는 말이 있다. 지금은 그래도 덜하지만 과거 인천은 경기도 외곽보다도 지하철 등 교통망이나 각종 생

하락장 속에서 부동산과 미술품의 가격은 얼마나 달라졌을까? 과연 어느 쪽이 더 안정적이었을까?

활 기반 시설이 현저히 떨어졌기 때문에 인천의 집값 상승을 버블의 시그널로 본 데서 온 말이었다. 아니나 다를까. 2021년 전국 부동산 시장 상승세를 주도한 지역은 다름 아닌 인천이었다. 이 시기 인천시 아파트의 수요와 가격이 동반 상승하면서 지역 내 미분양 아파트 수는 빠르게 고갈되었으나 이듬해가 되자 5배가 넘는 2,500여 세대까지 폭증했다. 엎친 데 덮친 격으로 2023년 신규 공급 아파트는 2만2,508세대, 입주를 앞둔 아파트는 4만 세대가 넘었다. 살 사람은 없는데 공급만 미어터지니 가격은 자연스레 반토막이 났다.

2021년 9월 발간된 나의 첫 책《나는 미술관에서 투자를 배웠다》에서는 부동산과 미술품의 대표 표본으로 만년 재건축 유망주이자 대장주인 은마아파트와 세계적인 블루칩 작가의 반열에 든 이우환 작가의 〈다이얼로그〉 시리즈를 각각 설정하고 두 자산의 실거래가 분석을 통해 투자 성적표를 뽑았다. 우선 결과만 보자면 2011년에 사들인 두 자산을 2021년 처분해 양쪽 모두 만족스러운 양도차익을 남겼으며, 특히 은마

아파트는 〈다이얼로그〉에 비해 2배 가까이 높은 차익이 발생했다. 하지만 이 결과에는 특수한 전제 조건이 있었다. 2021년은 자산 시장의 상승기였다. 따라서 우리는 하강기에 접어든 요즘의 자산이 어떤 변화를 맞았는지 다시 살펴봐야 한다.

하락 시장에서 두 자산의 가격은 얼마나 달라졌을까? 부동산 자산을 대표할 표본을 설정하기 위해 먼저 서울시 아파트 평균 평당가를 살펴보았다. 최근 3년간 최고점을 기록했던 2022년 6월 서울 아파트 평당가는 4,293만원이었으나 2023년 2월에 접어들자 4,185만원으로 하락했다. 가격도 가격이지만 거래량 자체도 큰 차이를 보였는데, 일단 2023년 2월 거래된 아파트 자체가 드물었다.

가격이 줄줄이 하락하면서 거래는 뚝 끊겼으므로 2023년 2월 거래가 신고된 아파트 중 서울시 아파트 평균 평당가에 그나마 가장 근접한 아파트를 골라 부동산 자산의 대표 표본으로 삼았다. 이는 바로 1993년에 준공된 수서 목련타운 아파트다. 벌써 입주 30년 차 구축에 강남구에서는 상대적으로 외곽으로 분류되는 지역이지만 지하철 3호선 일원역을 끼고 있는 데다 남학생들은 중산고등학교를, 여학생들은 숙명여자고등학교와 경기여자고등학교를 진학할 수 있는 학군 메리트 덕에 일원본동 내에서는 오랜 시간 가격을 선도하고 있는 대장 아파트다.

다음은 미술품의 대표 표본이 될 작가를 선정할 차례다. 미술품이 가진 자산가치를 객관적으로 따져보려면 미술관에서 개인전을 개최한 이력을 가지고 있으면서 동시에 경매에 자주 작품이 출품되는 작가여야 했다. 이는 작가가 미술사적으로도 인정받으며 그의 작품을 소구하는 시장도 탄탄히 구축되어 있다는 것을 의미한다.

이 두 가지 기준에 완벽히 부합하는 이건용 작가는 한국 아방가르드 운동을 이끌어 온 전위 예술가로서, 국내 실험미술의 거장으로도 불린다. 평생을 회화 기법이나 예술 사조에 연연하지 않고 보디 스케이프Body Scape라는 몸을 직접 움직여 만들어내는 작품으로 행위 예술의 장르를 꾸준히 넓혀왔다. 오랜 시간 '중견'의 입지에 머물러 있던 그는 최근 몇 년 사이 한국을 대표하는 동시대 작가로 자리매김했다. 서울에 본점을 둔 현대갤러리와 대구 리안갤러리의 소속작가로 활동하던 이건용 작가는 2022년도에 세계 미술 시장에서 넘사벽(넘을 수 없는 사차원의 벽이라는 뜻으로 대적할 만한 상대가 없음을 비유하는 말) 영향력을 가진 페이스갤러리Pace Gallery와 전속 계약을 맺기도 했다.

자산 시장 상승기의 피크타임이던 2022년 8월, 수서 목련타운 아파트는 36평형 아파트가 24억5천만원에 거래되었으며 당시 평당 가격은 6,800만원이었으나 해가 바뀐 2023년 2월 새롭게 신고된 같은 평형

수서 목련타운 아파트와 <The Method of Drawing 76-1>의 하락폭 비교

구분	수서 목련타운 아파트 36평	〈The Method of Drawing 76-1〉 10호
상승기 (거래 내역)	24억5천만원/평당 6,805만원 (22년 8월 31일, 8층)	6,400만원/ 2010년 作 (22년 8월 24일, 케이옥션)
하강기 (거래 내역)	18억1천만원/평당 5,027만원 (23년 2월 7일, 14층)	5,100만원/ 2016년 作 (23년 1월 18일, 케이옥션)
하락폭	-26%	-20%

출처 | 케이옥션 웹사이트 캡처

2023년 1월 18일에 열린 케이옥션 경매 낙찰가 기록. 이날, 이건용 작가의 작품은 2022년 8월과 같은 시리즈와 사이즈, 색상까지 같은 것으로 출품됐으나 낙찰가 대비 20% 떨어졌다.

의 실거래가는 18억1천만원이었다. 평당 1,500만원 이상이 하락한 것이다. 물론 서울에 번듯한 내 집을 갖기 위한 금액으로 평당 5천만원, 총금액 18억원짜리 아파트는 너무나도 비싼 가격이다. 하지만 그보다 6개월이 채 지나지 않은 짧은 기간 동안 해당 아파트의 가격이 무려 26% 하락했다는 사실이 더 중요하다.

그렇다면 미술품을 대표하는 이건용 작가의 작품값은 얼마나 달라졌을까? 작가의 작품 중 인기가 특히 많은 〈The Method of Drawing 76-1〉 시리즈는 경매에 자주 출품되었고, 꾸준히 새로운 소장자를 만났다. 목련타운 36평 아파트가 24억원이 넘는 가격에 팔리던 8월, 이건용 작가의 10호(약 40×53cm) 작품은 케이옥션을 통해 6,400만원에 낙찰되었다. 여기에 일반적으로 통용되는 수수료율을 더한다면 낙찰자가 실제 작품값으로 냈을 금액은 대략 7,500만원 선이었을 것이다. 하지만 2023년 새해가 밝자 하늘 높은 줄 모르고 뛰어오르던 미술품 가격도 하락세가 도드라졌다. 2023년 1월 18일 열린 케이옥션의 경매에서 2022년 8월 거래된 작품과 같은 시리즈와 사이즈, 거기에 색상까지 같은 작품이 출품됐으나 5,100만원에 낙찰됐다. 이는 작년 8월 낙찰가 대비 20% 떨어진 금액이었다.

이게 다가 아니다. 미술품과 부동산은 둘 다 실물 자산이라는 공통점이 있긴 하지만 값을 치르기 위해 조달되는 자금의 구조와 형태는 너무나도 다르다. 과거에 비해 카드 할부 결제의 비율이 조금 늘어났다고는 하나, 미술품을 살 때 여전히 절대적으로 높은 방식은 현금 결제와 송금이다. 경매 낙찰자도 마찬가지로 금액을 분할 납부하든, 일시 납부를 하든 값을 모두 지불하고 난 다음에야 비로소 작품을 받는다. 이렇듯 미술품은 철저한 완불결제 시스템을 따르는 반면, 부동산은 자금 조달을 위해 대출을 받는 것이 일반적이라 금리의 영향을 직접적으로 받는다.

벌써 여기서부터 두 자산 사이에 큰 차이가 발생한다. 2023년 2월 기준으로 무주택자와 1주택자는 지난 1·3 부동산 대책을 통해 규제 지역에 따라 LTVLoan To Value ratio(주택을 담보로 돈을 빌릴 때 인정되는 자산가치 비율) 한도를 최대 70%까지 적용받을 수 있다. 반면, 미술품이라는 자산은 초기 자금의 100%를 조달해야 하지만 이후의 제반 비용이 들지 않는다.

앞으로 돌아가, 서울시 아파트 평균 평당가가 가장 높았던 2022년 6월은 인플레이션이 자산 시장에 직접적인 충격을 주기 시작한 시기였다. 미국 인플레이션은 8.6% 상승하며 1981년 12월 이후 최고치를 기록했다. 무엇보다 식품비가 1981년 3월 이후 처음으로 10% 이상 상승했다는 게 중요하다. 물론 이때 다른 물가도 함께 급등해 휘발유는 48.7%, 전기가 12%, 천연가스가 30.2%, 중유가 무려 106.7% 상승한 것에 비해서 이러한 상승분은 미미한 수준이라고 할 수도 있겠지만, 식품비가 가계 경제에 직접적인 영향을 준다는 점에서 그저 놀라울 뿐이다.

세계 3대 신용평가기관 무디스Moody's Investors Service는 물가가 너무 오른 나머지, 미국 소비자들이 월 346달러를 더 지출하고 있다는 발표를 하기도 했다. 한국은 당연히 미국의 경제 기조에 순응하는 나라다. 이전과 사뭇 달라진 온도에 연일 상승세를 이어 나간 아파트 가격 역시 2022년 6월을 마지막으로 짧은 보합세(거의 변동 없이 그대로 유지되는 시세)를 보이다가 낙엽 떨어지는 시기에 접어 들자 하락세로 전환되었다.

물가가 오를 때 정부가 해결책으로 제시하는 일반적인 방법은 금리를 올리는 것이다. 시장에 돈이 부족해지면 돈의 가치가 올라가고, 반대로 상품의 가치는 낮아진다. 실제로 공개시장위원회FOMC는 2022년 3월 금리를 0.25%p 인상하는 것을 시작으로, 7월부터 9월까지는 아예 연속 3회 0.75%p를 올리는 자이언트 스텝을 단행했다. 이러한 상황은 부동산 투자자에게 절대적으로 가혹하다. 과거에는 이자를 거의 내지 않고도 돈을 빌려서 투자할 수 있었으나 이제는 금리가 올라간 만큼 어마어마한 이자를 물어야 한다. 이에 따라 영끌족은 월급을 고스란히 이자로 바쳐야 하는 상황에 직면했다. 고금리 고물가가 장기화할수록 급매로 시장에 던져지는 부동산 물건은 많아질 수밖에 없다. 물론 모두가 어려운 상황에 아무리 싸게 내놓는다고 한들, 거래될 리는 만무하다.

첫 책에서 자산 시장의 상승기를 맞아 은마아파트와 이우환 작가의 작품으로 부동산과 미술품의 투자 성패를 살펴봤을 때, 부동산의 양도차익이 미술품에 비해 훨씬 높았던 것은 사실이다. 그러나 막상 취득세부터 양도소득세에 이르는 모든 세금을 하나하나 따져본 계산에서 실질적으로 더 높은 이익을 얻은 쪽은 미술품이었다. 지금 우리가 알아본 것처럼 하강기에서 미술품에 비해 부동산의 하락 폭이 더 큰 이유는 부동산 시장이 금리의 영향을 직접적으로 받았기 때문이다. 상승기와 하강기를 떠나 부동산과 미술품이라는 두 자산의 성패를 결정하는 것은 결국 금리와 세금이었다. 다시 말해, 부동산에 비해 금리와 세금의 영향을 받지 않는 데다 소장 이후에 발생하는 별도의 제반 비용이 없는 미술품은 안전 자산일 수밖에 없는 것이다.

미술품의 가격이 안정적으로 유지되는 또 다른 근거는 미술품의 학문성에서도 찾을 수 있다. 미술 시장은 미술사와 미학이라는 핵심 가치가 존재한다. 작품의 가격을 지탱하고 있는 학문이 있다는 점에서 부동산 시장과 결정적인 차이가 있다. 미래가 아닌 역사에 근간을 두고 작품을 평가하는 미술사, 작가의 예술성과 철학을 설명하는 근거가 되는 미학은 우리나라를 비롯한 전 세계 미술 교과 과정에서 일관된 커리큘럼으로 교육된다. 쉽게 말해 미술 시장은 이론적 체계를 갖춘 학문과 인류의 역사에 그 뿌리를 두고 있다. 따라서 여타의 자산에 비해 미술 시장이 안정적인 이유는 당연하고도 자연스러운 현상이라고 할 수 있다.

그럼에도 불구하고 현재 미술 시장에서 간과해선 안 되는 부분이 있는데, 이는 바로 초고가 미술품 시장과 대중 작품 거래 시장의 온도 차가 극명하다는 점이다. 우선 설명에 앞서 알아두어야 할 점은 '가격 하락'과 '거래 절벽'은 다르다는 사실이다. 자산 시장에 호황기가 도래하면 자산의 가격은 일제히 상승하며 그만큼 거래도 빈번해지지만 하강기를 맞은 시장의 양상은 좀 다르다.

모든 부동산의 가격이 30% 안팎으로 하락한 상황에서도 나날이 최고액 신고가를 경신하는 아파트가 존재하는 이유는 누구나 살고 싶어하는 궁극의 아파트의 경우 그만큼 가격이 높지만, 시장 환경에 영향을 받지 않는 부자들의 탄탄한 수요가 받쳐주기 때문이다. 따라서 시장 전체적으로 거래 절벽 현상이 나타날지언정, 궁극의 아파트 가격은 쉽게 하락하지 않는다. 미술 시장도 마찬가지다. 국내 미술품 경매 업계의 약 90% 이상을 점유하고 있는 케이옥션과 서울옥션은 출품 작품의 가격대를 기준으로 다양한 경매 프로그램을 운영하고 있다. 케이옥션을 예시로 들어 보자. 최고가 작품을 선보이는 메이저 경매의 추정가는 기본 1천만원 선부터 시작하지만, 그보다 조금 낮은 가격대의 작품은 프리미엄 온라인 경매에서 주로 다루며 위클리 온라인 경매는 300만원 대로 가장 합리적인 작품들을 선보인다.

가격대에 따라 경매 프로그램의 낙찰률은 얼마나 다를까? 2023년 첫 번째 포문을 열었던 케이옥션의 1월 메이저 경매 낙찰률은 81%였다. 이는 물론 2021년과 2022년 상반기까지 줄곧 90%대를 유지하던 때와 비교하면 소폭 하락한 수치다. 그러나 같은 시기에 열렸던 온라인 프리미엄 경매의 낙찰률은 이보다 훨씬 더 낮은 52%였으며, 가장 낮은 가격대인 위클리 온라인 경매의 낙찰률은 44%에 머물렀다.

과거 자산 시장의 상승기에도 부동산 가격이 오르는 속도보다 세금이 붙는 속도가 더 빨랐기 때문에 사실상 그 누구도 가격 상승에 마음 놓고 기뻐하지는 못했다. 가격만 보더라도 다른 아파트 역시 올랐으니

따지고 보면 내 것만 오른 것도 아니었고 말이다. 부동산은 세 가지 기본 요소를 가리키는 의식주에 들 정도로 사람이 살아가는 데 필수적일 뿐 아니라 생활의 바탕이 된다는 점에서 꾸준히 관심을 가져야 하는 투자처인 것은 사실이다. 그러나 가장 적절한 투자처를 선택하기에 앞서 각 자산이 가진 특성을 파악하는 과정은 무조건 필요하며 상승기일 때와 하강일 때의 전략을 달리 설정해야 하는 것도 필수적이다.

CHAPTER 2

미술과 돈이 공존하는 갤러리

GALLERY, GALLERY, GALLERY

다비트 테니르스, 〈레오폴드 빌헬름 대공의 개인 화랑〉

작품 속에 등장하는 그림들은 레오폴드 빌헬름 대공의 개인 소유였다. 과거 그림이 있던 장소는 대개 부유한 귀족의 방이었으며, 그림을 감상하는 일은 오랫동안 특권층만이 누릴 수 있었다.

작가의 성공은 곧 갤러리의 성공: 마더 갤러리

사람들이 그림 감상을 시작한 건 언제부터일까? 당연히 그림도 마음의 여유가 있어야 즐길 수 있다. 갤러리의 개념이 프랑스 궁정에서 유래된 것으로 미루어 보아, 그림을 감상하는 행위도 아주 오랜 시간 사회 특권층만의 전유물이었을 것이다. 이후 19세기에 들어서야 비로소 전시와 작가라는 개념이 생겨났고, 시장의 3대 성립 조건인 공급자와 수요자 그리고 중개자가 갖춰지면서 마침내 미술 시장이 형성됐다.

갤러리는 영리를 목적으로 작품을 판매하는 장소다. 하지만 여기에서 갤러리가 작가에게 들이는 공은 상상 이상이다. 갤러리는 작가를 발굴하는 일에서 작업 활동 지원, 전시 기획과 마케팅에 이르기까지 모든 과정에서 작가의 가장 가까운 동반자이자 후원자의 역할을 자처한다. 이때 갤러리가 갖는 대가를 단순히 말하면 작품의 판매 수수료라고 할 수 있지만 이것이 절대 전부는 아니다. 작가가 미술 시장에 성공적으로 안착하기까지 지난한 과정을 함께 겪어내는 동안 갤러리는 작품값과 작품의 수량을 매개로 시장을 통제한다. 그럼으로써 미술 시장의 숨은 조정자라는 강력한 지위를 얻는다. 쉽게 말하면, 갤러리는 작가의 작업에 관여한 모든 활동을 지원하는 한편, 작품의 유통에 대한 권리인 판매권을 갖는 것이다.

미술 시장은 거래 방식으로 유통 구조를 나눌 수 있다. 1차 시장은 작가의 손을 막 떠난 작품들이 첫 번째 소장자를 만나는 곳이다. 우리는 이곳을 갤러리 또는 화랑이라고 부르며, 더 자세하게는 프라이머리 갤러리Primary Gallery라고 한다. 갤러리 앞에 '프라이머리'가 붙는 이유는 갤러리의 역할과 기능이 다양해지면서 전속 및 소속작가를 두지 않는 세컨더리 갤러리Secondary Gallery도 생겨났기 때문이다. '세컨더리'란 말 그대로 2차 시장을 가리키며 세컨더리 갤러리에서는 이미 한 번 시장에 나온 작품 중 선별 작업을 거치거나 화랑의 고객들로부터 위탁받은 작품을 전시하고 판매한다.

(재)예술경영지원센터가 발간한 〈2021년 미술 시장 실태조사〉에 따르면 현재 국내에서 전속작가제를 운용하는 갤러리는 38.4%로, 이는 2018년의 28.1%에 비해 상당히 높아진 수치다. 하지만 계약의 형태에는 여전히 문제가 있는데, 전속작가와 서면 계약서를 실제로 작성한 갤러리는 이 중 66%에 불과하며 나머지는 구두계약으로만 운영되고 있다. 심지어 아무런 계약 내용 없이 알음알음 운영된 갤러리가 전체의 10%가 넘었다. 여기에 대한 이유를 굳이 찾자면 일찍이 1세대 작가들에게 갤러리는 작가와 유대관계를 가지는 공간이 아닌 전시를 한 번 열었던 장소라는 인식이 지배적이었기 때문이다. 소위 사람 비즈니스로 갤러리가 운

출처 | Bart Everly (wikipedia)

최초로 작가 전속 계약을 도입한 레오 카스텔리(앉은 이)와
미국의 팝아트 작가, 제스퍼 존스(선 이).

영되던 시절에는 피차 계약서를 들이미는 자체가 매몰차고 의뭉스러운 분위기였다. 이러한 방식이 그대로 굳어져 지금까지 유지됐다고 볼 수 있다.

미술 시장에서 오늘날까지 통용되는 갤러리 시스템의 기틀을 다진 사람은 전설적인 갤러리스트 레오 카스텔리Leo Castelli였다. 1957년 뉴욕에 갤러리를 연 카스텔리는 그 누구도 시도하지 않았던 전속 계약을 도입했다. 작가의 작품이 팔리든 팔리지 않든 매월 작가에게 일정액을 지급해주는 '작가 월급제'를 최초로 정립한 것이다. 당시 무명이었던 프랭크 스텔라Frank Stella는 그와 독점 계약을 맺는 대가로 한 달에 300달러의 생활비를 지원받아 전업 작가로 전향했고 이후 미술사의 한 획을 긋는 미국 추상주의의 대가가 됐다. 철을 재료로 설치미술을 하는 미국의 조각가 리처드 세라Richard Serra도 레오 카스텔리의 도움으로 유럽에 진출할 수 있었으며, 1964년 베니스 비엔날레 최초의 미국인 수상 작가라는 명예를 안았다.

그렇다면 한국에서 전속작가제를 처음 시행한 곳은 어디일까? 2005년, 아라리오갤러리는 30대 초반 작가 8명을 발탁하여 월 300만원이라는 파격적인 급여를 지급했다. 하지만 이렇게 혁신에 가까운 전속 계약 시스템을 두고 일각에서는 조삼모사라는 비판도 제기됐다. 월급과 별도의 재료비와 작업실까지 제공되는 전속 계약에는 다음과 같은 단서 조항이 붙어 있었다.

"아라리오갤러리의 사전 허락 없이는 다른 곳에서 전시할 수 없다."

아라리오갤러리가 작가들에게 지급한 월급은 사실 선지급금의 일종이었다. 그들은 작가가 작품을 판매하면 그동안의 지원금에 해당하는 금액을 갤러리가 먼저 회수하고, 나머지 수익을 작가와 분배하는 구조를 만들었던 것이다. 일단 수천만원씩의 거액을 작가에게 선 투입하는 경우는 전혀 전례가 없었으므로 아라리오갤러리가 도입한 방식은 그만큼 특별했다. 이후 가나아트가 평창동과 장흥의 아틀리에를 제공하는 2년짜리 전속작가 계약서를 썼고, 원앤제이 갤러리는 아예 개관과 동시에 전속작가제를 도입하고 이후 1년간은 오직 전속작가들의 개인전만 열었다. 이렇게 전속작가제를 운영하는 갤러리는 소속작가들에게 다른 갤러리에서의 작품 전시 및 판매 활동을 일절 금지하거나, 다른 화랑에서 전시를 허락하되 팔린 작품 가격에서 최대 20%의 수수료를 받았다. 모든 시스템이 안정되기까지 이런저런 잡음을 내듯, 전속작가제도 역시 국내 미술 시장의 정서와 입맛에 맞게 보완되기까지 많은 시행착오를 겪었다. 이 와중에 제작비 목적으로 월급을 받아 놓고 생활비 명목으로 지원비를

다 써버리는 작가들도 있었고, 갤러리스트가 작가에게 조언 한두 마디한 것을 갤러리의 갑질로 몰아 일방적인 결별을 선언하는 작가도 있었다.

현재 전속작가제에서 이전과 같은 월급 형태의 지원 방식은 거의 사라졌으며 특정 프로젝트를 위해 스튜디오 및 제작 비용을 갤러리가 부담하는 방식으로 정착됐다. 미술계 사람들은 작가와 갤러리스트의 관계를 결혼에 비유한다. 0촌이라는 부부 관계처럼 가장 밀접하지만 그만큼 미련 없이 헤어질 수도 있다는 뜻이다. 둘 간의 이토록 복잡미묘한 관계가 마치 천륜처럼 떼려야 뗄 수 없기는 한 것 같다.

여기에 가족을 뜻하는 또 하나의 관계가 더 있다. 바로 '마더 갤러리 mother gallery'다. 마더 갤러리에 대해 알려진 바가 많진 않다. 해당 용어를 사용하는 컬렉터가 일부 있기는 하지만, 막상 그들조차 전속 갤러리와 마더 갤러리의 차이를 분명하게 구분하지는 않는다. 마더 갤러리는 작가와 전속 계약을 맺고 직접 또는 파트너 계약을 맺은 갤러리를 통해 작품을 판매하는 독점적인 권한을 가진 갤러리를 가리킨다. 갤러리이지만 동시에 에이전트라고도 볼 수 있다. 독점적인 권한은 작가의 작품을 단 한 갤러리, 계약을 맺은 마더 갤러리를 통해서만 유통하도록 규정하는 법적 구속력을 말한다. 이 계약을 통해 마더 갤러리는 작가의 작품을 최초로 공급하는 채널이 되며 미술 시장 내에서 독점 공급자 지위를 갖는다.

마더 갤러리는 작가의 작품 판매 권한과 함께 가격 정책, 작품의 수량을 통제한다. 마더 갤러리와 계약한 모든 파트너 갤러리는 마더 갤러리가 책정한 작품의 가격 시스템을 반드시 따라야 한다. 컬렉터가 작품을 구입하기 위해서 해당 작가가 소속된 여러 갤러리에 동시에 작품을

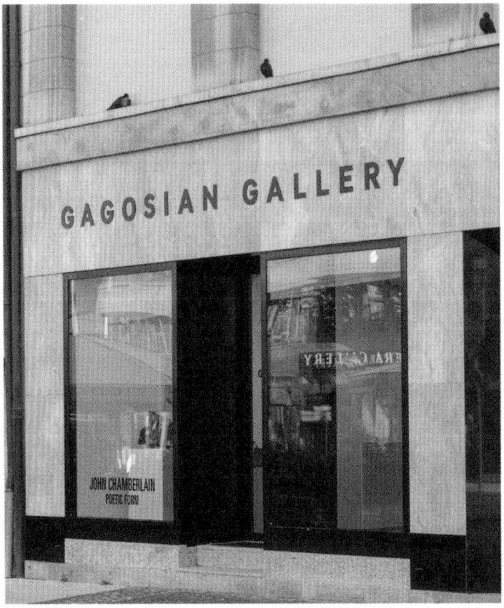

출처 | 가고시안 갤러리, 하우저&워스, 빅토리아 미로

미술 시장을 쥐락펴락하는 갤러리들. 이미지는 시계 방향으로 가고시안 갤러리, 하우스&워스, 빅토리아 미로순이다.

문의하더라도 작품의 크기와 시리즈에 따른 가격이 동일하게 하기 위해서다. 또한 마더 갤러리는 특정 파트너 갤러리에 작품이 많이 공급되지는 않는지, 프로모션이 부족한 곳은 없는지 꾸준히 감독한다.

갤러리들이 마더 갤러리를 통한 수급을 위해 파트너 계약을 체결한 이상, 이들의 자율성은 거의 없다. 파트너 갤러리들은 마더 갤러리가 책정한 가격과 수량 정책, 그리고 작가의 프로모션 전략까지 동일하게 유지해야 할 의무가 있다. 대신 파트너 갤러리들은 작품을 판매하면 마더 갤러리로부터 수수료를 지급받는다. 즉, 마더 갤러리와 파트너 갤러리 관계에 전제된 가장 핵심적인 요소는 수수료이며, 더 정확하게는 수수료

세계에서 가장 큰 갤러리 탑10

구분	갤러리	대표자	본/지점 및 소속작가
1	가고시안 갤러리	래리 가고시안	뉴욕/런던, 베벌리힐스, 파리, 바젤, 제네바, 로마, 홍콩
			프랜시스 베이컨, 백남준, 조나스 우드 등
2	하우저앤워스	아이반 워스 마누엘라 워스 우르술라 하우저	제네바/뉴욕, 런던, 취리히, 생모리츠, 모나코, 홍콩
			조지 콘도, 제니 홀저, 니콜라스 파티 등
3	페이스갤러리	마크 글림처	뉴욕/런던, 홍콩, 서울, 제네바, 팜 비치, 로스앤젤레스
			알렉산더 칼더, 척 클로스 등
4	데이비드 즈워너	데이비드 즈워너	뉴욕/런던, 파리, 홍콩
			쿠사마 야요이, 리우 예, 도널드 저드, 윤형근 등
5	화이트큐브	제이 조플링	런던/홍콩, 뉴욕, 파리, 팜 비치
			게오르그 바젤리츠, 박서보, 안드레아스 구르스키 등
6	리슨갤러리	니콜라스 록스데일	런던/뉴욕, 상하이, 베이징, 로스앤젤레스
			이우환, 줄리안 오피, 아니쉬 카푸어 등
7	타데우스 로팍	타데우스 로팍	잘츠부르크/런던, 파리, 서울
			토니 크랙, 마르셀 뒤샹 등
8	페로탕	임마누엘 페로탕	파리/두바이, 뉴욕, 라스베이거스, 도쿄, 상하이, 홍콩, 서울
			이배, 박서보, 장미셸 오토니엘 등
9	리만 머핀	데이비드 머핀	뉴욕/홍콩, 서울, 런던, 팜 비치
			헤르난 바스, 빌리 차일디쉬, 서세옥, 서도호 등
10	빅토리아 미로	빅토리아 미로	런던/베네치아
			쿠사마 야요이, 서도호, 플로라 유크노비치 등

출처 | Julien Delagrange

비율이다. 이 관계를 정립하는 요소를 한 가지만 더 고르자면 각 파트너 갤러리가 점하는 미술 시장의 지역이다. 각 갤러리 간 지역은 중복되지 않아야 한다.

예를 들어, 한국에서 조현화랑과 우손갤러리와 전속 계약을 맺은 이배 작가는 동시에 프랑스에 본점을 둔 페로탕의 전속작가다. 하지만 페로탕은 이배 작가의 작품을 한국 컬렉터에게 판매하지 않는데, 이는 작가의 전속 갤러리가 이미 국내에 있으므로 파트너 갤러리 간의 지역을 구분하려는 의도이자 작품이 한 지역에 편중되는 것을 막으려는 전략이기도 하다. 갤러리에서 일명 '리셀 조항'을 두는 것도 같은 맥락이다. 리셀 조항은 작품을 판매하기 전, 소장자에게 최소한 몇 년 동안은 재판매를 하지 않겠다는 약속을 받는 것을 말한다. 이는 미술 시장에 유통되는 작가의 작품 수량에 완급 조절을 하겠다는 뜻이다.

이렇게만 보면 마더 갤러리와 파트너 갤러리들의 관계가 카르텔이 연상될 만큼 삭막한 것도 사실이다. 하지만 이를 육성시뮬레이션 게임 〈프린세스 메이커〉로 A+학점을 받아야 하는 조별 과제를 하고 있다고 생각하면 한결 이해가 쉽다. 마더 갤러리와 파트너 계약을 맺은 갤러리들은 작가를 성공시킨다는 같은 목표를 가지고 될성부른 작가를 발굴해낸다. 이때는 모두 한 방향으로 노를 저어 나가야 한다. 노를 다른 쪽으로 젓거나, 합의되지 않은 전략으로 작가를 홍보하는 갤러리는 없도록 한다.

작가의 성공은 곧 갤러리들의 성공으로 이어진다. 전 세계 상위 1% 갤러리에는 '블루칩 작가'가 있다. 미술 관계자 모두가 동경하는 상위

1% 갤러리들의 고객 명단이 거물급 컬렉터들로 수두룩할 수 있는 비결은 바로 블루칩 작가다. 현재 미술 시장을 쥐락펴락하는 블루칩 작가들이 작가로 막 태어났을 때 갤러리들은 높은 안목으로 가능성을 알아봐줬으며, 기꺼이 '엄마'가 돼 작가들을 먹이고 입히며 장성할 때까지 아낌없는 뒷바라지를 해왔다. 한마디로 갤러리는 작가를 키우고 작가는 갤러리를 키운다.

자연스럽게 추측할 수 있듯, 블루칩 작가들의 마더 갤러리는 세계 10위권 메가 갤러리 중 하나일 확률이 높다. 그러나 유럽에서는 시골의 아주 작은 갤러리가 알고 보니 엄청난 대가의 마더 갤러리인 경우도 흔한 일이다. 대가들은 그들이 무명이던 시절에 자신을 발견해준 마더 갤러리의 은혜를 잊지 않고 유명해진 이후에도 꾸준히 그곳에서 전시를 열어서 감사를 표하곤 한다. 마더 갤러리가 폐업할 위기에 처하자, 특별히 아껴오던 모든 작품을 꺼내 미술관급 전시를 열어주어 갤러리를 회생시켜준 어느 블루칩 작가의 유명한 일화도 있다.

하지만 갤러리가 프라이머리와 세컨더리로 시장을 모두 아우르고 있는 만큼, 이들의 계약 구조 역시 몇 가지로 단정할 수 없을 정도로 다양하다. 그 형태는 생각보다 훨씬 더 복잡해서, 갤러리에 적을 두지 않고 활동하는 작가들도 있다. 포스트 단색화가의 대표주자로 불리던 김태호 작가도 작고하기 전까지 평생을 전속 갤러리 없이 활동했다. 반면, 동시대 미술계에서 가장 영향력 있는 작가라는 평을 받는 양혜규 작가는 세계 미술 시장의 주요 거점별로 전속 갤러리를 두고 있다. 그는 한국 국제갤러리를 비롯해, 브뤼셀의 디펜더스dépendance, 프랑스의 상탈 크루젤

Galerie Chantal Crousel, 뉴욕의 그린 나프탈리Greene Naftali Gallery, 베를린의 바버라 빈Barbara Wien, 멕시코시티의 쿠리만주토kurimanzutto까지 총 6곳의 전속작가로 활동 중이다.

저녁 시간, 가끔 채널을 돌리다 보면 EBS의 〈극한 직업〉이 방영되고 있다. 상상을 초월할 만큼 힘든 작업 환경 속에서 일하는 직업군을 주로 소개하는데, 역경을 이겨내고 묵묵히 일하는 사람들을 보면 감탄과 동시에 엄숙함이 느껴진다. 개인적으로 〈극한 직업〉에 꼭 한 번 출연했으면 하는 직업이 있다면 역시 갤러리스트다. 예술혼으로 창작의 고통을 불태우는 작가들과 세상 가장 깐깐한 안목을 가진 컬렉터 사이에서 일어나는 수많은 변수에 유연하게 대처해야 하며 필수품이 아닌데도 상대적으로 비싼 미술품을 판매하는 일은 그리 만만하지 않다. 하지만 작가들의 후원자이자 컬렉터들의 사려 깊은 가이드로서 갤러리스트의 역할은 갤러리들 간의 살 떨리는 기 싸움에 비하면 차라리 쉬울지도 모른다. 좋은 작가를 갤러리로 모셔 오기 위한 갤러리스트들의 눈물겨운 노력은 미술시장의 가십 중 가장 스릴 넘치는 주제다.

앞서 언급했던 레오 카스텔리의 뒤를 이어, 현재 가장 영향력 있는 갤러리를 꼽자면 단연 래리 가고시안Larry Gagosian이 운영하는 가고시안 갤러리가 있다. 성공한 갤러리 중에서 괴짜 같은 작가를 달래느라 땀 한 번 안 쏟아본 갤러리는 없겠지만, 가고시안 갤러리에는 유독 미술계의 반항아로 불리는 작가들이 많이 소속돼 있다.

각종 기행으로 사람을 놀라게 하는 재주가 있는 데미안 허스트

Damien Hirst 작가도 가고시안 소속이다. 이게 어느 정도인가 하면, 2008년 9월 데미안 허스트는 자신의 신작 223점을 소더비 경매에 직접 출품해 버렸다. 작가가 1차 미술 시장인 갤러리를 건너뛰고 경매회사에 직접 작품을 출품하는 것은 이례적이다 못해 혁신에 가까운 행동이었다. 하지만 데미안 허스트가 아무리 시대의 이단아일지라도 아무런 속뜻이 없이 이런 일을 저지르지는 않았을 것이다. 경매에 나온 작품이 엄청난 가격에 낙찰되더라도 원작자가 얻는 것은 그저 작은 기쁨뿐이라는 어느 작가의 넋두리처럼, 그 역시 이러한 점에 불만을 느끼고 반기를 들었던 것은 아닐까 싶다. 경매에서 억 소리 날만큼 높은 가격에 작품이 판매돼도 이득을 보는 건 작가가 아니라 작품을 위탁한 소장자인 게 현실이다.

물론 작가의 마음이 아예 이해되지 않는 것은 아니지만 정작 이 상황을 지켜보고 있는 가고시안의 마음은 어땠을까? 만약 나라면, 부글부글 화가 나다 못해 저 작가를 어떻게 미워하면 속이 시원할까 하고 엄청 궁리했을 것 같다. 하지만 놀라운 반전이 있다. 무려 2억7,500만달러(한화 약 3,569억원)라는 놀라운 매출액을 올린 경매의 낙찰자 명단에는 가고시안의 이름이 떡하니 있었다. 가고시안은 일단 데미안 허스트가 경매에 그의 작품을 출품한 이상 갤러리스트로서 작품이 유찰되거나 추정가보다 낮게 팔리는 악재를 막는 것이 중요하다고 판단했다.

사실 이런 전략이 비단 데미안 허스트에게만 적용되는 것은 아니었다. 가고시안 갤러리는 소속작가의 작품이 경매에 출품됐으나 낮은 낙찰가가 예상되는 경우 본인이 높은 가격에 다시 사서라도 가격 하락을 방어하고자 했다. 갤러리에서 판매되는 작품의 가격인 프라이머리 프라이스Primary Price는 상대적으로 잘 드러나지 않지만, 경매 낙찰가는 누구나 쉽게 확인할 수 있으므로 작가의 위상에 직접적인 타격을 준다.

이렇게 마음을 써줬건만, 데미안 허스트는 갑자기 가고시안 갤러리에 일방적인 결별을 통보하고 자신이 직접 갤러리를 차리는 만행을 저질렀다. 그리고 몇 년 후, 또 알 수 없는 이유를 들어 다시 가고시안 갤러리의 소속작가로 복귀했다. 작가는 갤러리의 허를 찌르는 일탈을 저지르고 가끔은 야무지게 뒤통수를 때렸지만, 그럴 때마다 가고시안 갤러리는 이를 유치하게 받아 치는 대신 늘 그 자리에 우두커니 있어 주는 것으로 존재감을 각인시켰다.

페이스갤러리의 부사장 애덤 셰퍼Adam Sheffer가 인터뷰 중 남겼다는 "갤러리는 비즈니스 맨이 아니라 창조적인 사람들에 의해 시작되었다"는 말처럼 갤러리는 가장 창조적인 직업을 가진 작가와, 작가보다 더 열정적으로 예술혼을 불태우는 컬렉터를 잇는 미술 시장의 최중심부에 서 있다. 앞서 말했듯, 갤러리의 성공은 곧 작가의 성공을 의미한다. 공급자와 중개자의 성공은 곧 수요자의 성공과 직결된다. 이 3개의 톱니바퀴가 완벽한 선순환을 그리며 박자가 딱딱 맞을 때, 미술 시장의 호황기가 시작될 것이다.

뉴욕, 파리, 런던, 도쿄처럼 미술 시장이 발전한 도시에는 좋은 갤러리가 많다. 글로벌 메가 갤러리의 국내 상륙 소식이 잇따라 들리는 요즘, 서울은 어떨까? 본격적으로 서울에 있는 갤러리들을 탐색해봐야겠다.

무한 경쟁, 확장하는 미술 시장: 서울에 상륙한 메가 갤러리

요즘 들어 전시 공간이 부쩍 많아진 것 같다. 뭐 눈에는 뭐만 보인다는 말처럼 나만 그럴까 싶기도 했는데 아니나 다를까. 2022년은 한국에 새로운 전시 공간이 가장 많이 개관한 해라고 한다. 미술 시장의 확장이 제대로 실감 나는 대목이다. 물론 이 중 무려 65%의 지분을 차지하는 것은 갤러리다. 이러한 움직임을 체감할 수 있던 이유는 에르메스Hermes와 샤넬같이 엄청난 영향력을 지닌 해외 메가 갤러리들이 대거 한국에 지점을 냈기 때문일 것이다. 코로나19가 본격화되는 시점과 맞물린 현상이었다. 기존에 있던 아시아 지점을 철수하고 서울로 전초기지를 옮기는 갤러리부터 이미 서울에 지점이 있는데도 두 번째 지점을 연이어 개관하는 갤러리까지 방식도 다양했다. 일단 흐름 자체는 무조건 그린 라이트다.

미술 시장의 새로운 주축인 MZ 컬렉터들은 국내 미술품 경매회사보다 글로벌 갤러리와의 거래를 선호하지만, 이들과 거래할 때 발생하는 외화 송금의 번거로움, 비싼 해외 운송비, 통관 등의 문제는 아쉽다는 이야기를 지속해왔다. 하지만 메가 갤러리들이 서울에 입성한 지금, 이들을 망설이게 했던 사소한 아쉬움들은 눈 녹듯이 사라졌다. 그렇다면 이들에 대해 더욱 자세히 알아봐야겠다. 서울에 상륙한 메가 갤러리들은 어디에 있을까?

타데우스 로팍Thaddaeus Ropac은 1983년 설립된 유럽 기반의 갤러리다. 오스트리아 잘츠부르크의 첫 지점과 파리와 런던, 그리고 서울까지 각 도시에 6곳의 갤러리를 운영하고 있으며, 안토니 곰리Antony Gormley와 알렉스 카츠Alex Katz, 게오르그 바젤리츠 등 세계적인 작가들이 소속돼

출처 | 타데우스 로팍 서울

타데우스 로팍 서울
사이건축 박주환 건축가의 설계로 2011년 한국건축문화대상 우수상 및 서울특별시 건축상 우수상을 수상한 포트힐 건물 2층에 자리잡았다.

있는 그야말로 명문 중 명문이다. 타데우스 로팍은 개관 이후 새로 계약한 작가는 있지만, 파트너십을 깨고 나간 작가는 없다는 것으로 유명하다. 이는 갤러리가 작가와의 신뢰를 중요하게 생각하고 있다는 것을 잘 보여주며, 이러한 철칙은 타데우스 로팍의 가치를 더욱 특별하게 한다. 2021년 서울 한남동에 아시아 지점을 낸 이후 타데우스 로팍은 꾸준히 북미와 유럽의 백인 작가들을 위주로 전시를 구성해왔다. 하지만 2023년 1월, 새해 첫 전시를 디아스포라Diaspora 여성작가들의 그룹전으로 시작하며 대담한 변화를 모색하는 움직임을 보여주고 있다.

이미 2017년 삼청동에 문을 연 페이스갤러리 서울은 인식의 우연과 조건, 구성이라는 주제로 다양한 작품을 선보이는 알리시아 크바데Alicja Kwade, 컴퓨터 프로그래밍과 인공지능 알고리즘을 통해 시각적으로 변화시킨 풍경 사진을 작업하는 트레버 페글렌Trevor Paglen 등 다양한 매체를 다루는 작가들을 소개해오고 있다. 페이스갤러리는 상업적이기보다 학문적이다. 내가 이런 생각을 하는 이유는 페이스갤러리에서 전시를 볼 때마다 지금까지의 상식이 깨지고 새로운 세계를 보면서 세계관까지 넓어지는 경험을 했기 때문이다.

2021년, 페이스갤러리는 한남동으로 확장 이전을 했다. 삼청동 첫 둥지가 25평에 불과했던 것과 다르게 한남동 갤러리는 르베이지 빌딩 2층과 3층을 활용하며 200평을 공간으로 쓰고 있으니 전보다 훨씬 넓어진 셈이다. 서울에 진출한 지 4년 만의 일이었다. 페이스갤러리는 새로운 도시에 진출할 때마다 작은 갤러리에서 시작해서 비전이 확실해지면 큰 공간으로 확장 이전하는 그들만의 고유한 전략을 펼쳐왔다. 이러한 맥

출처 | 페이스갤러리 서울

페이스갤러리는 리움미술관으로 향하는 길목에 있는 르베이지 빌딩 2층과 3층을 활용하고 있다.

락에서 한남동으로의 확장 이전은 페이스갤러리가 서울의 경쟁력을 감지했다고 해석할 수 있겠다. 페이스갤러리의 새로운 거점은 위치상 리움미술관과도 접한다. 타데우스 로팍과 페이스갤러리 역시 가까운 위치에 사이좋게 입성하며, 아트 밸리의 근사한 황금라인이 구축되었다.

한남동 아트 밸리가 더욱 풍성해지는 2021년의 주요 흐름은 2022년에 들어 대규모 전시 공간을 찾는 갤러리들이 청담동에 집결하는 형태로 이어졌다. 탕 컨템포러리 아트Tang Contemporary Art는 1997년 방콕을 시작으로 베이징, 홍콩 등에 지점을 확장하며 동남아와 동아시아 작가들을 중점적으로 소개해온 아시아 권역에 특화된 갤러리다. 2022년 3월 서울 청담동에 있는 전시공간 송은의 지하에 지점을 낸 탕 컨템포러리 아

출처 | 탕 컨템포러리 아트

탕 컨템포러리 아트는 한국에 잘 알려지지 않은 아시아 작가들을 소개하는 데 주력하고 있다.

트는 개관전으로 자오자오Zhao Zhao의 개인전을 꾸렸다. 자오자오는 세계적인 중국 반체제 예술가 아이 웨이웨이Ai WeiWei의 제자이자 제2의 아이 웨이웨이로 촉망받는 작가로, 2019년 올해의 아티스트상ACC, Award of Art China을 수상했다. 그만큼 자오자오는 중국 현대미술의 계보를 잇는 중요한 작가다.

탕 컨템포러리 아트는 세계적으로 인정받고 있지만, 아직 한국 시장에서는 다뤄지지 않았던 작가를 소개하며 갤러리가 가진 저력을 보여주고 있다. 해외 갤러리의 진출 소식들이 꾸준히 들려오던 당시, 개인적으로는 탕 컨템포러리 아트의 한국 진출이 가장 신선하고 또 반가웠다. 일본과 중국 작가가 국내에서 자리를 잘 잡았지만, 같은 아시아인데도 동남아시아 작가들을 접할 기회는 상대적으로 적었다는 것이 항상 아쉬웠다. 탕 컨템포러리 아트는 홍콩에 가야만 볼 수 있는 갤러리였으나 서울에 직접 진출하면서 이제는 더욱 다양한 작가들을 폭넓은 범주에서 즐길 수 있게 되었다.

탕 컨템포러리 아트만큼이나 놀랐던 곳은 바로 글래드스톤 갤러리GladStone Gallery다. 그도 그럴 것이, 글래드스톤 갤러리는 그동안 뉴욕과 벨기에에만 지점을 두고 있었다. 뉴욕과 벨기에, 그리고 서울이라니? 신선함을 넘어 대담한 선택이라고 느껴졌다. 경쟁력이 있는 브랜드들이 저마다 고유한 이미지를 내세우는 것과 마찬가지로, 갤러리들도 각자의 이미지가 있다. 글래드스톤 갤러리는 세계 미술 시장을 좌지우지할 만큼 엄청난 영향력이 있다고 말할 수는 없지만 독보적인 차별성을 갖췄다.

미술사학 교수였던 바바라 글래드스톤Barbara Gladstone이 우리 시대의 문제적 작가로 꼽히는 예술가 매슈 바니Matthew Barney를 지원하기 위해 설립한 갤러리가 바로 이곳이다. 그만큼 지난 40년간 글래드스톤 갤러리는 가장 혁신적이고 진보적인 철학으로 독보적인 입지를 굳혀 왔다. 참고로 매슈 바니는 의학과 미술을 전공하고 미식축구 선수와 의류 모델이라는 이색적인 경력까지 가진 작가인데, 성에 대한 암시와 플라스틱을 서로 봉합한 작품을 주로 선보여 비엔날레와 미술관 전시에서 찬사와 비난을 동시에 받기도 했다.

한국계 미국 여성작가 아니카 이Anicka Yi의 국내 첫 개인전을 선보인 곳도 바로 글래드스톤 갤러리였다. 아니카 이는 40세라는 작가로서 다소 늦은 나이에 첫 개인전을 개최한 후 50세에는 영국의 현대미술관 테이트 모던Tate Modern에서 전시를 열었던 드라마틱한 서사의 주인공이다. 또한 자연과 인간이라는 본질적인 요소를 주로 표현하는 스위스 작가이자 국제갤러리의 전속작가인 우고 론디노네Ugo Rondinone의 마더 갤러리도 글래드스톤 갤러리다. 갤러리를 받치고 있는 당대의 중요한 작가들의 세계관에서 짐작할 수 있듯, 글래드스톤 갤러리는 컬렉터들에게 늘 새로운 영역을 탐구하게 하면서 세계 미술 시장과 현대미술사의 최중심에 근사하게 위치해있다.

그 밖에도 베를린에서 온 쾨닉 갤러리KÖNIG GALERIE와 에스터 쉬퍼Esther Schipper, 페레스 프로젝트Peres Project는 각각 청담동과 이태원, 신라호텔 아케이드에 서울 지점을 냈고 뉴욕에서 온 리만 머핀Lehmann Maupin은 안국동에서 한남동으로 확장하여 재개관을 했다. 한편, 2016년 서울 삼청동에 개관한 페로탕은 2022년 8월 도산공원에 두 번째 지점을 냈다. 글로벌 갤러리가 아예 쇼룸을 차려서 서울에 진출한 것도 페로탕이 최초였지만, 2호점을 운영하는 것도 처음이다.

글로벌 갤러리들의 상륙은 여전히 진행 중이다. 일본에서 1967년 개점한 이후 명실상부 최고의 갤러리로 꼽히는 화이트스톤 갤러리White Stone Gallery는 2023년 서울 지점 개관을 목전에 두고 있다. 일본 미술에서 가장 중요한 사조로 다뤄지는 구타이Gutai 작가들을 대거 소속작가로 두고 있으며 요시토모 나라Yoshitomo Nara와 카우스Kaws, 필립 콜버트Philip Colbert, 그리고 이우환 작가 역시 화이트스톤 갤러리 소속이다. 화이트스톤 갤러리가 새로운 도시에 지점을 낼 때마다 화제가 됐던 것은 소속작

출처 | 페로탕

페로탕은 삼청점에 이어 도산공원 2호점을 개관했다. MZ 컬렉터의 확산으로 마켓이 급속도로 커지는 국내 미술 시장을 글로벌 갤러리들이 가만 놔둘리 없다.

가들의 명성도 있겠지만, 도시의 경관을 바꿀 정도로 아름다운 갤러리의 건축미도 한몫한다. 매번 갤러리의 디자인을 맡아온 일본 최고의 건축가 쿠마 겐고Kuma Kengo가 서울 지점 프로젝트를 맡았다. 첫 전시로는 화이트스톤 갤러리의 정체성을 가장 잘 보여줄 수 있는 작가들로 추린 그룹전이 열린다고 한다.

본격적인 진출 전, 우선은 팝업 전시로 서울을 찾은 데이비드 코단스키 갤러리David Kordansky Gallery도 주의 깊게 볼만하다. 데이비드 코단스키 갤러리는 프리즈 서울 아트위크에 맞춰서 팝업 전시를 준비했는데,

이태원의 마당 넓은 단독주택을 개조해 손님을 맞이했다. 조용한 주택가에 눈에 띄는 간판도 없는 전시장에 도착해보니 아는 작가보다 모르는 작가의 작품이 훨씬 많았다. 전시 책자는 콩알만 한 글씨로 빽빽하게 적혀 있었고, 그마저도 작가 이름이 영어가 아닌 경우가 많아 읽기조차 어려웠다. 덕분에 갤러리스트의 설명을 평소보다 더 열심히 들었던 것 같다. 난 조금이라도 놓치지 않으려고 메모장에 작가들의 이름과 함께 전시 작품의 특징을 간결하게 적었다. 꼼꼼하게 전시를 보고 나니 비로소 데이비드 코단스키 갤러리가 얼마나 파워풀한 작가 군단을 내세워 한국을 찾았는지 실감이 났다.

가령 미술계의 아이돌이라 불리는 샤라 휴즈Shara Hughes도 데이비드 코단스키 갤러리의 팝업 전시에서 만나볼 수 있었다. 샤라 휴즈는 1981년생 미국 출신 작가로, 리서치 기업 아트택틱ArtTactic의 〈2022 글로벌 여성 아티스트Women Artists Report-October 2022〉에서 쿠사마 야요이Kusama Yayoi에 이어 랭킹 2위를 차지하기도 할 만큼 미술 시장에서 두각을 드러내고 있다. 샤라 휴즈의 작품은 선명하고 다채로운 색채와 더불어 비유적이기보다는 구체적인 표현법으로 그려낸 풍경화와 정물화가 많은데, 모두 이국적이면서도 압도감을 자아내는 것이 특징이다. 2021년 11월 케이옥션에도 〈It's All Organic〉이 출품되어 5억5천만원이라는 놀라운 낙찰가를 기록한 적이 있기에 개인적으로 꾸준히 관심을 가졌던 작가이기도 했다. 샤라 휴즈의 작품을 이곳에서 우연히 마주치니 그저 반가웠다.

힐러리 페치스Hilary Pecis는 이곳에서 알게 된 작가 중 가장 인상적이었다. 1979년생으로 LA에서 활동하는 작가의 배경 때문일까. 힐러리 페치스의 작품은 과연 미국 서부의 강렬한 햇빛을 그대로 머금은 듯 생생한 색감과 활력 넘치는 붓 터치가 돋보였다. 응접실의 전경과 화려한 꽃이 꽂힌 화병은 작가가 가장 자주 그리는 소재들이다. 편안한 실내 공간의 자연광을 그대로 흡수한 듯한 작품은 보기만 해도 화창한 빛이 느껴지는 것 같았다. 이름도 낯선 갤러리의 팝업 전시에서 좋아하는 작가와 이름이 얼핏 익숙한 작가, 그리고 이름도 그림도 모두 초면인 작가의 작품들을 번갈아 보다 보면 차츰차츰 내적 친분이 쌓이곤 한다. 전시를 관람하는 것만으로도 미적 탐구의 즐거움을 흠뻑 느낄 수 있다.

해외 갤러리들의 잇단 상륙에 국내 컬렉터들은 일제히 환호했다. 코로나19로 발이 묶여 안 그래도 답답했는데 해외 갤러리가 집 코앞까지 작품을 배달하러 와 주다니! 이보다 좋을 순 없었다. 한편으로는 궁금했다. 그렇게 콧대 높은 갤러리가 한국에? 왜? 이유 없는 자비를 베풀 그들이 아니기에, 우리는 그들의 의도를 객관적으로 따져봐야 한다.

해외 갤러리들의 한국 상륙은 곧 국내 미술 시장이 가진 강점이 확실히 있다는 것을 뜻한다. 한국은 반도의 형태를 띠고 있어, 바다로 진출하고자 하는 대륙 국가나 반대로 대륙으로 나아가고자 하는 섬나라의 숱한 침입을 받아온 아픔의 역사가 있다. 하지만 오늘날에 반도의 형태는 글로벌 갤러리들이 국내 미술 시장을 주목하는 이유가 되고 있다. 아시아 지역의 주요 아트허브시티인 베이징과 상하이, 홍콩과 도쿄에 거주하는 슈퍼 컬렉터들이 3시간 이내로 집결할 수 있는 지리적 형태가 이들에게 큰 매력으로 손꼽힌다.

다른 장점은 한국의 훌륭한 작가군이다. 뛰어난 작가들의 활약은 세계 시장에서 한국의 입지를 끌어올리는 중요한 역할을 한다. 과거 세계 시장에서 일본 작가들이 활약하는 동안 상대적으로 한국 작가들은 이렇다 할 진출로를 확보하지 못한 채 국내 시장에서만 소비되고 있었다. 하지만 그러는 사이에 국내 시장은 꾸준히 지구력을 키우며 때를 기다렸고, 세계 시장이 한국을 조명할 때 준비된 작가들을 제대로 선보였다. 백남준, 이우환, 박서보, 양혜규, 이불, 이배, 서도호 작가는 국내외 할 것 없이 다양한 세대에 걸쳐 열정적인 관심을 받는 작가들이다. 이들은 글로벌 갤러리에 소속돼 각국에서 소개되고 있을 뿐 아니라 런던 테이트 모던과 뉴욕 구겐하임미술관Guggenheim Museum 등 세계적인 미술관에서 활발한 전시를 열고 있다.

작가뿐만 아니라 리움미술관과 아모레퍼시픽미술관, 스페이스K 서울, K현대미술관, 서울미술관 등 수준 높은 컬렉션과 프로그램을 갖춘 사립 미술관들이 많다는 점도 한국인 컬렉터로서 뿌듯하다. 한국 미술 시장은 현재 정부와 민간의 가장 적극적인 지원을 받는 분야이기도 하다. 그 밖에도 BTS와 블랙핑크 덕분에 K-POP이 세계적인 트렌드가 되면서 관광 콘텐츠도 훨씬 풍성해졌다. 특히 미술에 조예가 깊은 BTS의 RM 덕분에 해외 팬들은 RM이 좋아하는 한국 작가를 찾아보거나 그가 다녀간 미술관이나 전시회를 순례하는 등 자연스럽게 한국의 문화예술을 접하고 있다.

서울의 고유한 장점과 해외 갤러리들의 이해관계가 환상적인 궁합으로 맞아떨어져 만들어진 시너지는 그야말로 엄청나다. 천편일률적이

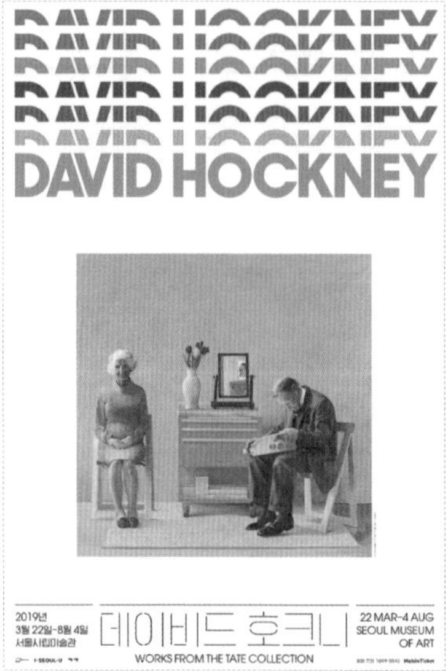

출처 | 서울시립미술관, 국립중앙박물관

4일 만에 4만 명이 다녀간 〈데이비드 호크니〉 전시와 티켓 리셀러까지 등장한 〈합스부르크 600년, 매혹의 걸작들〉. 미술을 향유하는 인구의 증가는 해외 갤러리들의 한국 상륙을 더욱 앞당기고 있다.

었던 한국 미술 시장의 작가 풀이 확장되고 있는 것은 물론이고 미술을 향유하는 인구 역시 늘게 되었다. 2019년 서울시립미술관에서 열렸던 〈데이비드 호크니David Hockney〉전은 단 4일 만에 4만 명의 관람객이 다녀간 이후로 최근 몇 년간 미술관과 갤러리는 여느 백화점의 오픈런을 방불케 할 정도로 문전성시를 이루었다. 〈이건희 컬렉션 특별전 : 한국미술명작〉과 〈합스부르크 600년, 매혹의 걸작들〉은 입장권 리셀러까지 등장했다. MZ세대에게 전시를 관람한다는 것은 곧 감각의 향유를 의미한다. 이들이 기성세대보다 한층 모험적이고 유연한 태도로 예술을 탐닉하고, 개방적으로 투자처를 검토하면서 자연스럽게 MZ 컬렉터 수도 급속히 증가했다.

전 세계 갤러리들의 편집숍이라고 할 수 있는 프리즈의 상륙으로 서울은 사회적으로도 경제적으로 상당히 큰 파급효과를 얻게 되었다. 세계적인 아트페어의 유치는 미술계의 발전에 가장 직접적이고 확실한 방법이다. 국내 미술계와 관객들에게 미치는 영향은 말할 것도 없으며, 프리즈 서울을 관람하기 위해 방문하는 외국인 입국객은 가장 고부가가치 관광 소비자이다. 프리즈 서울을 방문하는 외국인 관광객의 1인당 평균 소비액은 6,106달러로 일반 외래관광객보다 44%나 높다. 비행기를 타고 글로벌 아트페어를 관람하러 온 컬렉터들, 일명 '플라잉 컬렉터flying collector'들은 컬렉터 중에서도 가장 강력한 구매력과 열정을 가졌다. 이들은 높은 성급의 호텔과 훌륭한 한식당을 비롯한 서울의 미쉐린 레스토랑까지, 다양한 방법으로 국내 럭셔리 문화를 향유하며 서울을 경험하고는 한다.

한편, 서울 상공에 높게 드리워진 만국기를 보고도 마음껏 기뻐하지 못하는 이들이 있다. 누구일까? 해외 갤러리들과 숙명의 라이벌 관계에 놓인 국내 토종 갤러리들은 진검승부를 앞두고 노심초사하고 있다. 이들은 기존 인프라에 기대어 운영했던 지금까지의 영업 방식은 뒤로 하고 이제부터는 해외 갤러리와 제대로 경쟁해야 한다. 상대와의 몸집 차이는 어림잡아 작게는 수십 배, 많게는 수천 배에 달한다. 심지어 해외 갤러리들은 현지 문화에 융합되기보다는 갤러리 고유의 전략을 내세우고 있으므로 난이도가 더욱 높다. 하지만 국내 토종 갤러리들은 생각보다 의연해보인다. 철새처럼 서울에 날아온 해외 갤러리들과 선의의 경쟁을 벌일 이들은 어떤 카드를 가지고 있을까?

새로운 시장을 열어갈
한국의 크고 작은 갤러리

부동산 업계에 몸을 담고 있는 나에게 부동산에서 가장 중요한 세 가지를 묻는다면, 나는 첫째도 입지, 둘째도 입지, 셋째도 입지라고 말하겠다. 입지란, 곧 인프라다. 조금 더 설명해보자면 지하철 접근성과 노선의 개수는 교통 인프라를, 슬리퍼를 신고 편의시설을 이용할 수 있는 권역을 가리키는 '슬세권'과 초등학교를 품고 있는 아파트의 줄임말 '초품아'는 생활 인프라를 가리키는 말이다. 그렇다면 아파트가 아닌 갤러리에게 입지는 어떤 의미가 있을까? 미술 시장의 주체가 바뀌고 있다는 시그널은 새로 문을 연 갤러리들이 어느 지역을 선택했는지만 보더라도 쉽게 알 수 있다.

평창동과 삼청동 화랑가 시대를 뒤로 하고 한남동에 갤러리 밸리가 새롭게 형성된 것이 이곳에 신흥 고급 주거 단지가 잇따라 조성됐기 때문만은 아니다. 행정구역상 서울임에도 불구하고 조용하고 유유자적한

운치가 있는 삼청동에 비해 한남동은 강북과 강남을 연결하는 지리적 이점이 크게 작용하는 지역으로, 카페와 핫플레이스의 성지이며 유동 인구 대부분이 미술 시장을 향유하는 새로운 주체인 MZ세대다. 그렇기에 갤러리들은 새로운 손님을 맞기에 한남동이 적합하다고 생각했을 것이다.

에드가 드가, 〈루브르 박물관에 간 메리 카사트〉
드가의 그림 속 여인처럼 가끔은 하루 날을 잡아 갤러리를 둘러보는 것도 좋다.

한남동은 아예 하루 날을 잡아 갤러리만 샅샅이 훑는 갤러리 호핑Gallery Hopping을 하기 가장 좋은 동네다. 그 수가 워낙 많기도 하지만 어느 한 곳 평범한 갤러리 없이 저마다 특색이 다채롭다는 점이 한남동의 매력을 더한다.

한남대로에 있는 LKIF 갤러리부터 소개해본다. 이 갤러리의 이름을 풀어쓰면 'Let's Keep It Fresh'라고 하는데, 한국어로 직역해보자면 '신선함을 유지하자'다. 그 의미를 실천하려는 듯이, 오직 영어만 지원되는 LKIF 갤러리의 홈페이지는 프레시하다 못해 쿨하다. LKIF

갤러리는 전시마저 핫한 데, 2022년 키아프에서 평범한 자연과 일상을 동화적인 표현과 따스한 온도로 전달하는 강준석 작가의 전시를 멋지게 꾸려 오픈런의 장관을 연출하기도 했다. 또한 일본 만화에서 받은 영감으로 작업을 해가는 유야 하지즈메Yuya Hashizume 작가와는 벌써 세 번째 전시를 꾸려오고 있다.

경리단길 안쪽에 있는 ERD는 미술품과 핀란드 디자인 가구 브랜드 핀율Finn Juhl을 함께 선보이는 갤러리다. 동시에 해운대 대림맨션에서도 지점을 운영 중인데 본점과 지점의 위치로 미루어 봤을 때 이 갤러리의 주 타깃이 MZ세대라는 것에 의심할 여지가 없다. 그만큼 엄선된 작가들 또한 세련되고 감각적이다.

한남동의 복작거리는 골목길이 아닌 유엔빌리지의 호젓한 주택가에서도 미술을 만나볼 수 있다. 2018년 압구정동에서 이전해온 갤러리 바톤Gallery Baton이 바로 그곳에 있다. 대중매체에서 따온 이미지나 자신이 직접 찍은 사진을 캔버스로 옮겨 작업하는 막신 마시요브스키Marcin Maciejowski를 시작으로, 갤러리 바톤은 매번 전시마다 낯설지만 그만큼 근사한 세계관을 가진 작가들을 소개하고 있다. 이들이 기획하는 전시를 가만히 보다 보면 이렇게 넓은 스펙트럼을 가진 작가들을 어떻게 다 발굴했는지, 그리고 작가들과 함께 만들어내는 균형감은 또 왜 이리 멋진건지 갤러리스트의 머릿속을 탐험해보고 싶어진다.

상전벽해라는 표현이 딱 어울리는 성수동도 갤러리들의 새로운 공간으로 뜨고 있다. 성수동은 과거 대표적인 공장 지대로, 특히 수제화 전문 공장들과 인쇄소가 즐비하던 지역이었다. 그러나 수제화 산업이 쇠

되하고 서울시가 나서서 서울숲을 조성하면서 현재는 대한민국의 손꼽히는 부촌으로 거듭났다. 빈 창고에는 카페와 문화복합시설들이 새롭게 문을 열었고, 천편일률적인 형태를 벗어나고자 하는 갤러리들까지 속속 자리를 잡으면서 성수동의 독특한 무드가 완성됐다.

서초동에서 운영되던 디 갤러리가 더페이지 갤러리로 새롭게 출발하며 성수동으로 위치를 옮긴 것도 바로 이 시기였다. 당시 대장 아파트로 지역 내에서 가격을 선도하던 갤러리아포레에 입주한 더페이지 갤러리는 한국 아방가르드협회의 창립멤버로 활약하던 최명영 작가부터, 세계 미술 시장에서 더 왕성한 활동을 보여주는 이수경 작가, 그리고 재사진Re-Photography라는 용어의 창시자인 리처드 프린스Richard Prince, 생존 작가 중 최고 수준의 경매 기록을 보유하고 있으며 막대한 시장 영향력을 가진 조지 콘도George Condo까지 주옥같은 작가 군단을 거느리고 있다. 넓은 전시 공간과 높은 층고를 십분 활용해 감각적으로 설치된 작품들은 갤러리의 방향성과 비전을 동시에 보여준다.

컨템포러리 아트를 지향하는 갤러리 구조도 성수동에 자리 잡고 있다. 부부가 운영하는 갤러리 구조의 차별성은 작품을 눈이 아닌 오감으로 감상할 수 있는 전시장이라는 점이다. 갤러리 구조는 미술사적으로 연구 가치가 높은 작가들을 주로 선택하는데, 작품을 전시하는 방식에 있어서는 회화와 음악, 그리고 현대무용이 유기적으로 결합하여 다차원적인 감각을 느낄 수 있도록 연출한다. 평생 달항아리를 빚어온 권대섭 작가, 개인적 서사와 시대적 서사가 버무려진 붉은 산수를 그리는 이세현 작가, 한지의 물성을 활용해 동양 산수화를 구조적으로 표현하는 캐스퍼

갤러리 구조
아예 큰 건물 4개 층을 모두 전시관으로 쓰고 있어 미술관에 들어선 듯한 느낌이 든다.

강 작가 등 동시대 미술의 흐름을 주도하는 이들이 갤러리 구조에 소속돼 있다. 그 자체로 갤러리 구조의 수려한 감각은 이미 증명된 것 같다.

날씨가 유난히 좋은 주말 오전이면 가끔 기분 좋은 메시지를 받곤 한다. 날씨가 좋아서 어디든 가보려고 하는데 추천해줄 만한 갤러리가 있냐는 것이다. 개인적으로 생각하는 그림 감상의 묘미는 우연히 들어간 갤러리에서 예고 없이 감동을 주는 그림을 만나는 것이다. 그래서 이런 질문을 받을 때마다 내 마음속 '최애'는 아니라고 하더라도, 우선 어느 동네에 가고 싶은지 물은 후 목적지 반경 내 갤러리를 추천해주는 편이다. 다행히 훌륭한 갤러리들은 한남동과 성수동 밖에도 많다.

2022년, 대표적인 학원가인 대치동에 들어선 S2A 갤러리는 개관전으로 일본을 넘어선 세계적인 거장 쿠사마 야요이의 작품 40점을 선보여 엄청난 주목을 받았다. 몇 년째 낙찰 총액 1위 자리를 지켜오던 이우환 작가를 제친 작가이며, 총액뿐 아니라 작품별 최고 낙찰가 부문에서도 1위를 차지한 작가가 바로 쿠사마 야요이였다는 점에서 S2A 갤러리 개관전은 국내 미술 시장의 정서를 그대로 반영했다고도 볼 수 있다. 심지어 이들의 두 번째 전시는 무려 김환기 작가의 개인전이었다. S2A 갤러리의 주인은 글로벌세아그룹의 김웅기 회장으로, 세계 200대 컬렉터의 순위에도 오르는 미술 시장에서 알아주는 큰손이다. 2019년 홍콩 크리스티 경매에서 132억원에 낙찰된 김환기의 수작 〈우주〉 역시 김웅기 회장의 소장품이다.

서정아트는 서울의 트윈타워와 강남센터, 해운대 LCT지점까지 3곳에 지점을 운영하고 있다. 오랜 시간 작품을 수집해온 갤러리 대표의 빛나는 안목은 지점마다 전시된 갤러리의 소장품만 봐도 알 수 있지만, 서정아트가 선보이는 소속작가들의 전시에서 더욱 분명하게 드러난다. 특히 해운대 지점에서 개인전을 꾸렸던 사이먼 고 작가의 전시는 어른들의 동화를 읽는 것 같았다. 크레용을 문지른 듯 특유의 질감이 느껴지는 화풍과 부드러운 색채감에서는 온기가 느껴지지만, 한편으로는 눈을 감고 있는 건지, 골똘히 생각에 잠긴 건지 알 수 없는 캔버스 속 등장인물의 초상은 테헤란로의 빌딩 숲 사이를 오가는 표정 잃은 현대인들과 닮아 있었다.

서정아트는 프리즈 서울의 개막 기간에 맞춰 세계적인 온라인 아트 플랫폼 아트시와 함께 '아트시 나이트'를 개최해 같은 기간에 열린 전시

중 가장 뜨거운 반응을 얻기도 했다. 나난 작가는 전시 주제인 '옥수수'로 세계적인 명작 〈진주 귀고리를 한 소녀〉를 패러디했는데 전시장에는 팝콘을 튀기는 고소하고 달달한 냄새가 진동할 정도였다. 사람은 의외성에 끌리는 것 같다. 사람마다 각자의 인상이 있듯 갤러리에게도 고유의 이미지가 있는데, 내 경우 서정아트는 어딘가 도도한 듯하고 막연한 느낌이 있었다. 하지만 메시지가 분명하고 또 유쾌한 방법으로 전달하는 전시 기획력에 한 번 반하고 나니, 다음은 또 어떤 전시로 나를 놀라게 할지 기대되는 갤러리가 됐다. 2023년 하반기, 서정아트는 한남동의 신사옥 개관도 앞두고 있다.

엑셀에서 값을 잘못 입력하면 'N/A'라는 메시지가 뜬다. 갤러리 N/A(엔에이)는 Not Applicable(해당 없음)의 약자를 갤러리 이름으로 쓰고 있다. 이 독특한 이름을 닮아 갤러리는 위치마저 독특하다. N/A로 가려면 을지로의 세운상가 골목 근처, 도저히 그림 1점도 숨어있지 않을 것 같은 좁다란 골목 속에 있는 상점인 금화금속을 찾아야 한다. 금화금속 옆에는 갤러리로 올라가는 좁다란 문이 있는데, 그곳을 통하면 N/A가 나온다. 전시장 내부라고 해서 바깥의 허름한 분위기와 크게 사정이 다르지 않다. 군데군데 벗겨진 페인트 벽, 노출된 천장에 철골을 드러낸 창. N/A는 날것의 냄새가 나는 공간의 요소를 활용해 실험적이고 상상력을 자극하는 작품들을 전시한다.

서울 남부로 향해 2호선 봉천역에서 내려보자. 역에서 나와 길을 하나 건너면 오밀조밀 주택가들이 밀집한 작은 골목이 있는데, 그곳으로 쭉 들어가면 24시간 빨래방과 사진관 옆으로 간판도 없이 희멀건 공간이 있다. 바로 갤러리 실린더Cylinder다. 이런 위치에 갤러리를 연 특별한 이유라도 있을까 했더니 의외로 또 그런 건 없었다. 영국에서 잠시 한국으로 들어온 사이 코로나19로 손발이 묶인 노두용 작가가 일단 뭐라도 하지 싶어 다니던 헬스장 근처에 갤러리를 열었다고 한다.

여타 갤러리들이 진지하고 거창한 비전을 가진 것과는 달리 실린더는 개관 초기부터 현재까지 공간에 대한 뚜렷한 정의를 내리지 않았다. 실린더의 목표는 단 하나다. 국내 작가를 해외로, 반대로 해외 작가들을 한국에 소개하는 중개자 역할을 잘 해내는 것이다. 따라서 실린더 대표인 노두용 작가는 간결하고 명확한 업무 절차를 위해 작가와의 커뮤니케이션부터 홍보와 전시 기획, 아트페어 참가 등을 오롯이 혼자 해내고 있다. 2022년부터는 본격적으로 크고 작은 아트페어에도 부스를 차리면서 미술 시장에서 두각을 드러내는 만큼, 앞으로 실린더의 행보가 무척 기대된다.

잠실에서 10년을 넘게 살았던 사람으로서, 참 아쉬운 부분은 방대한 인프라에 비해 즐길 거리가 별로 없다는 점이었다. 물론 잠실에는 꿈과 환상의 나라 롯데월드가 있지만 집 앞에서 하루에도 수십 번씩 자이로드롭이 떨어진다고 해서 매일 갈 수도 없는 노릇이다.

잠실은 오랫동안 갤러리 황무지였다. 하지만 나도 모르는 사이, 2014년 석촌호수 근처 마이크로하우징으로 설계된 건축물에 개관해 지금까지 탄탄한 전시 포트폴리오를 쌓고 있는 갤러리가 있었다. 바로 에브리데이몬데이Everyday Mooonday다.

에브리데이몬데이는 일러스트와 캐릭터 아트, 그리고 뉴컨템포러리

출처 | 에브리데이몬데이

에브리데이몬데이

2층의 전시장, 지하 1층과 1층의 아트숍과 카페로 이루어져 있는데, 오직 층으로만 구분되어 있어 그 경계가 모호하다.

아트 작품에 집중하는 전략으로 독창적인 색깔을 유지하고 있다. 이곳에서 전시를 열었던 장콸, 김희수, 노보Novo 윤협 작가뿐 아니라 부부이자 듀엣 작가인 조지코Giorgiko 등은 작가의 이름만으로도 MZ 컬렉터들의 가슴을 설레게 한다. 에브리데이몬데이가 초기에 설정한 콘셉트를 강단있게 밀고 나가면서 미술 시장에서 약진하는 작가들을 발굴해온 갤러리스트의 실력이 만들어낸 결과라고 할 수 있다. 같은 건물에서 함께 운영되고 있는 갤러리와 아래층의 아트숍, 그리고 카페는 오직 층으로만 구분되어 있어 그 경계가 모호하다. 덕분에 이곳을 들른 누구든 눈길을 사로잡는 작품을 따라가다 보면 어느새 갤러리 들어와 있는 자신을 발견하게 된다.

많은 갤러리가 인프라를 쫓아 도시의 중심으로 이동했지만 고즈넉함이 좋아 여전히 성북동을 지키는 갤러리들도 있다. 갤러리 옵스큐라Obscura는 나와 2022년 더 프리뷰 성수 아트페어에서 처음 인연을 맺게 됐는데, 옵스큐라의 전시 부스 앞을 지나는 순간 내 눈에 띈 작품이 있었다. 그렇게 만난 갤러리스트에게 작가에 대한 질문을 끈질기게 했고 결국 그날 나는 그 자리에서 독일 작가 요아킴 렌츠Joachim Lenz의 작품을 2점이나 샀다.

그해 가을, 이번에는 키아프 플러스 아트페어에서 옵스큐라를 또 만났다. 이번에도 옵스큐라의 전시장에서 작가의 작품을 만났고, 1점 더 고르고 싶은 마음을 누르느라 혼이 났다. 요아킴 렌츠의 새로운 인물화 시리즈에 관한 이야기를 털어놓자 곧장 키아프 플러스를 방문한 친구가 작품이 너무 좋다며 연락을 주었다. 그리고 매우 정중하고 또 조심스럽게 내게 물었다. “괜찮다면 말이야, 이 작품 내가 사도 될까?”

나는 메시지를 읽자마자 1초 만에 답신했다. “제발 그렇게 해줘!”

내가 작품을 컬렉팅하는 것만큼 기분 좋은 일은 친구와 같은 작가를 좋아하게 된 것이다. 오래오래 이 작가에 대해 함께 이야기 나눌 수 있으니까 말이다. 갤러리 옵스큐라는 “성북동의 외곽길 근처에 갤러리를 가지고 있다”고 한다. 왜 이 말을 빌려온 것처럼 하냐면 사실 나도 아직 옵스큐라를 직접 가본 적이 없기 때문이다.

멀리 있는 갤러리를 방문하기 쉽지 않다면 아트페어만 부지런히 다녀도 좋은 갤러리들을 충분히 만날 수 있다. 사실 그것이 바로 아트페어의 목적이기도 하다. 물론 갤러리에 직접 가서 그만의 무드를 함께 느끼

리안갤러리 대구
컬렉터 출신 대표가 개관한 리안갤러리는 2007년 1월과 2013년 1월에 각각 리안 대구와 서울을 설립하면서 현재 2개로 운영되고 있다.

출처 | 리안갤러리

는 것도 중요하지만, 꼭 그러지 않다고 하더라도 아트페어의 기회를 잘 활용하는 것도 컬렉팅의 수준을 한 뼘 더 높일 좋은 방법이다.

서울에 비해 갤러리의 수가 많다고 할 수는 없지만, 지방에도 보석 같은 갤러리들은 너무나도 많다. 특히 대구는 좋은 갤러리와 오래된 컬렉터가 많기로 알려진 도시다. 오죽하면 한국으로 작품을 많이 보내 본 갤러리들 사이에서 서울은 몰라도 대구는 안다는 말이 있을 정도였다.

대구에서 시작해 서울에 분점까지 낸 리안갤러리의 대표 역시 갤러리를 열기 전까지 오랜 시간 미술품을 수집해온 컬렉터였다. 감상에만 그친 것이 아니라 작품값을 직접 치러보면서 쌓아나간 탄탄한 안목은 갤러리를 열고 나서 제대로 빛을 발했다. 개관 첫해이던 2007년, 알렉스 카츠의 국내 첫 개인전을 연 것을 시작으로 현재는 백남준, 이강소, 최정화 등 세계적인 한국 작가와 프랭크 스텔라, 앤디 워홀Andy Warhol 등 해외 작가를 두루 소속한 탄탄한 갤러리로 이름을 알리고 있다.

갤러리신라는 그보다 더 오래된 1992년 개관해, 단색화라는 사조가 명명되기 이전부터 한국 미술사의 구심점 역할을 하고 있던 작가들을 꾸준히 국내외에 소개해왔다. 갤러리의 개관전은 무려 박서보, 이우환, 김창열, 이강소, 윤형근 작가를 한데 모은 그룹전이었으며 바로 다음 전시는 무려 미국의 미니멀 아트 작가 도널드 저드Doanld Judd였다. 지금 이 작가들의 명성을 생각하면 갤러리신라는 무려 30년 앞을 내다본 셈이다. 이런 혜안을 가진 갤러리가 선보이는 작가군과 작품들이 훌륭한 것은 두말하면 입 아플 정도인데, 심지어 유익하기까지 하다.

부산은 이미 도시의 이름을 따 아트부산ART BUSAN이라는 국제적인 규모의 아트페어를 가지고 있기는 하지만 그에 비해 두드러지는 갤러리는 없다는 것이 조금 아쉽다. 그러나 부산에는 세계적인 작가로 발돋움한 이배 작가의 마더 갤러리 조현화랑이 있다. 부산 출신인 내가 조현화랑을 처음 알게 된 것은 의외로 청담동이었다.

2007년, 갤러리들이 대거 입주했던 네이처포엠에 조현화랑이 지점을 냈던 적이 있다. 이곳을 찾을 때마다 전시가 참 좋아서 당시 갤러리스트와 이런저런 이야기를 나누다 부산에 본점이 있다는 것을 알게 됐고 이후 서울 지점을 철수하고 나서는 부산에 갈 때마다 빼놓지 않고 전시를 챙겨보려고 한다. 해운대 달맞이길에 있는 조현화랑을 보면 '이런 땅을 어떻게 갤러리로 근사하게 활용할 생각을 했을까'하는 감탄마저 나온다. 그 정도로 구조적인 맛이 있다. 선보이는 전시 역시 마찬가지인데, 이미 잘 알던 작가라도 조현화랑의 전시에서는 작가에게서 추구하는 가

조현화랑 부산
해운대 달맞이길 중턱쯤 자리 잡고 있다.

장 본질적인 철학이 무엇인지 알 수 있다.

앞에서 한국에 상륙한 해외 갤러리들을 살펴보면서 왠지 모르게 마음이 쫀쫀해졌는데, 강단 있게 미술 시장을 주도해가는 우리나라의 향토 갤러리들을 확인하니 그제야 누군가가 따뜻한 다리미로 내 마음을 펴주는 것만 같다. 개인적으로 더욱 기대되는 부분을 말해보자면 갤러리들이 한쪽의 취향으로만 쏠려 있는 것이 아니라 저마다의 방식으로 가지를 뻗어 나가고 있다는 점이다.

과거의 미술 시장은 규모 자체가 작고 거래되는 작가군이 단조로운 경향이 있어 신진작가를 다루는 갤러리 자체가 극히 드물었고 이 때문에 아무리 실력이 좋다고 하더라도 이들이 미술 시장에 입성하는 것 자체가 바늘구멍을 통과하는 것만큼 어려웠다. 이렇게 갤러리들이 한 방향으로 서서 한 가지 목소리만 내는 동안 한국 미술 시장은 단색화를 제외하고는 이렇다 할 대표 사조가 없다는 약점을 가지게 됐다.

하지만 독창적이고 실험적인 작품들로 자기만의 목소리를 내는 갤러리가 많아진 지금, 내가 중년의 컬렉터가 되었을 즈음에는 어떤 새로운 미술 사조가 내 마음에 큰 파도가 되어 또다시 나를 일렁이게 해줄지 너무나 기대된다. 그리고 이제 막 커리어를 시작한 젊고 풋풋한 작가들이 그때가 되면 얼마나 대성했을지 상상해보는 것도 무척 행복한 일이다.

스몰토크

이대희 서정아트 대표

갤러리에 필요한 우아하고 지적인 선순환 구조

2021년 첫 책 출간 이후, 나는 참석했던 콘퍼런스를 엑셀로 정리하면서 한 가지 사실을 깨달았다. 나의 역대 강연 목록에서 가장 높은 지분을 차지한 곳은 다름 아닌 서정아트였다. 다양한 미술 재단과 아트페어에서 마이크를 잡아왔지만, 가장 많은 강연을 했던 장소가 작품을 판매하는 갤러리라는 것은 조금 의외이기도 했다. 서정아트에서는 전문 컬렉터로 성장할 수 있는 높은 수준의 강연 커리큘럼을 제공하고, 갤러리에 방문할 때마다 늘 새로운 전시가 열리며 나를 행복하게 해줬다. 더불어 쇼룸에서는 나를 깜짝 놀라게 만드는 소장품들을 볼 수 있었다. 이 근사한 갤러리에 대해 더 알고 싶어졌다.

안녕하세요, 대표님. 자기소개 부탁드립니다.

네, 안녕하세요. 서정아트의 이대희 대표입니다. 제가 인터뷰를 직접 하는 경우는 거의 처음이라서 조금은 긴장이 되네요. 갤러리 운영은 약 10년 정도 되었고요. 컬렉팅은 그보다 훨씬 오래되었습니다. 미술 전공자도 아닌 제가 갤러리스트가 된 이유가 궁금하실 수도 있겠습니다만, 생각보다 그 과정은 자연스러웠어요. 미술계에 있는 가족 덕분에 그랬을 수도 있고요.

컬렉터와 갤러리스트로서 활동할 때, 작품을 선택하는 기준에 차이가 있을까요?

취향이라는 것이 한 번에 바뀌기는 참 어려운 것 같으면서도 무엇에 스며드는지에 따라 조금씩 변화하는 것 같기도 합니다. 이런 부분이 매력적이기도 하고요. 나만의 컬렉션을 꾸릴 때 가장 중요한 것은 당연히 나의 취향이죠. 이때는 내가 끌리는 작품을 선택하는 1인칭 시점의 컬렉팅을 하면 됩니다. 하지만 갤러리를 운영할 때는 시장성을 고려하는, 보다 전지적인 시점이 필요해요. 이렇게 시장성을 파악하기 위해서는 작가가 당대에 메시지를 제대로 던지는지를 중점적으로 보는 편이고요.

대표님의 컬렉션 취향을 알려주실 수 있을까요?

우리나라 미술의 역사는 상당히 오래되었지만, 전쟁과 분단, 경제적 부침을 겪으며 실질적으로 미술 시장의 여건이 마련된 시기가 그렇게 길다고는 할 수 없습니다. 이런 상황에서 1950년도 전후에서 우리나라 1세대 작가군의 작품들은 더욱 의미가 있다고 생각하고요. 따라서 우리나라

미술사와 미술 시장에서 의미가 있다고 생각하는 작가들의 대표작품은 꼭 소장하려고 합니다. 이러한 부분은 제가 컬렉터였을 때부터 갤러리스트가 된 지금까지도 일관되게 지켜온 태도인 것 같네요.

좋은 작품을 선택하기 위해 중점을 두는 부분이 있다면요?

작가군이 좁혀졌다면, 작가의 좋은 작품을 찾아야 하는데요. 이 경우에는 작가의 세계관을 가장 함축적으로 잘 담고 있는 재료와 소재, 도상 등을 선택하려고 합니다. 제작 연도와 작품의 소장 이력을 가리키는 프로비넌스Provenance, 그리고 주변의 의견도 놓치지 않으려고 하고요. 이런 과정을 거치다 보면 미술 시장의 관계자들과 자연스럽게 교류하게 되더라고요.

컬렉팅의 과정에서 자연스럽게 문화와 사람에 녹아드는 거네요.

네, 제가 갤러리스트라고 해서 경매사나 딜러와 특정한 이해관계에 놓여 있는 것이 아니라는 뜻이지요. 좋은 작가와 좋은 작품에 대해 서로 이야기 나누고, 또 그들의 조언에 따라 작품을 보다 보면 나의 안목도 함께 성장하는 것이고요. 반대로 그들 역시 저에게 의견을 묻거나 작품 추천을 부탁하기도 합니다. 우아하고 지적인 선순환 구조가 만들어지는 거죠.

서정아트가 현재 준비하는 프로그램들이 있을까요? 너무 궁금하고 기대됩니다.

저희 갤러리는 작품 판매에만 치중되어 있기보다는 미술 시장을 활성화하고 교류의 장을 확대하려는 노력을 꾸준히 하고 있습니다. 작품 판매와 연관성은 떨어지지만, 다양한 연사들을 초청해 갤러리에서 꾸준히 강연을 열고 있는 것도 그림을 좋아하는 사람들이 만나서 함께 안목을 높이자는 취지인 것처럼요. 따라서 아트부산에서도 컬렉터들을 모시는 저녁 행사를 마련해 함께 식사하려고 합니다.

좋은 작가들이 가지고 있는 공통적인 자질은 무엇일까요?

개인적으로는 '근면성실'이라고 생각합니다. 우리 갤러리 소속인 피정원 작가를 보더라도, 1993년생으로 젊은 축에 속하지만, 그 인내심과 근면성실함은 실로 대단하거든요. 우리는 작가가 아니니 작품을 제작하는 과정 하나하나를 볼 수 없지만 완성된 작품들은 작가가 공을 들이고 세계관을 녹여낸 엄청난 결괏값을 함축하고 있습니다. 작가들이 이런 놀라운 작품을 보여주면, 작가를 지원해주겠다는 마음이 기꺼이 생길 수밖에 없어요. 당장 결과가 없을 수도 있지만 이런 작가들은 끝내는 주목받고는 합니다.

좋은 작가에 대한 확신이 드는 순간도 있었을 것 같습니다.

작가들에게 이런 전시를 해보자고 제안했을 때, 좋은 작가들은 일단 압도적으로 많은 완성작을 보여주더라고요. 그만큼 작품의 제작 활동에 물리적으로 많은 시간을 할애하고 있다는 뜻이겠죠. 작가가 스튜디오를 떠나 있는 시간을 작품에 대해 고민하지 않는 시간이라고 정의할 수는 없겠지만, 작가의 근면성실함을 직접적으로 보여주는 것은 결국 작업량이라고도 생각합니다.

작가를 지원하기 위해 서정아트가 특별히 더 노력을 기울이는 부분이 있다면요?

우리 갤러리와 디렉터가 한 작가의 전시를 준비하면서 들이는 노력은 상상 이상입니다. 단순히 작가의 이력이나 프로필을 등록하는 데 그치지 않아요. 저희가 2022년에 만든 도록만 다섯 권이 넘는데요. 이 도록은 해외 평론가의 평론을 싣고 작품 하나하나를 시리즈나 연대별로 구분하는 것까지 생각보다 많은 노고가 들어갑니다. 따지고 보면 이러한 작업이 전시에 직접적인 영향을 주는 것도 아닌 데다가, 비용적인 측면 역시 상당한 데도요. 해외 온라인 플랫폼 아트넷artnet이나 아트시 등과 협업하는 작업도 마찬가지입니다.

그럼에도 불구하고 우리가 도록을 만들고 매거진에 작가를 꾸준히 소개하며 기록을 남기는 이유는 이 작가가 앞으로 성장하는 데 절대적으로 도움이 되기 때문이에요. 동시에 장기적인 관점에서 작가들의 성장은 곧 서정아트의 성장을 의미하기도 하지요. 따라서 지금 우리의 노력은 필요하고 또 가치가 있다고 생각합니다.

홈페이지 | **seojung-art.com**
인스타그램 | **@seojung_art**

CHAPTER 3

갤러리 밖의 갤러리

GALLERY,
NEW GALLERY

에두아르 마네, 〈폴리 베르제르의 술집〉

갤러리와 직접적인 연관성은 없는 그림이지만, 그림 배경 속 인물들은 당시 유행하던 미술의 분위기를 잘 드러낸다. 그들은 갤러리가 아닌 마네의 그림 속에서 미술을 향유하고 있는지도 모르겠다. 이렇게 미술은 갤러리 밖에서도 만나볼 수 있다. 오늘 저녁에 들른 식당의 한편에서, 접시를 사러 들른 편집숍에서, 온라인 플랫폼에서 친구와 조우하듯 말이다.

미술 시장의 게임체인저가 된 브랜드들

나는 파리에 올 때마다 르 봉 마르쉐 백화점Le Bon Marché에 들러 친구들의 양말을 사곤 한다. 일종의 기념품으로 말이다. 파리와 양말은 서로 아무 상관이 없지만 품질 좋은 양말을 싫어하는 사람은 지금까지 단 한 명도 보지 못했다. 양말을 몇 개 골라 카운터 위에 올려 두면 직원이 오렌지색 봉투에 양말을 넣고 리본을 둘둘 매어준다. 위쪽에 선물 받을 사람 이니셜을 살짝 적어 둬서 나중에 헷갈리지 않도록 하는 것은 내 나름의 비밀스러운 요령이다. 마지막으로 마일리지 카드를 내밀어 계산한다. 이때만큼은 관광객이 아니라 파리에 몇 년 좀 살아본 사람의 기분이 든다.

르 봉 마르쉐는 작은 상점으로 시작했지만 1869년에서 1872년 사이 파리 르 데 세브르rue de Sèvres와 르 벨포rue Velpeau 모퉁이에 확장 이전을 하며 파리 최초의 현대식 백화점이 되었다. 오늘날까지 이어지고 있는 백화점이라는 개념을 처음 고안한 사람이 바로 이 백화점의 창립자다. 코로나19로 몇 해 파리를 오지 못하는 동안 LVMH 그룹이 오랜 공을 들여 개보수한 사마리텐 백화점Samaritaine Paris Pont-Neuf이 개장했으나 르 봉 마르쉐는 여전히 내 마음속 1등 백화점이다. 휘황찬란한 신식 백화점들과 비교할 때 규모가 가장 크지도 않고 그리 호화롭지도 않지만, 소비를 자극하는 문구가 없고 특유의 따뜻함과 더불어 문화 지향적인 프랑스인들의 감각을 드러내는 것이 르 봉 마르쉐 백화점만의 전략이다.

르 봉 마르쉐 백화점은 아주 오래전부터 미술과의 접점을 가지고 있었다. 내부와 외벽에 미술 작품을 설치하기 시작한 것이 무려 1875년부터니까 말이다. 이후 지금까지 수많은 보수와 디스플레이를 거쳐왔지만, 미술품은 여전히 손님을 백화점으로 불러들이는 핵심 요소로 활용되고 있다. 겨울 세일이 있는 1월의 르 봉 마르쉐 백화점은 거대한 설치미술 공간으로 변신한다. 2016년부터 아이 웨이웨이를 시작으로 치하루 시오타Chiharu Shiota, 레안드로 에를리치Leandro Erlich 등 세계적인 작가들과 협업하여 작품을 백화점 내 중앙 아트리움과 쇼윈도에 설치해온 꺅트 블랑쉬Carte Blanche 프로젝트는 정말이지 환상적이다. 백화점 내부에 양쪽으로 설치된 에스컬레이터를 오르내리다 무심히 시선을 바깥으로 던졌을 때 '짠!'하고 펼쳐진 아름다운 설치 작품을 바라보는 것은 쇼핑과는 또 다른 즐거움이 된다.

도쿄의 가장 노른자 땅이라고 불리는 긴자에 2017년 오픈한 긴자 식스Ginza Six는 르 봉 마르쉐 백화점과 쏙 빼닮았다. 르 봉 마르쉐 백화점의 트레이드 마크이기도 한 에스컬레이터의 위치부터 첫 개장을 기념하며 일본의 대표적인 작가인 쿠사마 야요이의 설치작품을 선보인 것까지도 말이다. 2023년 현재 긴자 식스를 장식하고 있는 작가는 우리나라

출처 | 르 봉 마르쉐 백화점 웹사이트

파리의 르 봉 마르쉐 백화점은 매년 1월마다 거대한 설치미술 공간으로 변신한다.

에서도 인지도가 높은 장 줄리앙Jean Jullien이다. 종이 융단을 타고 하늘을 나는 듯한 이번 작품을 보기 위해 사람들은 쇼핑을 하지 않더라도 일부러 긴자 식스에 들르곤 한다. 이곳 6층에 입점한 츠타야 서점Tsutaya Bookstore에서는 꾸준히 젊은 작가들의 작품을 전시하고 있다. 내가 이미 작품을 소장 중이기도 한 예카 하스키Yeka Haski도 츠타야 서점에서 만날 수 있는 작가다. 도쿄에서 활동 중인 스칸디나비안 출신 작가로, 귀여운 생물체를 휘휘 젓거나 늘어지는 형태를 산뜻하고 신선한 분위기로 표현해 작품을 볼 때마다 기분이 좋아진다. 백화점을 거닐다 보면 숲의 정령처럼 보이는 무표정의 꼬마 아이를 조각하는 모에 나카무라Moe Nakamura 작가도 만날 수 있는데, 명품 브랜드의 호사스럽게 반짝거리는 진열대에 은근히 주눅이 들다가도 이 쇼핑몰 어디서든 볼 수 있는 경쾌한 작품들과 눈이 마주치면 기분이 두둥실 좋아진다.

과거 미술품을 매장 내 소품 정도로만 여겼던 한국도 열띠게 동참하는 분위기다. 오히려 요즘 한국 백화점은 매장 크기를 줄여가면서까지 그림을 걸고 있다. 전시와 판매 중개, 나아가 집이나 공간에 맞는 미술품 컨설팅에도 적극적이다.

신세계백화점은 1965년 국내 최초로 매장 내 갤러리를 도입했다. 2020년부터는 직접 판매에 나서기도 했는데, 이 역시 국내에서는 신세계백화점이 최초다. 또한 강남점 '아트 스페이스'에서 250여 점의 작품을 상설 전시하며 매월 100점 정도의 작품을 전투적으로 팔아 치우는가 하면 가장 최근 개점한 신세계백화점 대전점의 이름은 아예 'Art & Science'로 짓기도 했다. 그뿐만 아니라 신세계백화점은 국내 미술품 전문 경매로서는 업계 1위인 서울옥션 지분의 4.8%를 소유하고 있으며 한때는 아예 서울옥션의 인수를 적극적으로 검토했을 정도로 미술 시장에 열성적이다.

롯데백화점은 2022년 아트부산이 열리는 기간에 맞춰 아예 새로운 아트페어를 개최했다. 아트부산이 키아프와 함께 국내 메이저 아트페어로서 놀라운 매출 성장을 보이는 만큼, 롯데 아트페어는 '아트와 디자인, 그리고 공예'라는 주제로 차별화를 주면서 위성 아트페어로서 시너지효과를 기대했다. 이번이 첫 번째 아트페어라고 해서 미흡할 것이라는 예상과는 반대로 롯데 아트페어는 12곳의 화랑과 19개의 라이프 스타일

출처 | 긴자 식스 웹사이트

긴자 식스에서 열리는 장 줄리앙 전시는 2024년 봄까지 진행된다.

부스로 알차게 구성되었다. 또한 1994년 우리나라 최초의 한옥 호텔을 지은 락고재Rakkojae가 여기에 참가해 눈길을 끌었다. 특히 아트페어 동안 락고재는 가장 현대적인 미감의 도자를 빚어낸다는 평을 받는 권대섭 작가의 사발에 말차를 직접 만들어 주는 행사를 진행했다. 전시장 한 편에 연출된 한옥의 서까래 아래에 앉아 말차를 마시는 경험은 외국인 관람객뿐 아니라 나에게도 무척 특별했다.

롯데백화점은 자체 명품관 에비뉴엘에서 아예 미술관을 운영 중이다. 2018년, 미니멀리즘의 거장으로 불리는 댄 플래빈Dan Flavin의 전시를 개관전으로 내세웠을 때부터 '이 미술관, 여타의 현대미술관과는 시작점부터 다르구나' 싶었다. 이후 롯데뮤지엄은 요절한 천재 화가 장미셸 바스키아, 파격적이고 규율을 파괴하는 시각 예술가 마틴 마르지엘라Martin Margiela 등 관습과 형식을 뒤엎은 새로운 방식들로 시대를 앞서간 거장의 작품들을 국내에 꾸준히 소개하며 내 기대에 완벽히 부응해주고 있다. 물론 이렇게 세계 미술사에서 큰 획을 그은 작가들의 전시가 좋았음은 두말할 것도 없지만, 특히 두고두고 기억에 남았던 전시는 〈dreamer, 3:45am〉였다. 이 전시는 세계적인 현대미술가와 한국을 대표하는 뮤지션 10팀이 참여해, 음악을 매개로 다양한 시각예술을 공간화한 새로운 형태였다. 기존의 전시가 대부분 시각적 자극에 초점을 맞춰졌다면 〈dreamer, 3:45am〉은 음악과 공간, 향을 제공하며 관람객의 오감을 자극했다. 전시가 끝날 때쯤, 밀물처럼 들어오는 감동과 함께 위로를 토닥토닥 받은 것 같은 느낌마저 들었다.

서울 여의도에 있는 더현대 서울은 현대백화점 중 가장 파격적이고

출처 | 롯데뮤지엄

롯데뮤지엄이 개최했던 〈마틴 마르지엘라〉 포스터. 마틴 마르지엘라는 벨기에 출신의 시각 예술가로, 일상적인 소재와 미적 가치에 대한 개념을 문제 삼아 활동했다.

문화예술 지향적인 콘셉트로 설계되었다. 그 덕에 MZ세대가 열광하는 핫하고 힙한 브랜드들의 론칭쇼 및 팝업 스토어가 열리는 상징적인 공간으로 자리 잡은 것은 물론, 스트리트 아트를 중점적으로 소개하는 아트페어 어반 브레이크 2022Urban Brake 2022의 프리뷰 전시 장소로 낙점되기도 했다. 그뿐만 아니라 자체 아트페어를 개최했을 때도 행사 열흘간 3만 명이 넘는 고객이 방문했으며 전시 작품의 3분의 1가량이 판매되며 기분 좋은 반응을 얻었다. 이렇게 더현대의 브랜딩이 성공적으로 안착하였음에도 여전히 현대백화점은 전국 9개 지점에서 연간 100회 넘는 전시를 열고 있다. 현대백화점이 주요 도시에서 문화 향유의 상징이 되는 바, 지역 기반의 커뮤니티에서도 문화예술의 접점에서 고객을 만나겠다는 전략인 셈이다.

백화점이 미술 전시에 이토록 적극적인 이유는 뭘까? "네가 뭘 좋아할지 몰라서 다 준비해봤어" 같은 '다 판다' 식의 접근은 아닐 테고 말이다. 백화점이 명품 브랜드를 마케팅에 활용하는 이유를 떠올려 보면 쉽게 해답이 나온다. 명품 마케팅의 핵심은 럭셔리, 즉 '고급화'다. 하지만 명품 브랜드들이 기존의 중장년층에서 MZ세대로 소비 타깃층과 눈높이를 한층 낮추며 다가가는 요즘이다. 미술품은 백화점의 '이미지 고급화' 전략의 새로운 대안이 된다. 백화점 매출의 상당 부분을 책임지는 VIP고객들의 관심을 끌기에도 안성맞춤이다. 아트바젤이 고액 순자산가 컬렉터들의 컬렉팅 동향 보고서를 매년 발간하는 데서도 알 수 있듯이 결국 모든 시장의 매출은 소수의 VIP가 만들어 낸다. 메리츠증권의 조사에 따르면 국내 백화점에서 VIP고객이 전체 매출에서 차지하는 비중은 작게 잡아도 대략 30% 정도다. 미술품이 아주 오랫동안 고소득층의 대표적인 관심 주제였다는 사실을 고려했을 때, 백화점의 상위 매출 고객들이 백화점뿐만 아니라 갤러리의 VIP고객이기도 할 것이라는 추론은 자연스럽다.

한마디로 구매력과 감각을 동시에 갖춘 손님들은 패션과 아트 사이를 자유롭게 넘나드는 소비 패턴을 보인다는 것이다. 더불어 백화점에서 열리는 전시를 보기 위해 방문하는 관람객들의 쏠쏠한 집객 효과와 온라인으로 귀결되는 유통 시장의 시스템 속에서 오프라인 백화점이 살아남는 경쟁력 확보까지! 백화점이 미술품을 두 팔 벌려 환영하는 것은 운명의 데스티니급이다.

슈퍼 럭셔리 브랜드가 백화점이 아닌 미술관에서 전시하는 형태 역시 흥미롭다. 2017년, 루이 비통Louis Vuitton은 동대문디자인플라자DDP에서 국내 최초로 브랜드 전시회를 개최하고 160년에 이르는 브랜드의 여정을 조명했다. 전시에서는 실제 19세기에 사용되었던 루이 비통의 트렁크와 의류 등이 소개되었다. 비슷한 시기, 명품 시계 및 보석 브랜드 까르띠에Cartier는 아예 서울시립미술관에서 무려 1,500점에 이르는 미술품을 전시했다. 해당 작품들은 까르띠에가 현대미술재단을 설립한 후 50여 개국 350여 명의 예술가들로부터 직접 수집한 작품들이다.

명품 브랜드들의 미술관 전시는 실로 다양한 전략이 계산된 결과다. 우선 기존 고객과 잠재고객들에게는 충성도를 기대할 수 있다. 또한 후발 주자이자 새로운 경쟁 브랜드와는 확실히 차별화된 이미지를 구축한다. 제아무리 고가 브랜드라고 하더라도 브랜드만의 '헤리티지'가 없다

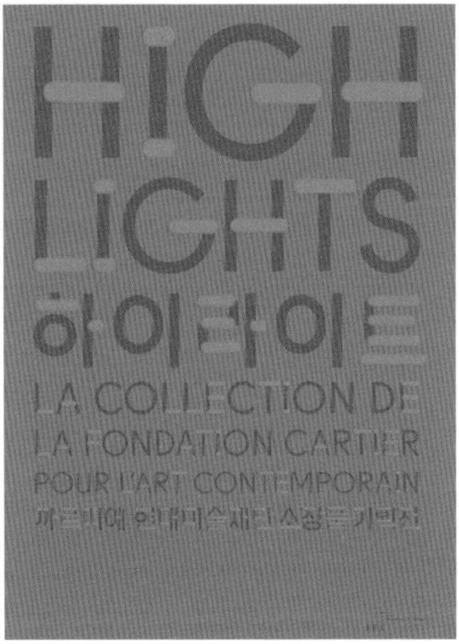

출처 | 루이 비통, 서울시립미술관

화제를 낳은 패션 브랜드의 미술 전시들. 루이 비통은 동대문디자인플라자에서 국내 최초로 브랜드 전시 〈비행하라, 항해하라, 여행하라〉를 개최했고, 까르띠에는 서울시립미술관에서 무려 1,500점에 이르는 소장품을 기획, 전시했다.

면 애초에 미술관 전시는 불가능하다. 브랜드를 어느 공간에 담느냐는 문제는 결국 브랜드의 방향성과 맞물리게 된다. 과거 럭셔리 브랜드들이 고수해온 단독 부티크 매장의 영업전략을 뒤로하고 고급 백화점에 입점했던 주된 이유에 손님들의 접근 편의성 문제도 있었겠지만, 더 중요한 것은 이러한 고급 백화점의 후광을 브랜드 이미지에 활용하고자 했기 때문이다. 그러나 오늘날 백화점은 고급화 전략에서 벗어나 고객들의 체험에 더 중점을 두게 되면서 럭셔리 브랜드와 미술관의 극적인 랑데부가 이루어졌다.

그렇다면 세계적인 럭셔리 브랜드들이 한국의 예술 재단을 후원하는 이유는 뭘까? 한국 미술 시장이 주목받는 동안 한국 공예의 위상도 달라지면서, 묵묵하게 외길을 걸어온 장인들과 공예인들이 세계적인 주목을 받고 있다. 최근 스페인의 패션 브랜드 로에베Loewe 재단이 2016년 제정한 '로에베 재단 공예상'의 2022년 우승자는 바로 정다혜 작가였다. 작가는 말총 공예 작품을 출품하여 당당히 1등의 쾌거를 안았으며 해당 작품이 한국공예박물관에서 전시되는 영광을 누렸다.

굴지의 명품 에르메스는 2015년 문화재청과 협약을 체결하고 일찍이 후원을 시작했으며, 프로젝트만 해도 우리나라 5대 궁궐 중 하나인 덕수궁 복원 사업부터 경복궁 사정전에 이르기까지 그 스케일은 실로 엄청나다. 프로젝트의 모든 과정은 전문가의 철저한 역사적 고증을 통해 진행되며, 국내 장인들의 무형 자산이 후대까지 이어져 한국의 전통문화 유산이 지속 가능한 방법으로 보존될 수 있도록 돕는다. 그저 보여주기에 머무르는 것이 아니라 한 나라의 역사와 문화를 이해하고 무엇이 정말 필요한지 찾고자 하는 이들의 노력이 놀라울 따름이다. 하지만 에르메스는 직원의 30% 이상을 장인으로 둘 정도로 헤리티지를 중시하는 브랜드이므로 이들의 가치관에 따라 한국의 문화유산을 보존하는 마케팅을 펼치는 것이 한편으로는 자연스럽다.

샤넬도 한국의 장인 정신에 중점을 두고 있다. 샤넬 코리아는 한국 공예의 후원 사업에 공헌하고 있는 재단법인 예올의 후원사로 2022년부터 참여해, 장인과 공예가의 공예품 기획부터 배포까지의 전 과정을 전적으로 지원해왔다. 샤넬과 예올은 '2022년 올해의 장인'에 국가무형문화재 제119호인 금박장 이수자 박수영 작가를, '올해의 젊은 공예인'으로 옻칠 공예가인 유남권을 선정하기도 했다. 금박과 옻칠은 모두 한국의 전통적인 공예 공법이자 선대가 지켜온 소중한 유산이라 그 의미가 더욱 특별하다.

지금까지 해외 명품 기업들이 일본 작가들과 협업하는 것을 멀찌감치 지켜만 봐야 했던 한국인 컬렉터로서, 공예 작가들의 선전은 가슴 벅차기만 하다. 더불어, 과거 무라카미 다카시Murakami Takashi, 쿠사마 야요이가 이끌던 일본의 세계화 시대가 어느 정도 저물고 있다는 사실도 체감하고 있는 부분 중 하나다.

2022년 가을이 한창인 파리에 갔을 때, 파리 불로뉴 숲에서 열린 근사한 전시를 보러 갔다. 전시는 바로 루이 비통 재단에서 열린 클로드 모네Claude Monet와 조안 미첼Joan Mitchell의 대규모 2인전이었다. 인상파 대가인 모네와 미국 추상 표현주의 대표작가 미첼은 서로 만난 적이 없는 사이지만, 미첼은 평생에 걸쳐 모네를 오마주하는 그림들을 그려왔다. 그러나 미술 시장은 미첼이 독창적인 작업을 하는 것이 아니라 대가의 그림을 비슷하게 연출한다는 이유로 제대로 평가해주지 않았다. 조안 미첼이 작고하고 30년이 지난 지금, 루이 비통은 클로드 모네와 조안 미첼의 작품을 나란히 병치하여 보여주는 형태의 전시를 꾸렸다. 두 작가의 2인전이 지금까지 한 번도 없었던 만큼, 루이 비통이 나서서 조안 미첼의 작품을 재조명한 의미는 크다.

이날의 전시 관람은 루이 비통 재단 측이 컬렉터 멤버십 회원들에게만 제공한 도슨트 투어로 이루어졌다. 6명 정도되는 작은 팀으로 구성된

출처 | 루이 비통 재단

루이 비통 재단이 2022년 파리에서 개최한 〈모네-미첼展〉
전시장에서는 3폭짜리 캔버스가 하나로 붙어 약 13m 길이에 달하는 모네의 삼면화를 볼 수 있었으며, 미첼이 1983년과 1984년 사이에 그린 〈거대한 계곡〉 연작 10점도 만날 수 있었다.

투어를 시작하기 전, 루이 비통 재단의 설립 취지부터 설명하는 도슨트의 눈빛과 말투에서 자부심이 느껴졌다. 그도 그럴 것이, 이 재단은 전시의 수준부터 후원사까지 모든 것이 완벽 그 자체다. LVMH라는 최고의 명품 브랜드를 모두 가진 기업의 재단 개관식에서는 당시 프랑스 대통령이 나와 직접 개관 선언식을 했다.

도슨트의 풍부한 설명을 따라 천천히 걷던 나는, 3폭짜리 캔버스가 하나로 붙은 커다란 모네의 작품이 있는 방에서 숨을 멎는 듯한 느낌을

클로드 모네, 〈수련〉 연작

모네는 지베르니정원의 풍경을 자주 그렸는데, 그중에서도 〈수련〉 연작은 물 위에 반사된 표면을 잘 담아냈다는 평가를 받는다.

받았다. 모네의 작품을 평소에 너무 좋아해서 오랑주리 미술관Musée de l'Orangerie을 비롯한 세계적인 미술관을 방문할 때마다 모네의 작품을 가장 먼저 찾아볼 정도인 내가 지금까지 본 것 중에서 가장 아름다웠기 때문이다. 특히나 관람객들에게는 아직 전시 시작 전인 조용한 아침 8시, 차분한 전시실에 그 어떤 소음도 없이 나와 오로지 작품만이 존재하는 느낌은 정말 특별했다. 도슨트가 조금 더 가까이 와서 작품을 볼 것을 권해준 덕분에 나는 거의 코 앞에서 100년도 더 된 모네의 붓칠을 볼 수 있었다. 이윽고 설명이 이어졌다.

"3점 연작으로 구성된 이 거대한 작품은 현재 미술관 3곳에서 나누어 소장하고 있습니다. 이번 전시를 위해 각각의 미술관에서 빌려온 것이고요. 전시가 끝나면 다시 흩어지게 됩니다. 그러니까 이렇게 3점을 붙여서 감상할 기회는 이번 전시가 앞으로도 거의 유일하겠네요."

그러자 설명을 듣고 있던 누군가가 불쑥 농담했다. "루이 비통이 우리에게 준 선물이군요." 크고 작은 웃음을 터트리며 모두들 재빨리 동의했다. 그리고 다시 작품으로 빨려 들어갔다. 작품의 구석구석을 눈에 담으며 다시없을 기회를 만끽했다.

스몰토크

레노마 파리 설립자 모리스 레노마

브랜드와 미술의 만남. 단, 재미있을 것!

프랑스 상류층이 선호하는 거주지 중 하나인 16구에는 레노마Renoma의 본점이 있다. 매장에 들어서자, 유서 깊은 이야기와 전시에서 본 근사한 작품들까지 하나하나 인상적이지 않은 곳이 없었지만 정작 그중 오래도록 기억에 남은 곳은 본사의 사무실이었다. 넓은 대지를 활용한 유럽식 건축물의 부드러움과 넓은 중정의 푸르름이 청량하게 느껴졌지만 동시에 어딘가 코믹한 구석이 있었다. 예를 들면 중앙 복도의 한편에는 빨간색 매니큐어를 바른 마네킹의 팔이 경첩에 고정되어 있어서 모두가 그 팔과 악수를 하지 않고는 그냥 지나칠 수 없게 되어 있다든가 하는 것 말이다.

레노마의 사무실 한중간엔 흡사 제를 올리는 제단과도 비슷한 공간이 마련되어 있다. 중년 남자가 웃고 있는 흑백 사진에 갖가지 꽃과 재단을 하고 남은 면이 재활용된 리본, 예쁘지만 쓸데없는 조그만 장신구들이 장식되어 있었다. 이는 '혹시 함께 일하던 동료에게 슬픈 일이…?'라는 추측을 하기에 충분했고 나는 흑백 사진 속 인물에 대해 비서에게 조심스럽게 물어보았다. 하지만 내게 이런저런 설명을 해주던 비서는 쾌활한 목소리로 답했다. "아 그 남자, 이때 당신이 인터뷰하게 될 모리스 레노마Maurice Renoma예요. 우리는 그를 사랑하지만, 가끔 미워하기도 해서 우리만의 방식으로 장난을 쳐요!"

반갑습니다. 자기소개 부탁드립니다.

저는 모리스 레노마입니다. 레노마 파리Renoma Paris를 1957년 처음 설립했고요. 동시에 사진작가이기도 합니다. 이곳에 오기 전에 우리 부티크를 둘러봤었죠? 거기가 당시 처음 열었던 레노마 부티크의 첫 번째 지점이에요.

브랜드 설립자님께 브랜드의 설명을 직접 듣는다면 영광일 것 같습니다.

우리는 레트로 하이엔드 스타일의 브랜드입니다. 감각적인 디자인에 트렌디한 프렌치 감성으로 숨결을 불어 넣었다고 할까요. 나는 피카소와 비틀즈, 제인 버킨 등 당대의 스타들의 옷을 제작하면서 브랜드를 발전해나갔어요. 그 여정이 아주 길었지만 지치지 않을 수 있었던 이유는 매번 방식이 혁신적이었기 때문입니다. 패션 디자이너로서 실수를 두려워하지 않았고 사회적 규범에서 벗어나 무언가를 시작하는 사람이 되고 싶었어요.

혹시 금붕어에 특별한 애착이 있으신가요? 아니면 설립자님의 반려동물인지요?

아, 크리스토벌Cristobal을 말하는 거네요. 아마 사진과 책, 우리가 내놓는 다양한 디자인 상품에서도 내 친구 크리스토벌을 봤을 거예요. 나와 어느 곳이든 함께 가고 출장과 여행까지 동행하는 좋은 파트너예요. 우리는 얼마 전 크리스토벌과 함께한 순간들을 사진으로 담아 전시도 열었어요.

레노마 파리의 웹사이트에 아이콘부터, 부티크에 걸린 작품들 속까지 모든 공간에서 크리스토벌을 발견할 수 있었던 데는 그런 이유가 있었군요. 좀 더 설명해 주시겠어요?

사실 크리스토벌은 실제 금붕어가 아닌 플라스틱으로 만들어진 물고기예요. 내가 무슨 말을 하고 싶은지 눈치챘나요? 나는 같은 얘기라도 지루하게 하는 건 딱 질색이에요. 그래서 크리스토벌과 내가 듀오로 함께 다양한 활동을 하며 그 속에 메시지를 불어넣었어요. 그건 바로 '공해Pollution'입니다. 금붕어는 본래 물에서만 살 수 있지만 일회용 물병과 우리가 쓰고 버린 마스크, 폐건전지들 때문에 플라스틱으로 변신해 물 밖으로 나왔어요.

우리 현대인들에게 플라스틱의 존재는 도저히 거부할 수 없을 만큼 편리하지만 동시에 엄청난 골칫거리가 되었어요. 정말로 이제는 문제를 인식해야 하거든요. 그런데 이런 중요한 메시지의 단점은 이게 너무 지루하게 들린다는 거예요. 그래서 나는 크리스토벌을 이 프로젝트에 끌어들였고 하나의 상징으로 만들었습니다. 내가 이 친구와 하는 조금 놀라운 경험들은 많은 사람들의 이목을 집중시키거든요. 이게 내가 내 브랜드 레노마와 예술을 융합하는 방식이에요.

컬렉팅 역시 꾸준하게 해오신 걸로 알고 있는데요.

자연스러운 과정이죠. 패션 디자이너로서의 커리어만큼이나 사진작가로서의 경력도 길었으니까요. 레노마라는 브랜드가 옷을 만들면서 가장 선두에 섰던 것은 패션에 성별을 없애는 것이었습니다. 즉, 두꺼운 장벽을 허무는 일인 거죠. 나의 세계에서 패션과 예술, 사진의 경계는 서로 무의미하고 그만큼 단단하게 이어져 있습니다. 그게 브랜드에도 꾸준히 투영되고 있는 것 같고요. 브랜드가 그만의 독창적인 이미지를 가지기 위해서는 당연히 예술이 필요합니다. 그래서 브랜드 설립자에게 예술적인 감각과 조예가 요구되는 것이고요.

인터뷰 전, 설립자님의 소장품으로 이루어진 34명의 아트 브뤼Art Brut 작가의 그룹전을 보고 오는 길입니다. 아트 브뤼 컬렉션이 정말 방대하던데요.

수집하는 작품의 장르를 따로 구분하지는 않습니다. 예술은 그저 예술일 뿐이잖아요. 물론 다른 사람들에 비해 아트 브뤼에 내가 빨리 관심을 가지고 컬렉팅을 시작한 건 사실입니다. 저는 아트 브뤼와 아웃사이더 아트를 구분할 수 있고, 그 세분된 예술 사조에 대해서도 알고 있지만 사실 그런 것들은 저에게 중요하지 않아요. 하지만 굳이 첨언을 하자면, 최근 몇 년간 내 컬렉션에서 아트 브뤼 작품군의 가격이 가장 가파르게 상승한 것은 확실합니다.

아트 브뤼 작품을 컬렉션하시는 특별한 이유가 있으실까요?

개인적으로 제게 아트 브뤼가 흥미로운 것은, 사람들이 아트 브뤼에 관심을 가지는 현상 그 자체라고 할 수 있습니다. 알다시피 아트 브뤼 작가들의 대부분은 신체적으로나 정신적으로 고통받고 있는 경우가 많아요. 어떻게 보면, 그들의 작품은 작가의 고통을 토대로 창작된 셈이지요. 나에게는 작품 그 자체보다 사람들이 그들의 고통으로 만들어진 작품에 열광하는 그 현상 자체가 흥미롭습니다.

벌써 마지막 질문이네요. 설립자님이 제일 좋아하는 작가는 누구인가요?

아, 바로 알려 줄게요. 마침 여기 화보가 있거든요. 이걸 펼치면 제가 제일 좋아하는 작가가 나와요. 짠! 맞아요. 바로 나예요!

웹사이트 | renoma-paris.com
인스타그램 | @renomaparisofficiel

갤러리지만
갤러리가 아닙니다

최근 몇 년간 미술 시장에 많은 변화의 바람이 불었지만, 가장 큰 변화는 단연 '세대교체'였다. 주축이 되는 소비 연령층이 파격적으로 낮아졌다는 말은, 이를 인구 피라미드 그래프로 치환했을 때 미술 시장을 받쳐주는 허리가 두꺼워졌다는 의미가 되니 아무튼 좋은 뜻이다. 단골 갤러리를 유일한 조언의 창구로 삼았던 기성 컬렉터와 달리, MZ 컬렉터들은 작품을 구매할 때 각자의 방식으로 예술과 문화 전반을 향유한다. 이러한 MZ 컬렉터들의 취향에 부응이라도 하듯, 갤러리들 역시 더욱 다양한 기능을 포함하는 공간으로 그 의미를 확장하고 있다. 물론 전속작가와 소속작가를 두는 1차 유통 시장의 역할에 충실한 갤러리들도 아직 많지만, 새로운 주축이 된 MZ들의 취향을 반영하며 새로운 비전을 모색하는 갤러리들도 적지 않다.

이전에는 없던 갤러리, 갤러리면서 갤러리가 아닌 갤러리들. 미술품 판매라는 갤러리의 기본 골조를 제외한 모든 과정과 방식을 바꾸겠다는

출처 | 샤비워크샵

코이치 야이리, 〈SHABI, 2020〉

샤비워크샵이 발굴한 코이치 야이리는 일본에서도 많은 관심을 받고 있다. 해당 이미지는 코이치 야이리가 그려준 샤비워크샵의 로고.

일념으로, 아예 '갤러리'라는 명칭을 떼어버린 갤러리들이 있다. 보수적인 미술 시장에 혁신과 변화를 만들어내는 근사한 이들을 알아보자.

일본에서 사진을 전공한 디렉터가 운영하는 샤비워크샵Shabi Workshop도 그중 하나다. 지금은 일본과 러시아, 프랑스 출신의 다양한 작가들의 작품을 선보이고 있지만 아트 포스터로 첫 시작을 했던 만큼 누구보다도 미술 시장에 막 발을 내디딘 MZ세대들의 초심을 잘 안다고 할 수 있다. 그런데 갤러리를 대체하고 있는 '워크샵'의 뜻은 무엇일까? 일반적인 갤러리들이 작가와 컬렉터 사이를 잇는 중개자 관점에서 컬렉터와의 관계에 더욱 비중을 두는 데 비해 샤비워크샵은 작가와의 공감대에 포커스를 맞추고 있다.

샤비의 '워크샵'을 직접적으로 말하자면 작가와 디렉터가 함께 떠나는 수련회를 의미한다. 샤비워크샵에 소속된 작가들은 디렉터와의 첫 미팅에서 갤러리와의 일반적이고 전형적인 협의는 다른 갤러리와 해도 좋으니 여기서는 하고 싶은 것을 다 말하라는 주문을 받는다고 한다. 물론 결과적으로 판매도 중요하지만, 공급자로서 가장 앞단에 있는 작가가 가진 날 것의 아이디어를 키워드화하고 그 형태를 구축하는 작업에 중점을 두는 것이 샤비워크샵의 전략이다. 이러한 과정을 통해 자신만의 세계관을 구축한 작가들은 벌써 세계 미술 시장에서 러브콜을 받으며 뚜렷한 성장세를 보인다. 특히 코이치 야이리Koichi Yairi는 일본 작가이지만 샤비워크샵이 먼저 발굴한 후 현재 일본에서 가장 주목받고 있는 갤러리 타깃Gallery Target으로 역수출된 된 케이스라는 점에서 샤비워크샵의 방향성이 옳다는 걸 증명하고 있다.

소프트 코너에 처음 방문했던 날, 이 공간을 어떻게 정의하는지 물었을 때 갤러리의 디렉터는 정확히 한 단어만 내게 말했다. '쇼룸'이라는 것이다. 그의 대답은 간결했지만, 이는 동시에 일반적으로 그림을 전시하고 판매하는 갤러리라는 공간의 기능을 답습하지 않음으로써 반대급부로 갖게 될 넓은 스펙트럼을 시사하고 있었다. 따라서 이 공간에서는 뉴질랜드 출신 브래드 도노번Brad Donovan 작가와 사토시 타마무라Satoshi

갤러리 까비넷의 목표는 일상에서 친밀하게 쓰이는 다양한 공예품과 미술품을 균형감 있게 소개하며 문화예술의 정서에 차츰차츰 스며들게 하는 것이다.

Tamamura 그리고 준 오손Jun Oson 등 국내외 주목할 만한 작가들의 개인전이 열리는 것은 물론 2022년 세계를 들썩이게 만든 넷플릭스 〈오징어 게임〉 속 캐릭터 영희의 공식 피규어와 아로마 인센스 히비hibi가 판매되기도 한다. 사실 소프트 코너는 '이유 없이 너무나도 좋아하는 누군가, 혹은 어떤 것'이라는 사전적 의미가 있다. 말 그대로 좋아하는 취향을 만들어 나가는 우리에게 주체성을 부여하는 이 쇼룸은 '취향 탐색의 공간' 그 자체이다.

성수동에 있는 갤러리 까비넷Gallery Kabinett은 국내외 작가들의 회화부터 인테리어 소품에 이르기까지 다양한 작품들을 전시하는 아트 앤 라이프 스타일숍으로 특히 도예와 유리, 칠보 등 한국적인 작업을 하는 다양한 공예작가들의 작품을 주로 다룬다. 그런 까닭에 까비넷에 갈 때마다 허명욱 작가의 옻칠 쟁반과 김송 작가의 화병, 어떨 땐 최성우 작가의 샐러드 스푼을 사오기도 하고 선물도 참 많이 했다. 그러나 훌륭한 공예 작가의 작품들은 갤러리 까비넷의 강점 중 하나일 뿐이다. 까비넷은 별도의 전시 공간을 두고 꾸준히 기획전을 꾸리고 있다. 이곳에서는 김희수 작가와 윤미선 작가의 개인전을 비롯해 다양한 소재의 공예 오브제를 한데 모은 공예 작가들의 그룹전이 매년 열린다.

2022년에는 파리에서 열리는 아시아나우 파리 아트페어Asia Now Paris Art Fair에 참가해 파리지엔들의 관심을 듬뿍 받았다. 한 번을 그냥 못 지나가고 늘 참새 방앗간처럼 들르는 나의 아지트가 유럽에서 주목받는 모습을 보니 내가 다 뿌듯했다. 가만히 생각해보면 국적을 불문하고 부엌 찬장 속은 다 비슷비슷하고 그중에 조금 더 쓰임새가 좋은 것, 조금 더 아름다운 것을 좋은 눈으로 추려내어 제안하니 반응이 좋지 않을 수가 없다. 일상에서 친밀하게 쓰이는 공예품들과 미술품을 균형 있게 소개하며 문화예술의 정서에 차츰차츰 스며들게 하는 것이 까비넷의 목표다.

일본의 공예가 꾸준히 보존되며 궁극의 정점으로 향하는 동안에도 한국의 공예품은 미술품의 구심점으로 빨려 들어가면서 오랜 시간 도태되어 있었다. 이에 따라 공예품을 일컫는 말이기도 한 '기물器物'은 다도나 살림살이에 쓰이는 물건을 낮추어 말하는 의미로 전락하며 미술품에 비해 조금은 모자란다는 인식이 굳어졌다. 하지만 공예는 생활상의 실용과 현실적인 기능에 아름다움을 극대화했다는 점에서 무척 매력적이며 고유한 멋이 있다. 사실 기성 컬렉터들에게 한국 공예품들은 어릴 적에 한 번쯤 봐왔던 물건들이라 그렇게 특별한 것은 없었다. 그러나 담백한 질박미를 가진 한국 공예품이 MZ세대의 눈에는 너무나 세련되고 어쩌면 힙하기까지 하다.

MZ세대의 합세로, 한국 공예의 규모는 꾸준히 성장하고 있다. 여기에 지자체까지 힘을 보탰다. 문화체육관광부와 (재)한국공예 · 디자인진흥원은 현재 전국 6곳에서 운영되는 공예창작지원센터의 신규 대상지를 찾아 나섰다. 지원센터 조성과 사업 운영으로 최대 5억원까지 지원하며 공예문화산업을 적극적으로 활성화하겠다는 의지를 보였다. 또한 2021년 말 개관한 서울공예박물관은 개관 첫해만 약 50만 명의 관람객을 맞았으며, 2022년 12월 개최된 공예트렌드페어는 2006년 개최 이후 역대 최다 관람객인 약 7만 7천여 명이 다녀갔다. 동시에 현장 판매액도 18억 원을 상회하며 최고 판매액을 기록했다.

한국 공예품이 가진 단아한 아름다움에 매료된 것은 해외 컬렉터 역시 마찬가지였다. 이미 세계적인 가도에 오른 일본 공예품은 어느 정도 눈에 익은 데 반해 한국 공예품은 또 다른 생경한 아름다움을 가지고 있다. 이렇게 점점 힘이 실리게 되면서 한국의 공예 시장도 '가장 한국적인 것이 가장 세계적인 것'이라는 진리를 점점 체감하고 있다. 이에 코리안 파워를 제대로 보여주겠다고 나선 한국 공예품 전문 쇼룸이 눈에 띄게 늘었다.

하우스윤은 우리 한국 문화유산의 아름다움을 보존하고 또 제안하는 기프트숍이다. 조선시대부터 내려오는 지리산 지역의 전통 기법으로 제작된 김전욱 작가의 목기와 양유완 작가의 와인잔이 아름답게 어우러져 쇼룸의 테이블을 장식한다. 특히 허명욱 작가의 옻칠과 무형문화재 이형근 장인의 유기, 그리고 이곳을 운영하는 이윤정 작가까지 총 3명의 한국 작가가 협업하여 만든 아름다운 방짜유기 캔디볼은 오직 이곳에서만 볼 수 있는 특별한 작품이다. 하우스윤이 신라호텔의 아케이드에 있는 만큼, 외국인 손님을 위한 한국적인 선물을 고르기에 너무도 완벽한 공간이다.

일상여백은 갤러리나 편집숍이라기보다 공예품 전시관에 들어선 듯한 느낌을 자아낸다. 이들은 전통과 현대가 어우러지는 공예품을 주로 다루는데, 일상여백의 목표는 쓰임새와 아름다움을 함께 지닌 공예품을 발굴하고 실용성과 장식성의 가치 사이에서 편안한 균형을 찾아 나가는 것이다. 일상여백이 소개하는 작품들은 화려하지 않지만 하나 같이 소담한 멋을 간직하고 있다. 신병석 작가의 아름다운 쪽빛 다기와 백경현 장인의 마미체는 그 어떤 작품보다도 세련되고 또 아름답다. 마미체란, 800여 개의 말총 가닥을 하나하나 엮고 바느질과 일고여덟 번에 이르는 옻칠을 거듭해서 완성한 전통 차 거름망을 말한다.

지금처럼 공예가 주목을 받기 이전에도 오늘날까지 공예가들은 늘 제자리에서 묵묵히 작업을 해왔다. 하지만 중요한 것은 유통이다. 모든 시장이 수요와 공급의 법칙 안에서 움직이듯 공예품도 아무리 훌륭한 작품을 만들어냈다고 하더라도 찾는 사람이 없거나 유통망이 없다면 공급자와 구매자는 연결될 수 없다. 이러한 지점에서 하우스윤과 일상여백은 전통문화를 재발견하고 가장 첫 지점과 끝 지점을 이어주는 훌륭한 채널의 역할을 하고 있다.

이제 단순히 한 가지의 목적을 가진 공간의 생명력은 저물었다. 지금은 건축과 패션, 호텔, 그리고 레스토랑 등 각각의 기능을 가진 공간이 어우러져 복합적인 감각을 선사하는 시대다. 더 이상 모든 갤러리가 출입구 외에는 사방이 모두 막힌 화이트 큐브 형태의 전시장을 고집하지 않는다. 갤러리에서 빠져나온 미술품들은 호텔과 레스토랑, 패션 브랜드에 스며들어, 또 다른 영감을 선사하고 있다.

2021년 청담동에 문을 연 보메 청담Bome Chungdam은 이탈리안 음식을 아시아인의 입맛에 맞게 접목한 퓨전 레스토랑이다. 4~5년 전부터 작품을 모아 온 컬렉터가 자체 패션 브랜드를 발매하며 쇼룸 겸 레스토랑을 열어 개인적으로 소장해왔던 작품을 걸었던 것이 이 공간의 시작이다. 일단 보메 청담에 들어서면 3m에 달하는 장미셸 오토니엘Jean-Michel Otoniel의 유리구슬 작품이 나를 기다리고 있다. 압도감에 잠시 잃을 뻔한 정신을 차리고 실내로 들어가면 이번에는 높은 천고에서 나를 향해 쏟아지는 커다란 눈과 마주치게 된다. 양혜규 작가가 2013년 스트라스부르 근현대미술관Musée d'Art Moderne et Contemporain에서 처음 선보였던 작품이다. 그뿐만 아니라 프라이빗 룸에서는 장마리아 작가의 작품을, 손을 씻으러 간 화장실에서는 대니엘 아샴Daniel Arsham의 작품을 만나게 된다. 메이저 갤러리에서나 볼 법한 휘황찬란한 작품들이 한가득 걸려있어 내가 지금 레스토랑에서 전시를 관람하는 건지, 아니면 갤러리에서 밥을 먹고 있는 건지 헷갈릴 정도다.

오프닝Oppng은 갤러리의 전시 첫날 오프닝 파티에 초대된 듯한 느낌을 자아내는 와인 바다. 전면을 그대로 보여주는 유리문이 열리면 감탄이 절로 나오는 김창열 작가의 대작이 나를 위해 마중을 나와 있다. '우리는 갤러리이기도 하지만 동시에 와인 바이기도 합니다'라고 설명해 주는 듯했다. 전체적으로 조도가 낮은 공간에 걸린 작품들은 핀 조명을 온몸으로 받고 있어 시각적인 집중도를 더욱 끌어올리는 효과를 주었다. 높은 벽면에 걸린 헤르난 바스Hernan Bas와 이강소 작가의 작품은 이 식당 주인의 감각을 짐작게 한다.

아니나 다를까. 오프닝의 주인은 대한민국 최대 패션 플랫폼 무신사의 창업멤버로서 13년간 패션업계에 몸담아온 경력을 가지고 있었다. 맛까지 훌륭한 음식에 와인의 아로마, 그리고 눈앞에 어른거리는 근사한 작품을 보고 있자니 그동안 내가 갤러리에서 얼마나 경직된 상태로 작품을 보고 있었는지 새삼스럽게 느낄 수 있었다.

호캉스를 즐기며 미술도 향유할 수 있는 공간이 있다. 파라다이스 호텔은 세계적인 권위의 미술 전문지 《아트뉴스ARTnews》가 선정한 세계 200대 컬렉터에도 여러 차례 이름을 올린 파라다이스 그룹의 전필립 회장 부부가 심혈을 기울여 완성한 그야말로 '아트 파라다이스'다.

호텔 전면에서 손님들을 향해 서 있는 높이 4.6m, 무게 1,300kg에 달하는 금빛 페가수스는 데미안 허스트의 〈골든 레전드Golden Legend〉라는 작품이다. 로비의 최중심부에는 2022년 국내 미술품 경매 낙찰 최고가 1위부터 4위까지 모두 차지한 쿠사마 야요이의 대표작 〈그레이트 자이언틱 펌킨Great Giantic Pumpkin〉이 그 위용을 자랑하고 있다. 그 밖에도 카우스Kaws의 대형 조각과 〈로버트 인디애나Robert Indiana〉의 다양한 시리즈 작품들까지 3천여 점에 이르는 작품들이 10만 평의 로비에 골고루 배치되어 있어 흡사 '미술품 산책길'을 걷는 느낌이다. 모든 것이 다 갖춰진 5성급 호텔에서 글로벌 작가들의 대표 작품을 바라본다면 그 어느 때보다 편안하게 사색에 잠길 수 있는 시간이 될 것 같다.

작가와 커뮤니케이션하고 작품을 공급하는 갤러리의 기본 기능을 120% 해내면서도 우리를 갤러리로 규정할 수는 없다고 손사래 치는 곳은 온라인에도 있다. 국내 최초로 작가의 에디션 작품을 한정 발매하는 온라인 플랫폼 비이블랭크Be-blank가 그렇다.

작가가 직접 제작했거나 제작에 참여한 복제 미술품을 말하는 '에디션Edition(판화)'은 그 자체로 하나의 원본 가치를 인정받고 있지만, 같은 작품을 다량 만들어낸다는 점에서 아쉬움이 있었다. 하지만 비이블랭크는 국내외 작가들과 긴밀한 협업을 통해 새로운 형태의 에디션 작품을 구성하고 있다. 2022년 말 발매된 이지은 작가의 판화 작품은 총 91개다. 일반적으로 한 번에 발매된 에디션 작품이라면 고유의 에디션 넘버만 다를 뿐 작품의 구성은 완전히 같다. 하지만 판화로 제작된 작품에 작가가 직접 다른 등장인물들을 하나하나 그려 넣음으로써 단 하나의 유일한 작품으로 완성했다.

비이블랭크는 에디션 작품에 원화의 장점을 더해 소장자의 만족감은 충족시키면서 동시에 발매 가격은 기존의 판화 수준을 유지하는 방식으로 MZ세대에게 작품 컬렉팅의 즐거움을 선사하고 있다.

미술 시장이 한 해가 다르게 확대되고 있다는 것을 온몸으로 체감하고 있다. 뻔질나게 미술관을 다니던 대학생 시절을 떠올리면 거의 변혁이 일어난 수준이고 최근 몇 년간을 비교해보더라도 한국인의 식탁에 파스타가 오르는 것만큼이나 친근해진 것 같다. 하지만 누군가에게 '처음'은 아직도 당연히 어려운 일이다. 갤러리에 불쑥 들어가기가 부담스럽다는 걱정을 토로하는 사람들은 여전히 있다. 그렇다면 이런 시작은 어떨까? 갤러리인 듯 아닌 듯, 오늘 저녁에 들른 식당의 한편에서, 접시를 사러 들른 편집숍에서, 온라인 플랫폼에서 친구와 조우하듯 그림을 만나보는 것 말이다. 멀게만 느껴지던 갤러리가 차츰차츰 내 마음속으로 스며드는 것을 느낀다면 이제 본격적으로 미술과 사랑에 빠지는 일만 남았다.

온라인에도 갤러리가 있다

띠링. 인스타그램에서 팔로잉하던 롯데갤러리 계정에 새로운 전시 소식이 올라왔다. 알피 케인Alfie Caine이라는 작가의 개인전 소식이었다. 이 이름도 낯선 작가는 '아시아 최초의 개인전'이라든가 '수천만원을 호가하는 작품이 옥션에서 3배 이상 팔린' 등 다소 자극적인 문구로 소개되고 있었다. 그중 내 눈길을 가장 끄는 문장은 미술 사이트 아트시가 선정한 '컬렉터들이 가장 기대하는 작가 1위'라는 부분이었다.
아트시는 2022년 현재 190여 개 국가에서 230만 명의 유저를 거느린 세계 최대 미술품 전문 온라인 마켓이다. 내가 쓰는 PC 2대와 핸드폰 2대에 모두 즐겨찾기 버튼이 따로 있을 정도로 자주 방문하는 최애 플랫폼인데, 나 몰래 언제 이런 조사를 했지? 나는 문득 이 작가가 궁금해졌다.

아트시의 검색창에 작가의 이름을 검색해본다. 알피 케인은 1996년생의 영국 출신으로 본래는 건축학도였다고 한다. 물리적으로 추리해봤

출처 | 롯데갤러리 인스타그램 캡처

인스타그램에서 미처 내가 모르던 작가의 소식을 만나기도 한다.

을 때 1996년생인 작가가 대학에서 건축을 전공했다면 전업 화가가 된 지는 불과 4~5년을 넘지 않았을 것이다. 물론 오늘날에는 미술을 전공하지 않고 스스로 깨쳐 그림을 그리는 작가들이 정말 많지만 작가가 전공을 건축으로 선택한 이상, 작가로 전향한 기간이 길지 않았음은 자명하다.

작가의 지난 전시 목록을 눌러본다. 업데이트가 바로 되지 않을 수도 있지만 일단 아트시에 나와 있는 작가의 개인전 이력은 런던의 유니온 갤러리Union Gallery와 야리라거 갤러리Jarilager Gallery 뿐이다. 야리라거 갤러리는 쾰른에 본점을 두었지만, 서울에도 지점을 내어 한국에서 열리는 아트페어에 꾸준히 참가하고 있다. 유니온 갤러리는 잘 모르니 이

출처 | 아트시 웹사이트

궁금한 작가들이 있으면
아트시에 종종 검색한다.

참에 공부도 할 겸 홈페이지를 둘러본다. 그런데 유니온 갤러리의 대표 이름에 낯이 익다. 바로 '야리 라거Jari Lager'다. 즉, 알피 케인이 개인전을 연 두 갤러리, 유니온과 야리라거는 같은 대표 아래 운영되는 자매 갤러리다. 동시에 야리라거 갤러리는 이번 롯데갤러리 전시의 협력사이기도 하다.

'수천만원을 호가하는 작품이 옥션에서 3배 이상 팔렸다'는 문구는 진짜일까? 앞서 살펴본 것처럼 작가의 전시 이력은 2021년의 유니온 갤러리와 2022년 야리라거 갤러리가 전부다. 작품이 경매에 나오려면 해당 전시에서 작품을 산 소장자가 작품을 내놔야 한다. 그리고 이 작품의 경매 추정가가 수천만 원이어야 하며, 심지어 이 작품이 시작가의 3배 이상 높은 가격에 낙찰되어야 앞뒤가 맞는다. 하지만 이런 사실을 알아볼 방법은 없다. 아트시는 작가의 작품이 경매에 출품된 현황을 자세히 소개하고 있지만, 이상하게도 알피 케인 작가의 경매 낙찰 기록은 전혀 나와 있지 않았다.

마찬가지로, 아트시와 파트너 계약을 맺은 갤러리들은 플랫폼에 작품의 이미지와 정보를 업로드해 전 세계 모든 컬렉터와 온라인으로 직거래를 할 수 있다. 하지만 알피 케인의 작품 중 구매가 바로 가능한 것은

1점도 없다. 야리라거와 유니온 갤러리에서 업로드한 알피 케인의 모든 작품은 'Sold(판매 완료)' 상태로 전환되어 있었다. 판매가 완료된 작품의 가격은 공개하지 않는 아트시의 규정에 따라 알피 케인의 작품 가격을 알 수 있는 힌트는 전혀 없다. 아쉽지만 여기서 멈추지 않는다. 이렇게 온라인에 흩어진 정보들을 수집하는 것을 '디깅digging'이라고 한다. 여러 플랫폼을 디깅한 끝에 알피 케인의 50호(약 116x91cm) 작품이 3,900만원, 100호(약 162x130cm) 작품이 5,300만원 수준이었다는 사실을 알아냈다.

아트시에서 '컬렉터들이 가장 기대하는 작가 1위'를 차지했다는 조사 내용도 다시 찾아봐야겠다. 알피 케인 작가는 아트시가 정기적으로 발행하는 미술 시장의 기사에서 언급되어 있다. 인플레이션과 가격 변동성이 상승하는 경제 상황 속에서 컬렉터들은 신진작가들을 중점적으로 발굴한다.

2022년 아트시 플랫폼에 새롭게 추가된 작가 중 알피 케인이 가장 높은 팔로잉을 받았다고 한다. 가장 높은 팔로잉이 곧 가장 기대하는 작가를 직접적으로 의미하는 것은 아니지만, 그래도 알피 케인 작가가 컬렉터들의 관심을 받고 있는 것은 얼추 맞는 것 같다.

며칠 후, 미팅이 조금 일찍 끝난 틈을 내어 갤러리에 작품을 보러 갔다. 왜 아트시에서 가장 많은 팔로잉을 받았는지 알 수 있을 것 같았다. 건축학도다운 밀도 있는 구성, 피아노로 치자면 검은색 건반을 눌렀을 때 나는 조금은 멜랑콜리한 음색과 닮은 그의 작품은 무척 신비롭고 세련되기까지 했다.

내가 인스타그램의 롯데갤러리 계정에서 작가의 이름을 처음 안 순간부터 전시 소개에서 언급한 모든 문장을 팩트 체크하는 데까지 15분이 채 걸리지 않았다. 내가 유별나게 보이나? 그렇다면 유감스럽지만, 당신은 온라인 세계에 뒤처진 것이다. 아트시가 컬렉터의 동향을 분석한 〈아트 컬렉팅 리포트Art Collecting 2021〉에 따르면, MZ 컬렉터의 46%가 작품을 사기 전 온라인 플랫폼에서 작가에 대한 정보와 가격을 확인하는 등 스스로 조사하는 과정을 거친다고 응답했다. 과거에는 단골 갤러리나 오랜 인연을 맺어온 딜러에게 의존하여 컬렉팅하는 경향이 지배적이었으나 다양한 정보를 스스로 알아내면서 나만의 취향과 감각을 발전시켜 나가는 컬렉터가 많아지고 있다는 뜻이다.

사실 미술 시장은 오랜 시간 동안 밀실 거래의 온상으로 지적받았다. 과거 일부 갤러리가 재벌 대기업과 결탁하고 비자금을 조성한 밀실 거래를 한 정황이 밝혀진 전례가 있었던 데다, 미술품은 정치권의 인사 청탁 로비에도 자주 등장하는 단골 아이템이었다. 더 큰 문제는 미술계가 도덕성에 큰 상처를 입고서도 쉽게 환경을 개선하지 못했다는 점이다. 그 때문에 외부인의 시각에서 미술 시장은 늘 비밀스러운 방공호처럼 보였다. 작품의 가격이 어떻게 책정되는지, 어떤 작품이 얼마에 팔렸는지 같은 것들을 밖에서 봐선 아무도 알 수 없었다. 그 안에서 무슨 일이 일어나고 있는지는 극소수의 미술 관계자들만 알 뿐이었다. 이러한 폐쇄성은 미술 시장의 발전에 하나도 도움이 되지 않았고 오히려 십수 년째 제자리걸음만 걷는 결과를 낳았다.

모든 산업의 유통 채널이 오프라인에서 온라인으로 재편되는 동안에도 꿋꿋이 오프라인 체제를 고수하던 미술 시장은 코로나19라는 위기를 맞고 나서야 비로소 온라인 마켓이라는 새로운 기회를 모색하게 되었다. 갤러리부터 아트페어, 경매에 이르는 유통의 전 과정이 오프라인으로 구성됐던 이유는 미술품을 볼 때 따져야 할 사항 대부분이 육안으로 확인해야 하는 것들이기 때문이다. 작품의 실제 크기와 컨디션도 그렇지만, 무엇보다 중요한 것은 미술품을 직접 눈으로 감상할 때만 느낄 수 있는 심상이 있다. 아무리 좋은 화질로 작품을 촬영했더라도 실제로 작품을 볼 때 느끼는 압도감을 재현하기란 어렵다.

하지만 온라인 플랫폼을 만나면서 미술 시장의 거래 방식은 직관적으로 변화했다. 대표적인 예로 아트시의 버튼 시스템을 들 수 있다. 아트시에서 좋아하는 작가나 작품을 검색하면 파트너십을 맺은 전 세계 갤러리들이 업로드한 이미지와 작품 정보 그리고 가격이 나온다. 원하는 작품을 클릭하면 더 큰 이미지로 자세히 볼 수 있으며 오른쪽엔 'Purchase(구매)' 버튼이 큼지막하게 있다. 버튼을 누른 후 남은 건 이름과 배송받을 주소를 기재하는 것과 결제뿐이다. 같은 에디션 작품이라도 갤러리마다 가격이 다를 수 있으므로 구입 전에 가격 비교가 반드시 필요한 것까지 아마존과 비슷하다. 너무 빠르고 편리한 나머지 자칫하면 내가 지금 직구로 비타민을 사는 건지, 미술품을 사는 건지 헷갈릴 지경이다.

초보 컬렉터의 입장을 헤아려보자면, 갤러리와 직접 소통해서 작품 및 가격 정보를 얻고 작품 구매를 협의하는 과정이 아무래도 어렵게 느껴질 수 있다. 하지만 아트시는 클릭 한 번에 물건을 집 앞까지 배송받는 온라인 쇼핑 시스템을 미술품에 그대로 적용하면서 복잡한 모든 과정을 구매 버튼 하나로 간단하게 정리해버렸다. 2021년 기준 아트시를 통해 거래된 작품의 총금액이 2019년 대비 무려 479% 상승했는데, 판매자와 구매자 간의 평균 거리가 약 4,800km라고 한다. 서울과 싱가포르의 거리가 4,500km인 것을 고려했을 때 아트시는 미술품 온라인 플랫폼의 핵심 요소가 무엇인지 정확히 간파했다고 할 수 있다. 바로 투명성과 편리성이다.

온라인을 통한 작품 구매 경험이 있는 컬렉터들에게 지난 12개월간 온라인에서 작품을 또 구매해본 적이 있는지 물었을 때 89%가 '그렇다'고 응답했다. 설문조사의 결과를 해석해보자면 한 번이라도 미술품을 온라인으로 구매해본 사람은 굳이 시간을 따로 들여야 하는 오프라인 구매를 더 이상 고집할 필요가 없다는 사실을 깨닫게 된다는 뜻이다. 심지어 이들이 미술품을 웹이 아닌 모바일 환경에서 주로 구매한다는 사실은 더욱 놀랍다. 당연하게도 여전히 미술품을 육안으로 직접 확인하는 것은 중요하다. 하지만 평소에 작품을 꾸준히 봐온 사람이라면 그때 느꼈던 심상과 느낌을 온라인 구매에 충분히 활용할 수 있다. 마치 평소에 늘 입던 사이즈의 옷과 색상, 스타일 등을 온라인 쇼핑에 참고해서 실패하지 않고 내가 딱 원하는 셔츠를 고를 수 있는 것처럼 말이다.

미술 시장이 온라인 마켓으로 새로운 물꼬를 텄을 당시, 우리는 모두 그저 코로나19의 위기를 모면할 좋은 대안을 발견했다고 생각했다. 하지만 그로부터 3년이 지난 지금은 어떤가? 히스콕스에 따르면 컬렉터의 56%가 온라인 시장으로의 전환이 영구적일 것으로 예상하고 있다. 미술품이 어느 문화에나 존재하면서도 한 시대의 양식을 수용하며 새로운 사조를 만들어 나가는 것처럼, 미술 시장도 온라인이라는 신문물을 받아들였고 이제 다시는 온라인 마켓이 활성화되지 않았던 때로는 역행할 수 없는 것이다. 더욱이, 온라인 플랫폼은 점점 더 편리해지고 있다. 인스타그램은 월간 활성 사용자가 10억 명에 달하며, 컬렉터의 89%가 온라인 작품 판매에 가장 큰 영향을 준다고 응답한 소셜미디어 채널이기도 하다. 글로벌 미술품 전문 경매회사 소더비와 크리스티를 필두로 한 경매회사들이 '인스타그램 라이브 옥션'을 진행하면서 컬렉터들은 경매 현장에 가지 않아도 될 뿐만 아니라 경매회사의 앱을 일일이 설치해야 하는 번거로움 또한 싹 사라졌다. 이제 누구나 인스타그램 하나로 세계 곳곳에서 열리는 경매 현장을 참관하고 생생한 현장감을 느낄 수 있다.

작가의 성공은 곧 인지도에 기인한다. 즉, 자기 작품을 인정받기 위해서는 꾸준히 작품을 선보일 수 있는 창구가 필요하다는 이야기다. 인스타그램을 통해 작가는 자신을 홍보할 수 있을 뿐 아니라 보수적이고 깐깐한 갤러리의 취향에 굴복하지 않고도 컬렉터를 만날 수 있게 되었다. '좋아요' 버튼과 댓글로 작품에 대한 즉각적인 피드백을 받을 수 있는 것은 덤이다. 실제로 어떠한 후광이나 도움도 없이 오직 인스타그램만으로 스타의 반열에 오른 작가도 많다.

신원을 밝히지 않고 활동하는 작가 뱅크시Banksy의 인스타그램 팔로워 수는 1,187만 명으로, 418만 명의 뉴욕 메트로폴리탄 미술관The Metropolitan Museum of Art, 492만 명의 루브르 박물관Louvre Museum보다도 많다. 뱅크시의 영향력이 어느 정도로 절대적인지 유추해볼 수 있는 대목이다. 나 역시 뱅크시의 인스타그램을 팔로잉하고 있는 사람 중 하나다. 나는

출처 | 뱅크시 인스타그램 캡처

뱅크시의 인스타그램 팔로워는 약 1,200만이다. 프로필 사진은 그냥 검은색 원.

네이버나 구글에 매번 뱅크시의 이름을 검색하지 않고도 뱅크시가 최근 우크라이나에 다녀왔다는 사실도, 그곳에 작품을 남겨놓았다는 사실도 안다. 뱅크시가 친절하게 영상과 사진을 올려준 덕분이다.

인스타그램이 없었던 시절, 전시를 앞둔 갤러리가 할 수 있는 홍보는 공식 홈페이지의 첫 화면을 바꾸고, 고객에게 도록을 우편으로 보내거나 전시 알림 메일을 보내는 것이 전부였다. 하지만 오늘날 갤러리에게 더 이상의 지역적 제약은 없다. 전 세계의 컬렉터로부터 DM으로 작품을 문의받고, 해외로 배송하는 시대가 도래했다. 과거 단골 사모님들의 사랑방 역할을 자처하던 갤러리들이 제대로 된 브랜딩을 통해 어엿한 기업으로 거듭나는 모습도 심심치 않게 보인다. 이들은 전시와 작가 소개엔 반드시 한글과 영문을 병행 표기해 외국인 컬렉터의 이해를 돕고, 아트페어 참가를 앞두고 이번에 선보일 작품들을 살짝 공개하며 기대감을 높이기도 한다. 또한, 갤러리들은 인스타그램을 이용해 미술 시장의 동향을 파악하기도 한다. 어떤 작품 사진 아래 댓글과 '좋아요'가 많은지를 보는 것만큼 트렌드를 읽어내기에 확실한 것이 없다. 아직 레이더에 잡히지 않은 될성부른 작가를 발굴할 때도 마찬가지다.

하지만 인스타그램의 최대 수혜자는 결국 컬렉터라고 말하고 싶다. 이제 우리는 갤러리와 미술관, 경매회사가 올리는 모든 정보를 한 번에 파악할 수 있는 것은 물론이고, 갤러리스트나 딜러 등의 중간 매개체 없이 직접 작가와 소통할 수도 있게 됐다. 일례로, 컬렉터가 소장한 작품을 작가에게 보여준다는 것은 인스타그램이 있기 이전에는 쉽게 상상하기 어렵던 일이었다. 하지만 우리 집에 걸린 작품 사진을 피드에 올리면서 작가의 계정을 태그 하는 것으로 간단하게 작가와 컬렉터의 거리를 대폭 좁힐 수 있게 되었다. 아마도 한국 컬렉터 중에서는 내가 유일한 소장자일 것 같은 스페인 작가 로재나 카사노Rosanna Casano의 작품을 업로드하면서 작가를 태그한 적이 있다. 작가는 자기 손을 떠난 작품을 머나먼 한국 컬렉터가 잘 소장하고 있다는 사실에 무척 반가워하면서 고맙다는 인사를 보내왔다.

작가의 '#WIPwork in process(작업 중)' 태그를 보는 것 역시 나의 또 다른 즐거움 중 하나다. 지금까지 작가 이외에 미완성된 작품을 볼 수 있는 사람은 아무도 없었다. 하지만 24시간 동안만 떠 있다가 이후로는 사라지는 인스타그램의 스토리 기능으로 작가들은 가끔 한참 작업 중인 작품을 공유하곤 한다. 하얀 밑바탕에 군데군데 큰 브러시 자국만 있는 밋

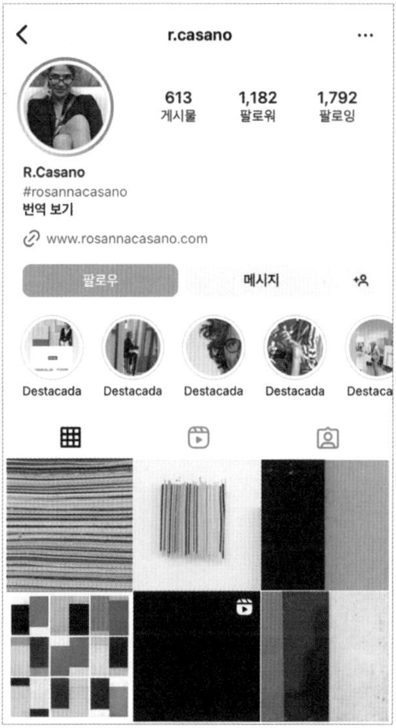

출처 | 로자나 카사노 인스타그램 캡처

좋아하는 작가나 작품을 소장하고 있는 작가를 직접 팔로우한다.

밋한 캔버스를 처음 보면 어떤 작품이 완성될지 잘 상상이 가질 않지만, 하루하루 지나며 점점 작품이 완성되어가는 것을 볼 때마다 작가의 위대한 머릿속을 살짝 훔쳐본 느낌마저 든다.

이렇게 소소한 즐거움이 인스타그램의 장점 전부라고 말하긴 어렵다. 이제 컬렉터들은 미술에 관한 정보를 더 이상 미술관이나 평론가로부터 얻지 않는다. 미술계 인플루언서들의 인스타그램에 훨씬 재밌게 취득할 수 있는 정보들이 많기 때문이다.

나 역시도 인스타그램에 '#제이니의미술관'이라는 해시태그를 걸고 꾸준히 전시 리뷰를 썼다가 기대 이상의 좋은 반응을 얻어 첫 번째 책을 내게 된 케이스다. 물론 전시를 보고 온 개인적인 경험이 전반적인 내용이지만 이번 전시의 메인 작품을 따로 소개하거나 작품의 뒷이야기, 전시를 보고 난 후 바로 가볼 수 있는 근처 맛집 같은 정보를 담고 있는 게시물들은 쉽게 읽힐 뿐만 아니라 작품을 함께 관람하는 듯한 친밀함을 느낄 수 있다는 장점이 있다.

이뿐만이 아니다. 어떤 작품을 골라야 하는지 모르는 초보자들에게 슈퍼 컬렉터의 인스타그램은 좋은 지침서가 된다. 예전에 비해 많이 나아졌다고는 하지만 미술 시장 내 정보 격차는 여전히 존재한다. 확신이 없는 이들에게 선배 컬렉터의 소장품을 엿볼 수 있는 인스타그램은 '#내돈내산(내가 돈 주고 내가 직접 산)' 만큼이나 신뢰도 높은 후기다.

컬렉터들의 인스타그램의 정보 의존도는 점점 커지고 있다. (재)예술경영지원센터가 발간한 〈한국 MZ세대 미술품 구매자 연구〉에 따르면 작품을 살 때 유명 인플루언서의 소셜미디어에서 정보를 취득한다고 응답한 MZ 컬렉터의 비율은 기성 컬렉터보다 훨씬 높았으며, 작품의 평균 구매 가격이 높은 MZ세대일수록 이러한 경향이 두드러지게 나타났다. 인스타그램이 사실상 미술 시장의 얽히고설킨 유통 구조를 한 번에 소화해내고 있다고 해도 과언이 아니다. 새로운 에디션 작품의 발매 정보, 작가가 새 갤러리와 소속 계약을 맺었다는 소식, 매일 전 세계의 미술 시장에서 발생하는 뉴스의 헤드라인만 소개해주는 계정, 어느 도시에서 어떤 전시가 개최하고 있는지, 해외에서 열리고 있는 경매의 라이브 응찰, 심지어 갤러리와 작품을 직거래할 수도 있으며 좋아하는 작가의 사적 일상까지도 인스타그램의 버튼 하나로 탐색할 수 있다. 인스타그램을 '초대형 아트 플랫폼'이라고 부르는 이유도 바로 여기에 있다.

검색창에 '미술'이라는 두 글자만 쳐도 정보가 쏟아지는 세상에 살고 있는 지금, 인스타그램의 바통을 이어받을 다음 소셜미디어는 무엇일까? 틱톡Tiktok은 미술 시장의 차세대 소비자인 Z세대에게 가장 익숙한 플랫폼일 뿐 아니라 유튜브 이상으로 강력한 알고리즘 기능을 자랑한다. 아직 대다수의 미술관은 그들의 이미지가 너무 가볍게 보일 수 있다는 이유를 들어 틱톡 계정을 개설하지 않았지만, 크리스티 옥션은 이미 104만 팔로워를, 뉴욕 메트로폴리탄 미술관은 67만 팔로워를 거느리며 Z세대 맞춤형 브랜드 홍보를 펼쳐 나가고 있다. 비록 사회 초년생 신분인 Z세대의 미술 시장 내 구매력은 미미한 수준이지만, 기성세대보다 컬렉팅을 일찍 시작했을 뿐 아니라 자산 유형에서 미술품이 차지하는 비중이 높다는 점을 겨냥한 전략이다.

CHAPTER 4

서울을 주목하는 갤러리들

WELCOME TO NEW MARKET, NEW WORLD

카지미르 말레비치, 〈검은 사각형〉

모든 것을 추상화한 극한의 작품으로, 미술사의 혁명적 전복을 시도했다고 평가받는다. 과거 말레비치가 이 작품을 세상에 내놓으며 새로운 미술의 탄생을 선언했듯이, 최근 글로벌 아트페어들은 전 세계의 아트시티에서 개최되며 매년 새로운 시대에 미술 시장의 방향성을 제안하고 있다.

'로컬' 키아프 vs. '글로벌' 프리즈

현재 세계 미술 시장에서 한국의 입지는 실로 복합적이다. 한국에서 나고 자란 작가들은 해외로 수출되고 있으며 글로벌 메이저 갤러리들은 한국으로 앞다투어 상륙하고 있다. 게다가 세계적인 아트페어 브랜드까지 론칭되자, 프리미엄급이라고 자칭해오던 국내 메이저 아트페어들은 이제부터 스스로의 경쟁력을 제대로 증명해야 하는 상황에 직면했다.

로컬 갤러리와 아트페어들은 이런 상황에 불편한 심기를 그대로 드러냈다. 아트시티로서 서울이 집중되고 있는 상황 자체는 반가운 일이나, 해외에서 날아든 철새들에게 밥그릇 수준이 아니라 도시락까지 통째로 싸줄 일만 남았다는 것이다. 이런 와중에 홍콩은 2023년 3월 홍콩 아트바젤을 코로나19 이전의 수준으로 돌려놓겠다는 각오가 대단하다. 아시아 미술 시장에서 패권국가로 군림하던 홍콩이 코로나 제로 정책으로 자발적 고립 체제에 들어간 것이 서울에 용이하게 작용한 것은 사실이지만, 아시아 아트허브시티라는 깃발을 넘겨받은 지 오래되지 않아 그 입지가 견고하지 않다는 것이 문제다.

복잡하게 얽혀 있는 이해관계를 잘 들여다보면, 현재 국내 미술 시장을 관통하는 하나의 키워드를 발견할 수 있다. 바로 '로컬과 글로벌'이다. 2022년 9월, 국내 최대 규모의 아트페어 키아프와 세계적인 명성을 가진 아트페어 프리즈가 동시 개최되었다. 서울은 런던에서 출발해 북미 미술 시장까지 확장한 프리즈가 아시아 지역에 진출하기 위해 낙점한 도시다. 프리즈 서울 디렉터 패트릭 리Patrick Lee는 서울의 의미와 배경으로 높아진 한국 미술 시장의 위상과 동시에 20년 역사를 가진 키아프의 기존 인프라를 활용할 수 있다는 점을 들었다.

하지만 막상 판을 열어보니, 공동 개최라는 말은 그저 허울 좋은 홍보 문구였다. 코엑스의 1층과 3층으로 같은 공간, 같은 날짜에 두 페어가 열리긴 했으나 양사 간 어떤 협업과 공동 진행 프로그램도 없었다. 오히려 관람객으로서는 두 아트페어 간 팽팽한 긴장감이 느껴졌다. 그도 그럴 것이, 한 지붕 두 가족의 처지가 달라도 너무 달랐다. 우선 프리즈 입장에서는 한국 미술 시장의 파이가 폭발적으로 커질 좋은 기회를 제공한 셈이다. 하지만 키아프는 650억이라는 전년 매출을 이제부터는 프리즈와 나눠야 한다는 큰 부담이 생겼다.

페어가 끝난 후, 두 아트페어의 판매 실적은 어땠을까? 한국화랑협회가 주최하는 키아프는 매년 폐막에 맞춰 판매 총액을 발표해왔지만 2022년부터 이를 폐지하기로 했다. 개별 갤러리 판매 상황을 집계해 발표하는 근거가 불투명하다는 이유를 들었으나, 전년의 역대급 실적에 비해 확실히 떨어졌기 때문이라는 해석이 지배적이었다. 그러나 전체의 매출을 떠나 갤러리의 판매 실적 자체는 나쁘지 않았다. 정상화와 하종현,

김구림과 박서보, 그리고 이배 작가 등 한국 대가들의 작품이 활발히 판매되면서 다시 한번 한국 작가의 파워를 보여준 것이다. 한편 프리즈는 개최 하루 만에 이미 키아프의 역사상 최고 매출이었던 전년의 성적을 뛰어넘었다. 가고시안 갤러리가 한화 약 196억원에 달하는 게르하르트 리히터Gerhard Richter의 작품을 판매했고 갤러리 하우저앤워스Hauser & Wirth는 36억이 넘는 조지 콘도와 24억짜리 마크 브래드퍼드Mark Bradford의 작품을 포함, 하루 만에 100억대의 매출액을 올리며 거물급 아트페어의 괴력을 보여주었다. 4일간 열렸던 프리즈 서울의 판매액은 약 6천억원으로 추산됐다.

하지만 현장의 분위기는 숫자보다 더 많은 것을 말해주었다. 그간 국내 메이저 아트페어의 첫날에는 국룰처럼 펼쳐지는 진풍경이 있었다. 명품 브랜드의 화보에서 막 튀어나온 듯한 착장에 손에는 수천만원을 호가하는 H사 명품백을 든 VIP고객들이 페어에 입장하기 위해 길고 긴 줄을 서 있는 모습 말이다. 물론 이번이라고 달라지는 것은 없었지만 중요한 것은 VIP들의 줄서기 현상이 두 곳 중 한 페어에서만 나타났다는 점이다. 프리즈 서울이 열린 코엑스의 3층 전시실은 전 세계에서 몰려온 컬렉터들의 활기 넘치는 사교장이 된 듯했다. 심지어 화이트큐브White Cube 갤러리와 리슨갤러리Lisson Gallery가 붙어있는 A부스의 코너는 사람이 너무 몰린 나머지 사방이 막혀 오도 가지도 못하는 상황이 발생하기도 했다. 반면 키아프의 전시실은 한산한 산책로를 연상하게 했다. 조용한 부스를 지키고 있는 갤러리스트들이 애써 지은 웃음에는 처연함이 묻어났다.

한쪽으로 몰리는 것은 비단 관객 수만이 아니었다. 프리즈 서울은 키아프가 20년이 넘게 한국에서 아트페어를 열면서도 한 번도 받아보지 못한 엄청난 후원을 받았다. 브랜드 이미지 재고를 노리는 럭셔리 브랜드들이 가장 발 빠르게 움직였다. 생 로랑Saint Laurent은 국내외 미술 시장에서 현재 가장 주목을 받는 대표 작가 이배의 전시로 아예 부스를 차려 프리즈 서울에 참가했고 VIP 행사에 작가가 직접 나와 손님들을 맞았다. 라운지에서는 샴페인 브랜드 루이나Ruinart가 김종학 작가가 직접 페인팅한 샴페인 병 작품을 선보였다.

국내 기업들도 프리즈 서울을 보기 위해 전 세계에서 한국을 찾은 해외 컬렉터 및 미술 관계자들에게 매력을 어필할 절호의 기회로 삼았다. 우선 패션 브랜드 MCM은 이 기간에 맞춰 최정화 작가와 협업하여 청담동 매장에 작품을 전시했다. 단맛과 짠맛, 동남아시아의 이국적인 향신료가 동시에 입안에서 터지는 듯한 감각적인 작품 세계를 구사하는 최정화 작가와 젊은 층의 선호도가 높은 브랜드 MCM은 너무나 자연스럽게 어울렸다. 글로벌 패션 브랜드 보테가 베네타Bottega Veneta의 후원 아래, 송은에서 열린 컬렉터 파티에는 한국 주류 브랜드 복순도가가 막걸리를 협찬했다. 개관전을 막 치른 최신식 전시장에서 열린 컬렉터 파티에 막걸리 협찬이라니, 이게 바로 생생한 K-글로벌의 현장이다.

갤러리와 옥션 하우스들도 이 대열에 합류했다. 2016년 서울에 첫 지점을 낸 페로탕은 프리즈 서울이 개최되기 딱 일주일 전 서울 도산공원에 두 번째 지점을 냈으며 아트페어가 열리는 첫날에는 아예 성대한 이브닝 파티를 열었다. 나는 프리즈 서울과 키아프를 구석구석 도느

출처 | Oliver Mark (Wikimedia)

크리스티는 프랜시스 베이컨과 아드리안 게니의 2인전으로 한국을 찾았다. 사진은 베를린에서 작업하는 아드리안 게니.

라 피곤해 죽을 것 같았지만 파티를 놓치긴 아쉬운 마음이 들었다. 근처 돌체앤가바나Dolce & Gabbana 매장 루프탑에서 열렸던 갤러리 VSFVarious Small Fires의 파티에 잠깐 들렀다가 페로탕 파티로 향했는데, 파티 장소에는 에디 마르티네스Eddie Martinez와 대니엘 아샴 등 페로탕에 소속된 작가의 작품들이 걸려있었다. 페로탕의 서울 2호점의 개관전이자 개인전 작가인 엠마 웹스터Emma Webster까지 파티에 직접 참석하면서 갤러리의 파워풀한 홍보에 힘을 보탰다.

이번 아트위크 기간, 크리스티가 준비한 것은 의외로 경매가 아닌 기획전이었다. 바로 프랜시스 베이컨Francis Bacon과 아드리안 게니Adrian Ghenie의 2인전이다. 사전 예약으로 개최된 3일 동안의 전시에 1,600명 이상의 관람객이 방문했으며 온라인 사전 예매는 전시회 개막 2주 전에 이미 마감됐다. 약 1,300억원에 달하는 프랜시스 베이컨의 거대한 작품을 비롯해 전시된 16점의 총액은 약 5,800억원으로, 이들의 대표작 중에서도 엄청난 수작을 선보인 전시는 내가 2022년 한 해 동안 본 것 중 가장 수준 높았던 것 같다.

프리즈와의 협업에서 키아프 측이 기대한 것은 한국 미술 시장을 한 층 더 쫄깃하게 끌어올려 주는 메기의 역할이었을지 몰라도, 지금까지 프리즈의 행보로 봐서는 확실히 외래종인 황소개구리에 가까워 보인다. 심지어 한국 컬렉터들은 프리즈를 환호하는 동시에 키아프의 경쟁력을 의심하고 있다. 프리즈의 상륙은 키아프가 스스로 국제 아트페어라고 주장해온 것과는 달리 사실은 내수용 아트페어였다는 점을 모두에게 인식시키는 계기가 되었다.

하지만 여기서 좌시하고 있을 수만은 없다. 애초에 프리즈는 계약기간 5년을 약속하고 서울에 왔다. 첫 성과가 고무적이긴 하지만 5년 후는 아직 아무도 알 수 없다. 프리즈가 작정하고 흔들어 놓은 국내 미술 시장의 판도에 키아프가 설 자리를 빼앗기는 것도, 프리즈가 계약 조건을 다 채우고 방을 빼 나가버렸을 때 한국 미술 시장이 어디쯤 표류하고 있을지도 절대 상상하고 싶지 않다. 최악의 시나리오인 승자 없는 치킨 게임이 되어버리기 때문이다.

로컬 키아프와 글로벌 프리즈 같은 대결 구도는 다른 나라에서도 찾아볼 수 있다. 때는 1986년, 크리스티 옥션은 아시아 시장에 진출하면서 홍콩과 도쿄라는 선택지 중 어디에 오프라인 경매소를 내면 좋을지 고민했다. 홍콩이 가진 장점은 말할 것도 없거니와, 도쿄도 세계 시장에서 활약하고 있는 자국 작가군을 풍부하게 가지고 있었고, 오래된 수집가들을 기반으로 미술 시장이 비교적 빠르게 형성된 도시였다. 그러나 크리스티 옥션이 도쿄를 고려하고 있다는 소식이 퍼지자마자, 당시 일본의 미술 관계자들이 일제히 반기를 들고 나섰다. 애써 만들어 온 국내의 인프라를 해외 시장과 나눌 수 없다는 것이 주된 이유였다. 이런저런 과정 끝에 크리스티의 아시아 지사는 결국 홍콩에 안착했다. 그리고 2015년, 아트바젤이 아시아 진출지로 홍콩을 공식 발표했다.

주최 측의 선택 뒤에는 홍콩이 가진 수많은 장점이 계산되어 있겠지만 그중에는 소더비와 크리스티가 수십 년간 경매를 개최하며 닦아 놓은 인프라가 가장 크게 작용했을 것이다. 이후 홍콩 아트바젤은 닷새 행사에 평균 1조원에 많으면 3조원의 판매액을 올리는 어마어마한 규모의 아트페어로 자리 잡았다.

일본의 미술계 원로들이 당시 크리스티 유치를 반대한 것을 두고두고 후회했는지는 모르겠지만 적어도 실수를 되풀이하지는 않으려고 하는 것 같다. 얼마 전 일본 미술계는 도쿄 겐다이Tokyo Gendai 아트페어의 론칭을 공식 발표했으며 첫 개최 시기는 2023년 7월이다. 도쿄 겐다이는 싱가포르 아트페어 아트 SGArt SG의 모회사 아트 어셈블리Art Assembly가 일본에 진출하기 위해 새롭게 만든 아트페어 브랜드다. 한편, 국내 갤러리스트 사이에서 암암리에 퍼지던 소식이 하나 있었다. 아트 어셈블리가 새로운 아트페어를 한국에서 창설하기 위해 전시장 렌트 계약을 마쳤다는 소문이었다. 동시에 국내 미술 관계자들이 격렬히 반대하고 나섰다고도 했다. 또 다른 해외 브랜드의 론칭이라니, 가뜩이나 프리즈로 밥그릇 사수에 예민할 그들의 심정도 이해가 갔다.

갤러리든, 아트페어든 결국 로컬 브랜드들은 전체 시장의 파이를 크게 만드느냐, 아니면 작은 파이라도 우리끼리만 오손도손 나눠 먹느냐 하는 선택을 해야 했다. 국내 갤러리들은 정답도, 출구도 없는 과정을 타파할 저마다의 전략을 내세웠다. 우선 한국의 대표적인 갤러리로서, 평창동에 본점을 둔 가나아트는 2018년과 2020년에 각각 한남동에 갤러리 분점을 낸 데 이어 2022년에는 가나아트 보광을 개관했다. 그러니까 한남동에만 총 3개의 분점을 운영하고 있다. 첫 번째와 두 번째 분점이 있는 사운즈 한남과 나인원 한남의 지역적 특성에서도 알 수 있듯, 이들

출처 | 아트 어셈블리

도쿄 겐다이는 싱가포르 아트페어 아트 SG의 모회사 아트 어셈블리가 일본에 진출하기 위해 새롭게 만든 브랜드다.

은 영 앤 리치 고객들이 살고 있는 부촌의 가까이서 언제든 편하게 들를 수 있는 응접실이 되겠다는 전략을 택했다.

반면, 2022년에 개관한 가나아트 보광은 이전의 분점들과 완전히 다르다. 44년 된 옛 은행 건물을 거의 손보지 않고 그대로 쓰고 있으므로 갤러리인 줄 모르고 그냥 지나치게 되는 일이 허다하다. 가나아트 보광은 기존의 고급 문화예술 공간이 아닌 일상 향유를 위해 대중적이면서 실험적인 전시를 선보인다. 전시 역시 국내외 젊고 개성 있는 작가들을 소개하고 있으며 회화뿐만 아니라 조각이나 미디어아트 등 다양한 장르를 다루고 있다. 낡디낡은 주변 건물과 전통 시장, 가파른 골목길이 혼재된 지역은 재개발 사업이 예정되어 있어 그 어느 곳보다 유효 기간이 명확하다.

이곳에 갤러리를 낸 가나아트의 전략은 '날 것 그대로'에 있다. 작품을 더 어렵게 만드는 난해한 표현들, 우아함을 자아내기 위한 과한 제스처를 모두 뺀 대신 세련된 젊은 작가들의 작품을 채워 MZ세대가 열망할 만한 공간을 만들었다. 개관 이후 다른 지점과는 결이 다른 행보로 꾸준히 좋은 전시를 선보이는 가나아트 보광은 최근 호롱을 현대적으로 재해석하는 김성철 작가의 개인전을 개최해 좋은 반응을 얻었다. 오늘 당장 허물어도 이상한 것이 없는 공간에 그라피티가 간간이 보이는 외관, 그리고 물레를 돌려 만든 아름다운 선형의 호롱. 이 생소한 조합은 각기 다른 요소들이 적절히 어우러졌을 때만 느낄 수 있는 특별한 감각의 형태를 자아낸다.

가나아트는 기본적인 갤러리의 기능을 넘어서 고객의 취향을 넓혀

주는 프라이빗 큐레이터의 역할을 자처할 뿐만 아니라 힘을 쫙 빼고 공간 그 자체로서 MZ세대의 마음을 사로잡는 유연한 전략을 구사하고 있다.

또 다른 예시로는 국제갤러리가 있다. 한국 미술 시장에서 국제갤러리의 위상은 절대적이다. 동종 업계 매출 순위에서도 매년 1등을 놓치지 않는 것은 물론이고 몇 해 전 갤러리를 대대적으로 리노베이션하고 나서는 갤러리에서 라이프 스타일 문화 공간으로 한 발 더 확장하기도 했다. 국제갤러리가 이렇게 원탑이 될 수 있었던 비결 중 하나는 갤러리 소속의 해외 작가 리스트에 있다. 자연과 인간의 본질을 몽환적으로 표현해 대표적인 현대미술 작가의 반열에 오른 우고 론디노네와 한때 리움미술관 야외에 설치되어 있던 거대한 거미 작품 〈마망〉의 루이즈 부르주아 Louise Bougeois 등 이름만 들어도 입이 딱 벌어지는 세계적인 작가들이 국제갤러리에 포진해있다.

하지만 해외에서 내로라하는 메이저 갤러리들이 잇따라 한국에 지점을 내면서, 컬렉터 사이에서는 슬그머니 국제갤러리의 위기설이 고개를 들었다. 그도 그럴 것이, 국제갤러리에서 2022년 봄에 개인전을 열었던 우고 론디노네의 마더 갤러리인 글래드스톤 갤러리가 아시아 첫 지점으로 서울에 개관을 했다. 2022년 서울에서 열린 해외 작가의 전시 중 가장 주목을 받았던 장미셸 오토니엘도 국제갤러리의 소속이지만 마더 갤러리는 따로 있다. 바로 서울에 지점을 2개나 가지고 있는 페로탕이다. 마더 갤러리가 같은 지역에 있다고 해서 전시나 작품을 판매할 수 없다는 것은 아니지만 이런 상황 자체가 국제갤러리에 유리할 리는 없다.

출처 | 국제갤러리

삼청동 본점에 이어 2018년 부산점을 개관한 국제갤러리는 세 번째 지점으로 파리를 택했다.

제일 잘하는 것을 해도 모자랄 판에 나보다 더 잘하는 애가 나타난 상황이라면, 내가 제일 잘할 수 있는 것을 다시 찾아야 한다. 따라서 국제갤러리가 제일 잘하는 걸 하기 위해 꺼내 든 카드는 '한국 작가'다. 국제갤러리는 2022년 전시의 대부분을 한국 작가로 채웠다. 유영국 작가의 보석 같은 작품들로 꾸린 대규모 회고전을 필두로, 이기봉, 이승조, 양혜규 작가 등 가장 한국적이면서도 세계적인 작가들의 전시를 선보인 것이다. 해외 갤러리에게 해외 작가로 이길 수 없는 대신 한국 작가로 갤러리의 고유성을 강화하겠다는 계산이겠다.

한편, 프랑스인이자 컬렉터인 친구로부터 메일을 받은 것은 얼마 전이었다. "제이니, 내가 제일 좋아하는 갤러리가 국제갤러리인 거 알지? 국제갤러리가 날 위해서 파리 방돔에 갤러리를 냈다고!"

이건 또 무슨 소리인가 싶어 메일 속 링크를 따라 들어가니 정말로 그랬다. 삼청동 본점에 이어 2018년 부산점을 개관한 국제갤러리가 세 번째 전시장을 파리에 차린 것이다. 놀라운 소식도 그렇지만 더 반가운 것은 '파리는 국제갤러리가 첫 번째 해외 지점으로 선택한 도시'라는 부분이었다. 생각해보면 국제갤러리는 국내에서는 유일하게 이번 파리+ 파 아트바젤에 참여해서 하종현 작가와 2022년 국제갤러리 마지막 개인전을 맡은 이기봉 작가, 그리고 구본창, 최욱경, 양혜규 작가에 이르는 한국 미술사의 주요 작가들을 대거 선보였다. 국제갤러리가 그리는 빅픽처의 작은 퍼즐 하나를 발견한 느낌이었다. 갤러리에 소속된 한국 작가는 해외로 보내고 프랑스에 진출한 소속 해외 작가는 국내로 들여오겠다는 국제갤러리의 전략은 현재 한국 미술 시장이 그대로 벤치마킹해도 될 정도로 훌륭한 것이었다.

2023년 4월 삼청동 본점에서 선보이는 이우환 작가와 알렉산더 칼더Alexander Calder, 그리고 장미셸 오토니엘의 전시는 국제갤러리가 보여주고자 하는 방향과 근사한 비전을 그대로 담고 있었다. 세계적인 세 작가의 작품들은 갤러리의 각 공간에 들어서 있었지만, 관람객의 눈으로 본 세 작가의 작품은 세 가지 악기가 하나의 하모니로 선율을 만들어낸 듯 서로 아름답게 겹쳐졌다.

한국 미술 시장을 점령하기 위해 국내외 기업들은 심혈을 기울이고 있다. 매각설로 들썩이고 있는 서울옥션의 인수전에 참여했던 신세계백화점과는 협상이 결렬되었으나 이후에는 소더비와 적극적으로 논의를 검토 중이다. 이러한 인수 과정과는 별개로 서울옥션은 그동안 코로나19로 중단했던 홍콩 경매를 재개했다. 제로 코로나를 끝까지 밀어붙이던 홍콩의 정책 아래 홍콩 바젤도 제대로 개최되지 못했다. 그러다가 드디어 코로나19 이전의 규모로 개최되면서 서울옥션도 다시 그 문을 활짝 연 것이다. 매년 3월이면 홍콩에서 열리던 서울옥션의 홍콩 경매는 영어와 중국어로 동시 진행되어 관전의 묘미가 엄청났다. 비록 2023년 3월은 홍콩에서 경매 출품작의 전시만 진행하고 경매는 서울에서 진행되어 아쉽긴 했지만 어쨌든 홍콩 경매가 다시 시작된다는 소식은 그 자체로도 즐겁다.

소더비 옥션은 20년 만에 다시 서울 사무소를 연다. 1990년, 외국계 경매회사로는 가장 먼저 서울에 상륙했다가 국내 미술 시장의 장기적인 침체를 이기지 못하고 2000년 초 철수를 단행했던 쓰라린 경험이 있기에 이번 재진출 소식이 더욱 반갑기만 하다. 이로써 크리스티와 소더비, 필립스까지 세계 3대 미술품 경매사가 모두 한국에 사무소를 두게 되었다. 이러한 기세에 지자체들도 그 어느 때보다 아트시티 조성에 적극적이다. 파리 3대 미술관으로 꼽히는 퐁피두 센터Central Pompidou의 분관은 이전까지 인천과 부산이 유치에 정성을 쏟았으나 최종적으로 서울 여의도 63빌딩에 들어오기로 확정됐다. 퐁피두 서울 분점이 될 미술관은 연례 전시 프로그램뿐만 아니라 한국의 미술 트렌드에 맞게 전반적인 콘텐

퐁피두 센터(위)는 새로 문을 여는 퐁피두 서울의 자리로 63빌딩(아래)을 낙점했다.

츠를 제공할 것으로 알려졌다.

해외 경매회사가 한국 경매회사를 인수하겠다고 나서지를 않나, 세계 3대 경매사가 모두 한국에 들어온다고 하질 않나. 특히나 세계적인 미술관의 분관 유치는 아부다비나 베네치아 같은 나라의 이야기 인줄로만 알았다. 여전히 다른 나라에 비해 작은 미술 시장의 규모, 중국과 일본에 비해 두텁지 못한 작가군, 돈이 많든 적든 그림 앞에선 안전 소비를 지향하는 컬렉터들까지 아직 한국 미술 시장이 넘어야 할 산은 너무도 많다. 하지만, 내가 게임으로 배운 인생의 법칙에는 "자꾸 새로운 장애물이 나타난다면, 일단 올바른 길로 가고 있는 것이다"라는 말이 있다. 아직 콘크리트 길까지는 아니라 조금 험한 것뿐이지, 아닌 길에 일부러 장애물이나 적을 배치해놓지는 않을 테니 일단 이 방향이 맞긴 하다는 뜻이다.

바다 옆에 오래 살거나 바다를 잘 아는 사람이라면, 바다가 깊어질수록 바다색도 점점 짙어지는 것이 아니라 바다색이 뚜렷한 경계선을 두고 달라진다는 사실을 안다. 바다로 들어간 민물과 본래의 바닷물이 서로 섞이는 지점인데, 이를 기수역이라고 부른다. 지금 한국의 미술 시장이 어느 지점까지 와있는지 정확히는 아직 알 수 없지만, 적어도 나는 우리가 지금 기수역의 접점 근처까지 와있다고 생각한다. 우리에게는 보석 같은 한국 작가들이 있고 해외 미술 시장은 기꺼이 우리의 보석을 발굴할 준비가 되어 있다. 우리의 가치를 보존하는 동시에 확장해가기. 이것이 바로 지금 우리에게 주어진 과제다.

스몰토크

아멜리 뒤 샬라르 아멜리 메종 다르 대표

불황과 호황 사이, 수작을 기다리는 컬렉터

내 친구 아멜리는 파리에서 '아멜리 메종 다르Amelie Maison d'Art'라는 이름의 갤러리를 운영하는 갤러리스트다. 아멜리 메종 다르의 건물 외관은 17세기 프랑스 대저택 양식인 호텔 파티큘리에Hôtel particulier를 하고 있지만, 내부는 동양적인 분위기가 느껴져서 묘한 특별함을 자아내곤 한다. 갤러리의 빨간 대문을 밀고 들어갈 때마다 내 마음이 설레는 이유는 아마 아멜리가 취향에 맞는 작가와 작품을 '짠'하고 소개해주기 때문일 것이다. 며칠 전 우리는 서로 늦은 생일 선물을 주고받으며 즐거운 저녁을 보냈지만, 지금은 인터뷰어로서 그녀에게 많은 질문을 하려고 한다.

오늘은 친구 말고 갤러리스트로서 자기소개 부탁해!

안녕! 나는 아멜리 뒤 샬라르Amelie du Chalard야. 프랑스에서 나고 자랐지만 오래전 M&A 박사 과정을 밟느라 한국에서 거주했던 인연이 있어서 한국인 친구와의 인터뷰가 너무 반갑게 느껴지네! 학업을 마친 후에는 투자 은행에서 파이낸싱 업무를 했었고 지금은 파리에서 아멜리 메종 다르라는 갤러리를 운영하고 있어. 겉으로 봤을 때 갤러리스트가 되기 전의 내 커리어는 미술과 그 어떤 연관도 없어 보이지만, 조각가였던 어머니와 컬렉터였던 사업가 아버지 덕분에 어릴 적부터 작가 스튜디오와 아트페어를 숱하게 보면서 자랄 수 있었어. 이렇게 예술 친화적인 분위기에서 유년 시절을 보낸 덕분에 우리 다섯 남매는 모두 성년식 때 받고 싶은 선물로 미술품을 말하는 정도가 되었지. 다른 친구들이 근사한 시계나 차를 말할 때 말이야.

그래도 탄탄한 커리어를 뒤로하고 갤러리스트가 되기까지 어떤 계기가 있었을 것 같아.

당시 내가 투자회사로 매일 출퇴근을 하는 동선에는 갤러리가 한데 모여 있는 골목이 있었어. 그곳을 지날 때마다 매주 1~2곳의 갤러리가 문을 닫고, 또 생겨나는 것을 봤는데 그때 난 생각보다 미술 시장의 생태계가 복잡하다는 생각을 했어. 너도 알다시피, 아주 글로벌한 갤러리를 제외한 우리 같은 중간급 갤러리들의 숫자는 너무나도 많고, 그 특성도 좀 애매해서 경쟁력을 갖기는 어려운 구조잖아.

여기서 더 흥미로운 사실은 파리에 갤러리가 이렇게나 많은데도 컬렉터들이 좋은 작품을 찾는 걸 어려워한다는 점이었어. 당시 나와 같은 회사에서 일하던 금융사 직원들이나 변호사들은 늘 나한테 어떤 작품을 샀는지 물어보거나 좋은 작가를 추천해달라는 부탁을 하곤 했어. 그들도 나와 같은 동선으로 그 갤러리 골목을 지나서 회사로 출근했을텐데 말이야! 나는 이 부분에서 사람들이 막상 갤러리에 직접 작품을 문의하는 일을 어려워한다는 걸 깨달았어. 그 이유는 아마도 갤러리가 가지고 있는 특유의 경직된 분위기 때문이 아니었을까?

갤러리를 열면서 가장 중요하게 생각했던 부분은 어떤 거였어?

따뜻한 분위기? 내가 갤러리 이름을 '그림이 있는 아멜리의 집'으로 지은 이유랑 같은 맥락이야. 가고시안 갤러리가 갤러리스트 '래리 가고시안'의 성을 갤러리의 이름으로 쓰고 페로탕이 갤러리스트 '에마뉘엘 페로탕 Emmanuel Perrotin'의 성을 따서 갤러리의 이름을 쓰는 것과 반대로 내가 운영하는 갤러리는 친한 친구의 집에 초대받은 것처럼 따뜻한 느낌을 주고 싶었거든. 그래서 나는 갤러리를 흰 벽에 둘러싸인 화이트 큐브가 아닌 응접실의 형태로 만들었어. 갤러리 밖에 서서 망설이고 있는 이들이 온기를 느끼면서 갤러리로 들어올 수 있도록 말이야.

갤러리스트로서 좋은 작가를 찾는 기준이나 그 방법이 있을까?

기본적으로 나는 인내심이 있는 작가들을 좋아해. 매번 작업 과정을 반복하는 것은 정말 쉽지 않고 그만큼 어려운 일이잖아. 그런데도 그 작업을 지치지 않고 해내는 작가의 결과물은 그 이상의 가치가 있다고 생각하거든. 우리 어제 장필리프 라구아Jean-Philippe Lagouade 작가의 아틀리에에 같이 갔을 때 작가가 작품에 들이는 시간과 정성이 마치 수련의 일부 같다고 얘기했잖아. 바로 그런 성실함이 작품에 깃드는 철학과 정서에 결정적으로 기여한다고 말하고 싶어.

그리고 이건 좋은 작가를 찾는 나만의 꿀팁 같은 건데, 이미 내가 알고 있는 좋은 작가에게 추천받는 거야. 이 방법이 엄청나게 유용한 이유는 좋은 사람 곁에 좋은 사람이 있는 것처럼 좋은 작가는 좋은 작가를 알아보기 때문이라고 할까? 그런데 단순히 작가의 이름만 물어보고 끝내는 것이 아니라 그 작가가 왜 좋은지, 그리고 어떤 면에서 특별한지도 꼭 같이 물어봐야 해. 그렇게 질문을 하다 보면 작가의 결을 어느 정도 가늠할 수 있을 뿐만 아니라 작품을 이해할 수 있는 폭도 넓어지는 걸 느낄 수 있어.

2022년 파리는 피악FIAC(국제현대미술제)이라는 아트페어가 폐막하고 처음으로 아트바젤이 열린 해였지. 파리지엔인 네가 보기에 그 첫 번째 페어는 어땠어?

파리에서 새롭게 개최된 아트바젤은 피악에 기존에 참가했던 갤러리의 60%를 그대로 수용해서 그런지 느낌상으로는 엄청나게 새롭거나 다르지는 않았어. 물론 그런 부분들이 조금 아쉽기는 했지. 하지만 어떤 면에서는 피악이 40년간 아트페어를 개최해오면서 이해한 파리라는 도시 고유의 정서를 아트바젤이 자연스럽게 이어받았다고도 볼 수 있을 것 같아. 피악과 마찬가지로 아트바젤 역시 근사하고 세련된 아트페어였어.

2023년과 2024년, 미술 시장은 또 무엇이 달라질까?

현재 유럽 국가들의 경제 상황은 좋지 않은 편이고, 앞으로도 이러한 상황은 당분간 지속될 것 같아. 하지만 미술 시장이 가진 장점은 불황과 호황을 오가는 사이에서도 인내심을 가지고 수작이 나오기만을 기다리는 컬렉터 층이 굳건히 존재한다는 점이지. 그리고 코로나19가 점점 종식 단계에 다다르면서, 해외에서 열리는 미술 행사를 위해 비행기를 타는 컬렉터들이 많아지는 것도 눈에 띄는 변화 중 하나같아. 아트페어도 코로나 이전의 규모로 재개되고 있고. 그렇지?

점점 활발해질 국가 간 교류가 나 역시도 무척 기대돼. 지금 우리 갤러리는 2023년 서울에서 여름과 가을, 두 계절에 걸쳐 팝업 전시를 열기 위해 열심히 준비 중이거든. 이번에도 경직된 갤러리의 모습이 아닌, 컬렉터 친구의 집에 초대하듯이 다정하게 한국인 컬렉터들을 만나고 싶어. 내가 갤러리스트가 되겠다고 처음 결심했을 때처럼 말이야.

홈페이지 | **amelie-paris.com**
인스타그램 | **@ameliemaisondart**

아트바젤 vs.
피악 그리고 파리

2022년 1월 27일, 피악의 공식 인스타그램에 장문의 피드가 올라왔다. 손가락을 이리저리 휘저으며 인스타그램을 구경하던 나는 피악의 피드를 확인하마자 자세를 고쳐 앉았다.
1974년 창설되어 아트바젤과 프리즈와 더불어 세계 3대 아트페어로 꼽히던 명문 아트페어가 씁쓸한 퇴장을 알린 것이다. 40년이 훌쩍 넘는 역사를 자랑하는 최고의 아트페어가 종방연도 없이 한큐에 사라질 수 있다는 사실은 놀랍기만 했다. 이로써 글로벌 아트페어의 체제는 더 이상 트리오가 아닌 듀오로 재구축될 것이다. 하지만 내가 피악의 폐막 소식만큼 놀란 또 한 가지는, 피악을 밀어내고 아름다운 파리의 10월에 열리는 새로운 아트페어가 바로 아트바젤이라는 사실이었다.

어떻게 이런 일이 일어나는 걸까? 요약하자면 이렇다. 일단 피악의 주최사인 RX사는 아트바젤 주관사 스위스의 MCH그룹과 아트페어 전

출처 | fiacparis 인스타그램 캡처

피악의 공식 인스타그램에 올라온 글.

시관 그랑 팔레Grand Palais의 10월 사용권을 놓고 입찰 경쟁을 벌였으나 참패했다. 피악이 그들의 유서 깊은 역사와 더불어 프랑스 향토기업이라는 장점을 철석같이 믿고 있는 동안 스위스 기업 MCH는 전시관 일주일 대여권에 무려 1,060만유로(한화 약 140억원)에 7년 계약이라는 전략을 내세운 것이다.

MCH가 가져간 '10월'과 '그랑 팔레'는 피악의 상징 그 자체였다. 낙엽이 내려앉은 아름다운 도시에서 열리는 전통적인 아트페어를 관람하다 고개를 들면 연둣빛 아치가 우아하게 그 위용을 드러내고 있었다. 1900년대 파리 만국 박람회가 처음 열렸던 유서 깊은 역사와 문화를 가진 장소에서 오늘날의 미술품을 바라보는 감회는 실로 엄청났다! 여기에 피악은 소송도 불사하겠다는 의지를 피력했지만 사실상 빛바랜 투쟁일 뿐이었다. 수십 년간 피악에 참여해온 화랑들은 일제히 파리에 새 깃발을 꽂으러 온 아트바젤로 돌아섰다. 심지어 아트바젤은 파리에 론칭할 새 브랜드의 이름을 파리+ 파 아트바젤로 선언하며 시

출처 | 아트바젤 웹사이트

에펠탑 인근 그랑 팔레에서는 매년 10월마다 피악이 열렸다. 그러나 2022년 10월에는 파리+ 파 아트바젤이 개최됐다.

작 전부터 봄의 홍콩, 여름의 스위스, 겨울의 마이애미에서 열리던 기존의 아트바젤과 차별화를 선언했다.

아트바젤이 큰 그림으로 그려온 사계절의 퍼즐 속 마지막 빈칸에 가을의 파리+ 파 아트바젤이 맞춰지는 순간, 모든 파리지엔의 머릿속에서 피악은 사라졌다. 물론 피악을 더는 볼 수 없게 된다고 하더라도, 프리즈와 아모리 쇼, 테파프TEFAF, The European Fine Art Fair 등 메가급 아트페어는 여럿 있지만 그중에서 아트바젤은 객관적으로 봐도 단연 최고다. 글로벌 원탑이 거스를 타선 없는 공격적인 진출에 나설 때마다 미술 시장은 엄청난 변화를 맞이했다.

2013년, 아트바젤 홍콩을 성공적으로 론칭하기 위해 MCH는 기존에 있던 홍콩의 토종 아트페어 아트홍콩Art HK을 인수했다. 잠재적 경쟁자를 빠르게 배제하는 동시에 네트워크를 고스란히 활용하겠다는 의도였다. 형태는 다르지만, 피악도 같은 맥락이다. 피악은 거의 반세기에 걸쳐 파리 미술 시장을 이끌어 온 대표적인 아트페어지만 근 10년째 그 규모가 축소되면서 재정난에 허덕이고 있었다. 심지어 오랜 시간 유럽 미술 시장을 선도해온 도시로서 파리는 그 패권의 상당 부분을 영국에 빼앗긴 상태였다. 따라서 아트바젤은 피악이 가진 기존의 인프라를 그대로 흡수하는 동시에 잃었던 영광을 되찾아 오는 전략을 펼쳤다. 아트바젤이 한 도시를 지배하는 전술은 기존의 생태계가 혼란스러운 틈을 타 네트워크와 인프라를 그대로 인수한 후 자신의 홈타운으로 만들어버리는 것이다.

나는 프랑스 국내 기업이자 글로벌 랭킹 3위의 피악이 스위스 기업이자 넘사벽 1등 브랜드 아트바젤에 힘 없이 밀려 사라지는 현상, 그리고 국내 최고급 프리미엄 아트페어 키아프가 글로벌 헤비급 챔피언 프리즈와 공동으로 페어를 개최한 후 '굴러온 돌이 박힌 돌 빼낸다'는 옛말이 현실이 될까 봐 전전긍긍하는 모습을 두 눈으로 관찰했다. 이 머나먼 두 나라 사이에는 분명히 엄청난 평행이론이 존재했다. 같은 해에 일어난 일련의 사건들은 나에게 미술 시장의 전제조건이 무엇인지 다시 한번 상기시켜 주었다. 큰 자본이 더 큰 자본에 잡아 먹힌다. 그 품위 있다는 미술 시장도 결국 시장의 분명한 명제를 충실히 따르고 있었다.

우선 2022년 9월, 서울에서는 키아프와 프리즈 양측 모두에게 전례가 없었던 공동 개최의 첫 번째 막이 열렸다. 눈을 휘둥그레 하는 호사스러운 작품들과 화려한 행사들로 들뜬 기분이었지만 아트페어를 즐기는 내내 한 가지 질문이 내내 머릿속을 맴돌았다. 프리즈 서울은 '서울'스러운가? 세상에 존재하는 모든 아트페어를 가본 것은 물론 아니지만, 내가 지금까지 기억하는 훌륭한 아트페어들은 모두 그 도시의 정서를 부드럽게 반영하고 있다는 공통점이 있었다.

대표적인 예로, 테파프 아트페어는 네덜란드의 역사 깊은 소도시 마스트리히트Maastricht에서 개최된다. 이곳은 벨기에와 독일에 인접한 국경지대이며 프랑스와 룩셈부르크에서도 뛰어난 접근성을 자랑한다. 이러한 입지적 특성에 따라 테파프는 르네상스부터 현대미술 이전까지의 예술품을 가리키는 올드 마스터Old Master 작품들을 중점적으로 소개할 뿐만 아니라 앤티크 가구와 오뜨 주얼리Haute Jewelry 섹션이 특화된 아트페어로 자리 잡았다. 처음 마스트리히트에 방문했을 때 인구 20만 명의 작은 도시에서 열리는 아트페어를 방문하기 위해 전세기를 타고 날아온 컬렉터들이 이렇게 많다는 사실과 눈길 닿는 모든 곳에 풍성하게 배치된 튤립들, 전시장 내부에서 간단히 디저트를 즐길 카페를 찾던 나와는 달리 샴페인과 굴을 즐기며 작품을 관람하는 큰손 컬렉터들의 호젓한 모습은 놀라움 그 이상이었다.

새 브랜드 파리+ 파 아트바젤은 어땠을까? 9월 첫 주에 내 머릿속을 메웠던 그 질문을 파리에서 열리는 새로운 아트페어에 똑같이 적용해보고 싶었다. 파리+ 파 아트바젤은 '파리'스러울까? 일단 작년까지 파리의 아트신을 이끌었던 피악에 참여했던 갤러리들의 70% 이상을 그대로 파리+ 파 아트바젤에서도 볼 수 있었다. 처음에는 의아했다. 피악을 내치고 파리+ 파 아트바젤을 새롭게 들였다면 반드시 이전과는 다른 차원을 보여줘야 하는 것 아닌가 하고 말이다. 하지만 파리+ 파 아트바젤의 핵심 콘셉트가 '로컬과 글로벌의 결혼'인 것을 알고 난 후 내 생각은 완전히 달라졌다. 애초부터 파리+ 파 아트바젤의 목표는 판 바꾸기가 아니었다. 이들은 아트페어의 조직위원 10명 중 4명을 파리에 본점을 둔 파리 토종 갤러리의 대표로 선발했으며, 총괄 디렉터 역시 피악의 임원이었던 클레망 들레핀Clément Delépine으로 선정했다. 이뿐만이 아니다. 참여 부스 갤러리 중 3분의 2를 기존 피악 위원회가 선정하도록 했다.

정리해보면, 파리+ 파 아트바젤은 40년이 넘는 긴 시간 동안 파리의 미술 시장을 이끌어온 피악의 근성을 존중했다는 사실을 알 수 있었다. 그들을 무조건 밀어낸 것이 아니라, 충분히 수용하면서 그들이 가진 '파리스러움'을 파리+ 파 아트바젤이 이어갈 수 있도록 했다.

아트페어가 열리는 동안, 파리는 '세계의 예술 수도'라는 명성을 다시금 확고히 하려는 듯 아낌없는 지원사격을 했다. 파리 시내 100여 곳의 갤러리와 18곳의 예술 기관, 국공립 박물관들은 모두 블록버스터급 전시와 막강한 아트 프로젝트를 꾸려 전 세계의 미술애호가들을 환영했다. 파리의 명소에는 이름만 들어도 황홀한 작가들의 작품이 세워졌다.

시차 적응을 위해 가볍게 조깅하러 나간 외젠 들라크루아 국립 박물관Musée national Eugène-Delacroix 정원에서는 아프리카계 미국인 조각가 타데우스 모슬리Thaddeus Mosley의 조각상을 마주쳤고, 방돔 광장을 지나가다 발견한 압도적인 규모의 작품은 폴란드 작가 알리차 크바데의 〈세상의 흐름 속에서〉였다. 흡사 행성을 떠올리게 하는 아주 커다란 대리석을 어디서부터 굴려서 여기까지 가져왔을까? 어느 산맥 속 깊게 묻혀 있던 원석이 파리의 최중심에 설치되기까지의 그 지난한 과정을 막연히 상상하게 했다. 그뿐만 아니라 현재 프랑스의 영부인 브리기테 마크롱Brigitte Macron이 페어 첫날 직접 전시장을 찾았다. 물론 몇 명의 경호원과 동행하기는 했지만, 관람객들 사이에 자연스럽게 섞인 영부인은 실제 한 부스에서 나무로 된 조각품을 1점 골랐다. 개인적으로 눈여겨보고 있던 작가라 내심 더욱 반갑게 느껴졌다.

아트페어를 비롯한 다양한 행사를 즐기는 동안, 지구상에 파리를 대체할 수 있는 아트시티는 없을 것 같다는 생각이 들었다. 심지어 내가 서울로 돌아오고 난 후, MCH그룹이 런던에서 운영해오던 또 다른 아트페어 마스터피스 런던Masterpiece London을 13년 만에 철수한다는 공식 성명을 발표했다. 마스터피스 런던은 미술품과 앤티크 가구, 보석을 전문적으로 소개하던 아트페어다. 어떤 이들은 마스터피스 런던이 철수한 주된 이유를 비용 증가와 참여율 저조라고 말했지만 누가 보더라도 영국에 실던 힘을 프랑스에 집중하겠다는 전략인 것만은 확실해보인다. 누가 먼저 그러자고 한 것도 아닌데 세계적인 힘의 흐름은 서로 약속이나 한 듯이 파리로 향하고 있었다.

정말 이 모든 일이 단순히 MCH그룹의 아트페어 리스트에 파리가 등장했기 때문일까? 만약 정말 그런 거라면, 그들은 왜 바로 본진인 스위스가 바로 옆에 있는데도 굳이 파리를 추가한 걸까? 파리에서 약 열 번

귀스타브 카유보트,
〈파리의 거리: 비오는 날〉
"왜 아트바젤은 파리를 선택했을까요?" 내 질문에 단체로 나 몰래 입이라도 맞춘 듯 사람들은 대답했다. "파리니까요"

의 인터뷰를 진행하는 동안 같은 질문을 모두에게 던졌다. "왜 아트바젤은 파리를 선택했을까요?" 내 질문에 단체로 나 몰래 입이라도 맞춘 듯 대부분의 사람이 같은 대답을 했다. "파리니까요." 왜 모든 예술은 파리를 향하는가? 결국 파리가 아트시티의 수도로 갖는 최대의 장점은 이곳이 파리라는 데 있었다. 물론 이들의 대답에는 아름다운 건축물과 예술이 오래전부터 자리 잡아온 문화 등이 포함되어 있겠지만, 나는 파리의 미술 시장을 견고하게 받쳐주는 든든한 기둥을 떠올렸다. 바로 로컬 갤러리들이다.

파리에도 당연히 이름만 들으면 아는 글로벌 갤러리들이 수두룩하게 있다. 뉴욕에 본점을 둔 가고시안 갤러리만 해도 파리에 2개의 지점을 가지고 있으며 페로탕은 무려 파리가 본점이다. 하지만 이런 환경 속에서도 파리의 토종 갤러리들은 각자 독창적인 전략을 내세워 매년 단단하게 나무테를 그려 나가고 있다.

카멜 마누 갤러리kamel mennour gallery는 오직 파리에만 4개의 갤러리를 가지고 있다. 각 갤러리의 전시장 자체는 크지 않지만, 대구 미술관에서 2022년 대규모 개인전을 열었던 대니엘 뷰런Daniel Buren과 국제갤러리의 소속작가들이기도 한 아니쉬 카푸어Anish Kapoor와 우고 론디노네 등 대부분의 소속작가가 당대의 블루칩 작가들이다. 이우환 작가는 카멜 마누 갤러리와 인연을 맺은 유일한 한국인이다. 2022년 여름휴가로 파리에 왔을 때 카멜 마누 갤러리에 들렀는데, 마침 이우환 작가의 개인전이 열리고 있었다. 오래된 유럽식 건축물에 설치된 〈관계항〉과 〈다이얼로그〉는 한여름에도 서늘한 느낌을 자아냈다.

갤러리의 대표인 카멜 마누는 2022년 프리즈 서울에도 참가했다. 아트페어의 첫날, 근사한 정장을 차려입은 그가 직접 나와 북적이는 갤러리 부스를 진두지휘했다. 유럽 시장에서, 그것도 오직 파리에서만 갤러리를 운영하는 대신 각국의 글로벌한 아트페어마다 부스를 내어 직접 컬렉터들을 만나는 것이 그가 갤러리를 지키는 동시에 확장하는 전략이다. 수많은 인파 속에서 카멜 마누가 한 뉴스 채널과 갤러리 부스 앞에서 인터뷰하는 걸 봤다. 마치 답변을 미리 생각해둔 듯 화려하지만 간결하게 서울의 비전에 대해 대답하는 모습은 역시 알려진 대로 엄청난 완벽주의자다웠다.

고급 호텔이 있는 골목, 하이엔드 시계 브랜드를 마주 보고 양옆으로는 19세기 앤티크 가구 쇼룸을 둔 자그마한 공간의 이름은 하제르 갤러리Gallery Hadjer다. 규모는 작지만 벌써 2대째 운영될 수 있는 비결은 하제르 갤러리가 회화 작품이 아닌 태피스트리Tapestry에 특화되어 있기 때문일 것이다. 태피스트리는 여러 가지 색실로 그림을 짜 넣은 직물을 말

출처 | 하제르 갤러리 웹사이트

하제르 갤러리 내부. 페르난도 레제의 오리지널 작품이 갤러리 벽면을 가득 채웠다.

하는데, 벽걸이 등의 실내 장식품으로 쓰거나 카펫으로 활용하기도 한다.

설립자의 아들인 데이비드는 키가 크고 서글서글한 웃음이 매력적인 사람이다. 갤러리에 얼굴을 내밀자마자, 좋은 작품이 있다며 보여주기 전부터 벌써 들뜬 목소리가 들렸다. 그는 둘둘 말려 있는 무거운 태피스트리를 직접 열었다 폈다 하는 대신 벽면에 설치된 장치에 작품을 걸고 간단히 버튼을 조작해 위로 끌어올렸다. 전동 스크린의 작동 방법을 그대로 활용한 것이다. 갤러리의 벽면을 가득 채운 태피스트리는 페르난도 레제Fernand Leger의 오리지널 작품이다. 대상을 원통tube의 형태로 표현한 페르난도 레제의 독특한 입체주의 양식인 튜비즘Tubism처럼 그의 태피스트리 작품 역시 화려하고 선명했다. 한국에서는 태피스트리라는 소재가 아직 심도있게 다뤄지진 않는다. 하지만 우리가 흔히 알고 있는 유명한 작가들은 캔버스뿐 아니라 태피스트리도 작업에 폭넓게 활용했다. 그 중에서도 파블로 피카소나 호안 미로, 알렉산더 칼더는 하제르 갤러리가 자주 소개하는 작가들이다.

이러한 작가들의 캔버스 작품이야 요즘엔 어렵지 않게 볼 수 있지만 태피스트리 작품은 수량이 훨씬 귀한 데다 수작을 찾기도 쉽지 않다. 하제르 갤러리의 강점은 여기서 드러난다. 좋은 캔버스 작품을 구할 갤러리는 많지만, 좋은 태피스트리를 찾는 사람에게 정답은 하제르 갤러리가 유일하다.

파리에서 한국으로 돌아온 뒤 며칠 후, 데이비드에게 연락이 왔다. 그는 나에게 한국엔 잘 돌아갔는지, 긴 비행과 시차로 힘들지는 않은지 사려 깊게 물으며 한 가지 부탁을 했다.

"이우환 작가와 함께 오뷔송 태피스트리Aubusson Tapestry를 만들고 싶은데, 한국에 있는 네가 작가와 닿을 방법을 혹시 알고 있지 않을까 해서 말이야."

오뷔송은 프랑스 지역 이름을 딴 태피스트리로 '장인정신의 최고봉'으로 일컬어지는 명품이다. 아쉽게도 그가 원하는 대답을 주지는 못했지만, 데이비드의 전투적인 열정이 느껴진 순간이었다.

파리에 머무르면서 파리지엔들이 상상 이상으로 동양 문화를 동경한다는 사실이 놀라웠다. 프랑스 컬렉터에게 이우환 작가를 가장 좋아한다는 말을 들었을 때, 처음엔 단순히 한국에서 온 내 기분을 고려한 대답이라고 생각했다. 하지만 뒤이어 나온 말은 더 뜻밖이었다.

"이배 작가도 정말 좋지. 그리고 윤형근 작가는 나에게 마크 로스코

Mark Rothko 그 이상이야!"

작가의 이름을 '융형긍'으로 발음하는 통에 자연스럽게 웃음을 터트리긴 했지만 동시에 묘한 기분을 느꼈다. 색면 화가로서 스티브 잡스가 가장 존경하는 작가로 알려진, 그리고 최고 낙찰가가 무려 985억원에 달하는 마크 로스코를 윤형근 작가와 비교한다고? 물론 작가가 올림픽에 출전한 선수들이 아니니 작품값을 등수와 동일시할 수는 없다. 하지만 이런 비유 자체가 나에게는 신선한 충격이었다. 하긴, 되짚어 보면 앞서 말한 카멜 마누 갤러리에서 이우환 작가의 개인전을 관람할 때 유럽인의 눈에는 이 작품이 얼마나 세련되고 신비롭게 보일까 하는 생각을 했던 것 같다. 이렇듯 예술의 도시, 파리지엔들의 취향은 내 예상과 달랐다.

파리에 있는 밍게 갤러리Mingei Gallery의 이름을 우리말로 번역하면 '민예民芸'가 된다. 밍게 갤러리는 전통 공예품부터 현대적 기술을 접목한 옻칠, 대나무, 도자기, 섬유에 이르기까지 일본의 다양한 기물들을 파리에 소개하고 있다. 하지만 갤러리가 선보이는 작품들보다 더 압권은 작품을 보는 프랑스인들의 표정이다. 아름다운 곡선과 재료의 질감을 그대로 살린 작품을 바라보는 프랑스인들의 눈에는 존경심을 넘어 경외심마저 느껴졌다. 물론 밍게 갤러리가 소개하는 작품들이 일본의 공예품 중에서도 최고의 퀄리티인 것은 사실이지만 그렇다 하더라도 한국인의 눈에는 너무 익숙한 재료와 친숙한 디자인인지라 그들에게 엄청난 공감을 하긴 어려웠다. 급기야는 '조선시대부터 이어져 내려온 한국의 전통 공예를 내가 나서서 보여줘야 하나' 하는 생각까지 들었다.

내가 정말로 국가중요무형문화재 제22호인 매듭 공예, 통영의 갓과 나전칠기 등을 들고 파리를 한 바퀴만 돌아보면 어땠을까. 파리지엔의 마음에 한국의 전통 공예를 들여다 놓는 건 일도 아니었을지도 모른다.

파리에서 현재 가장 핫한 곳을 물어보면 열에 여덟아홉은 아마 이곳을 말할 것이다. 바로 오가타 파리Ogata Paris다. 화장품 브랜드이면서 동시에 가장 감각적인 브랜딩을 전개하고 있는 이솝Aesop의 교토와 도쿄 매장, 그리고 안다즈 호텔의 디자인을 디렉팅한 오가타 신이치로Ogata Shinichiro가 파리에 낸 공간으로 갤러리와 식당, 일본식 화과자와 차 등을 판매하는 아틀리에로 구성되어 있다. 일본의 전통 양식을 그대로 재현한 오가타의 공간은 어떤 자극도 과장도 없지만 공간이 주는 심상 자체로 사람을 압도한다. 구석구석 동양적 요소가 가득한 공간에서 한 번도 가본 적은 없지만 사진으로 봤던 타히티, 카리브 연안의 어느 섬이 떠오르기도 했다. 무심하게 남겨둔 것 같은 낡은 벽도 자세히 다가가서 살펴보면 완성도와 디테일은 가히 완벽에 가까웠다.

예약해둔 2층의 식당은 재료를 그대로 살린 일본 가정식 요리를 내주었다. 맛은 소박했지만 정갈하게 음식을 준비하고 고요하게 서빙을 하는 직원들의 모습은 한 편의 모놀로그를 보는 듯했다. 이러니 유럽인이 아닌 내가 봐도 프랑스가 동양 문화에 매력을 느끼는 건 시간문제였다. 식사하고 나오는 길에 화과자 세트를 하나 샀다. 제과 제빵의 왕국인 프랑스에서 일본 화과자를 사다니. 나 자신도 어이가 없었지만, 그 공간이 주는 심상에 이미 설득당하고 난 후였다.

아시아나우 파리 아트페어는 유럽에서 유일하게 아시아 현대미술을 조명하며, 매년 가을 파리에서 벌써 8회째 열리고 있다. 비록 파리 아트바젤의 위성 페어지만, 아시아나우 파리 아트페어는 2022년 기준으로 전 세계 75개국 갤러리 88개가 참여했고 전시 기간 2만 7천여 명의 관람객을 모으며 놀라운 성과를 만들어 냈다. 특히 아시아 지역의 신진 갤러리들이 엄청난 스포트라이트를 받았다는 점에서 주목할 만하다. 우리나라에서도 이길이구2gil-29 갤러리가 독일을 기반으로 작업하고 있는 유현경 작가의 작품을 선보였고 한국 공예 작가들을 중점적으로 다루는 갤러리 까비넷은 이혜미 작가의 부드러운 윤광이 도는 은빛 오브제와 그로테스크한 멋이 있는 초상화를 작업하는 윤미선 작가의 작품으로 전시를 꾸렸다. 개관일을 이틀이나 지나서 갔는데도 전시장은 북적거리는 관람객들로 인해 실수로 작품을 건드리지 않으려 조심해야 할 정도였다. 아

출처 | 아시아나우

아시아나우에서 개최하는 파리 아시안 아트페어

파리의 문화다양성을 보여주는 아트페어로, 2016년부터 매년 10월 파리 아트 위크 동안 파리의 한 저택에서 개최되고 있다.

름다운 도자기와 옻칠 등의 생소하지만 아름다운 재료의 작품들 앞에서 질문을 던지고 정기 메일을 요청하는 리스트를 적어내는 파리지엔들의 열정이 놀라울 따름이었다.

프랑스는 어느 나라보다도 문화다양성이 높은 국가다. 2022년 월드컵에서 프랑스 대표팀으로 경기를 뛴 선수 25명 중 13명이 아프리카계 프랑스인인 데서 알 수 있듯 이미 다문화 사회에 진입한 지 오래되었을 뿐 아니라 유럽 국가 중에서 이민 인구가 두 번째로 많은 나라이기도 하다. 각기 다른 배경을 가진 문화가 한데 섞이는 현상은 문화 주체성이 더욱 뚜렷해지고 예술은 더욱 다채로워지는 결과를 낳는다.

비록 시대의 흐름을 뒤따라가지 못했던 피악은 아쉽게 폐막했지만 새로 탄생한 파리+ 파 아트바젤이 기존에 피악이 가지고 있던 정체성과 인프라를 포용하면서 다시 파리가 세계 모든 아트시티의 수도라는 사실을 공고히 했다. 비로소 우리는 서울과 파리 사이에 존재하는 평행이론을 발견했을 뿐만 아니라 파리가 어떻게 다시 세계 미술 시장을 자신의 손바닥 위에 올려놓는지를 지켜봤다. 서울은 보고 배운 것을 반드시 내 것으로 만들어야 한다. 그래야 우리에게 기회가 왔을 때 단번에 움켜잡을 수 있을 것이다.

스몰토크

장피에르 비쥬 변호사&컬렉터

좋은 미술을 소유하기 위해 거쳐야 할 시간

내 파리 출장을 물심양면 도와준 장피에르 비쥬Jean-Pierre Bisiaux는 평생을 컬렉터로서 예술 친화적인 삶을 살아온 사람이다. 그는 단골 갤러리에 나를 데려가 주거나, 피카소와 마티스 같은 내로라하는 화가들의 아지트이자 아르데코Art Deco 양식의 성지로도 불리는 레스토랑 라 쿠플레La Couple에서 근사한 저녁을 사주기도 했다. 우리는 함께 좋아하는 작가들과 그의 작품, 그리고 새롭게 탄생하고 또 역사 속으로 사라지는 수많은 갤러리와 아트페어에 대해 이야기를 나눴다. 그 귀중한 대화들을 짧게나마 인터뷰로 다시 추려보았다.

만나서 반가워요, 장피. 소개 부탁드릴게요.

안녕 제이니. 나는 장피에르 비쥬이고 프랑스 변호사이자, 스위스에 본사를 둔 세계적인 시멘트 회사 홀심Holcim의 경영 이사진이기도 해. 하지만 이 인터뷰는 본업보다 내가 평생 해온 컬렉팅에 초점이 맞춰질 것 같네.

아마도 나는 어릴 때부터 예술에 관심이 무척 많았던 것 같아. 그도 그럴 것이 어머니는 언어학 교수로 다양한 언어와 문학에 관한 이야기를 내게 많이 해주셨고 아버지 역시 변호사이자 화가이셨거든. 내 키가 이 테이블 높이만 할 때부터 부모님과 그림을 보러 다녔지. 그땐 너무 어려서 그림과 전혀 눈높이가 맞지 않았고, 그래서 아버지가 목마에 태워서 그림을 보여주셨던 기억이 나. 물론 그때는 반대로 그림이 너무 내 눈높이보다 낮아서 잘 볼 수 없었던 것 같기도 하지만 이 또한 즐거운 유년 시절의 기억이지.

나는 프랑스인이지만, 인생의 아주 오랜 시간을 다양한 국가에서 살았어. 이탈리아, 스페인, 그리고 모리셔스와 마다가스카르에서 살면서 많은 사람을 만났고 그들 덕분에 다양한 작품들을 볼 수 있었던 건 컬렉터로서 큰 행운이었지. 나는 아주 어릴 때부터 작품을 모으기 시작했는데, 그렇다고 해서 내 컬렉션이 아주 방대하다고는 할 수 없는 이유는 나 스스로를 아트 컬렉터로만 설명하기는 어렵기 때문이야. 물론 미술품이 내 컬렉션에서 중요한 부분을 차지하고 있긴 하지만 가구와 시계, 올드카와 보석에 이르기까지 정말 다양한 것들을 수집해왔어.

평소에 갤러리를 자주 가는 편인가요?

파리에만 해도 갤러리가 수천 곳이 있어. 나는 이 도시에서 평생 그림을 수집해오며 오래된 갤러리들이 다음 세대로 대물림되는 과정을 지켜봤어. 그 사이 자연스럽게 도태되는 갤러리도 있었고, 새로운 변화를 맞아 더 성장하는 갤러리들도 있었지. 예전에는 좋은 갤러리, 가볼 만한 갤러리를 선택하는 기준이 좀 더 넓었다면 지금은 자연스럽게 축적된 정보들 덕분에 필터링된 것 같아. 그래서 모든 갤러리의 전시를 다 찾아다니기보다 내가 좋아하는 갤러리들을 주로 다니지.
내가 루브르 박물관의 연간 멤버십을 갱신해온 지도 30년이 훨씬 지났네. 루브르 박물관은 일주일에 며칠간을 밤 10시까지 연장 운영하거든. 그런 날이면 저녁 식사 후 집에 가는 길에 루브르 박물관에 들러서 산책도 할 겸 한 바퀴 걷고 가곤 해. 이렇게 멤버십을 꾸준하게 이용하면 정말 좋은 게 하나 있는데, 바로 루브르 박물관을 내 별장처럼 쓸 수 있다는 거야. 작품을 반드시 내 집에만 두어야 내 눈에 담고 즐길 수 있는 건 아니니까. 루브르 박물관에서 내가 좋아하는 작품이 있는 전시실을 기억해 뒀다가 집에 가기 전 잠깐 작품을 보러 가는 거지. 안녕? 오늘도 멋있네. 그럼 또 봐. 이런 식으로 말이야.

작품을 고를 때, 처음의 느낌을 믿는 편인가요? 아니면 좀 더 심사숙고하는 편이세요?

물론 한눈에 들어오는 작품이 있지. 하지만 그 느낌을 전적으로 믿으려고 하는 편은 아니야. 오히려 그런 감정들을 조금 더 조심하게 되는 것 같기도 해.

나는 벌써 여러 해 왕 커핑Wang Keping 작가의 작품을 컬렉팅하기 위해 좋은 작품을 찾고 있어. 그 작가가 나무로 만들어낸 곡선과 밀도는 무척 아름답고, 작품마다 그 느낌이 무척 다르거든. 딱 마음에 드는 작품이 나오기까지 계속 기다리고 있지. 왕 커핑 작가의 작품을 처음 봤을 때 나는 에콜 드 파리École de Paris를 대표하는 화가이자 눈동자가 없는 인물화를 그렸던 아메데오 모딜리아니Amedeo Modigliani와 오늘날 후세에도 영향을 주고 있는 모더니즘 조각가 콘스탄틴 브란쿠시Constantin Brancusi를 떠올렸어. 이 두 작가와 왕 커핑은 서로 같은 결을 가지고 있는 동시에 또 너무나 달라서 정말 마음에 들었지. 하지만 그렇다고 해서 작품을 바로 사는 것이 아니라 작가의 전시가 열릴 때마다 작품을 보러 가고, 갤러리스트와 지속적으로 안부를 주고받으면서 마음에 드는 작품을 만날 때까지 기다리는 거야. 이 과정 자체가 나는 컬렉팅이라고 생각해.

장피는 한국 작가들의 엄청난 팬이기도 하시잖아요. 특히 어느 작가를 좋아하시죠?

지금 내 핸드폰 배경 화면에서도 알 수 있고, 나와 인스타그램 친구라면 누구나 알 수 있듯 나는 이우환 작가의 엄청난 팬이지. 나는 그 작가가 미술사에서 레오나르도 다빈치와 피카소를 합한 것보다 더 중요하다고 말하고 싶어. 이건 너나 한국 독자가 기분 좋아지라고 하는 말이 진짜로 아니야. 그가 가진 철학은 너무나 대단해서, 앞서 말한 다빈치나 피카소의 철학을 다 이해한다고 해도 이우환의 반밖에 안 될 거라고 장담해. 압도적이라니까.

단색화의 개념은 무척 오묘하고 또 철학적이라서 설명하기 어렵지만, 아무튼 그 사조가 진짜 훌륭하다는 것만은 확실해. 작가를 더 꼽아보라고 하면 박서보 작가를 말할게. 그리고 이배 작가의 몇몇 작품들은 놀라울 만큼 좋더라. 솔직히 내가 이배 작가의 모든 작품을 좋아하는 건 아니긴 해. 숯으로 동그란 링 형태를 만든 작품들이 썩 내 취향은 아니었어. 물론 작가의 세계관 자체는 너무 좋지. 내가 소장하고 있기도 하고.

컬렉팅을 막 시작한 한국인 컬렉터들이 많은데요. 어떤 조언을 해주고 싶으세요?

내가 한국 작가들을 좋아하는 이유는 그들이 가진 전통성이 철저하게 한국적이기 때문이야. 이 질문은 아마 다른 프랑스인들에게 물어봐도 나와 같은 대답을 할 것 같아. 그들이 가진 뿌리, 그게 바로 궁극의 키워드인 거지. 나는 자국의 유산이 튼튼한 나라가 미술 시장의 성장도 빠르다고 생각하고, 지금 한국 미술 시장이 세계에서 주목받고 있는 이유도 이와 같다고 봐.

좋은 작가라고 해서 모든 작품이 다 좋은 건 아니라는 사실도 중요해. 이런 사실을 체감하기 위해 경험이 충분히 필요한 거고. 앞의 맥락과 같지만 조금 더 보태자면 철저히 소모되기 위해 탄생하는 작품들도 많아. 솔직히 피카소의 작품이라고 해서 다 좋은 작품이 아니라는 걸 우리는 알잖아. 분명히 미술사적으로도, 철학적으로도 중요한 작품들을 많이 그린 작가이긴 하지만 말년의 작품을 살펴보면 단순히 유명세에 기대어 지금까지 거래되는 작품들도 존재한다는 뜻이야. 이런 의미에서 좋은 작가와 작품을 구별하기 위해서는 거쳐야 할 관문들이 많으니 충분히 시간을 들여야만 해.

미술 시장을 집어삼키는 아시아의 용

지금은 거의 쓰이지 않는 용어가 되었지만, 옛날 교과서에는 '아시아의 네 마리 용Four Asian Dragons'이 꼭 나왔다. 당시 아시아에서 약진하는 한국과 대만, 홍콩, 싱가포르 4개 지역을 지칭하던 말이었다. 이 지역들은 아시아의 신흥 공업국이라는 공통점을 제외하고도 세계 금융위기 이전까지는 4%대 이상의 높은 경제성장률을 보여주었다는 점, 면적도 작고 척박한 환경에서도 높은 기술 수준과 인적 자본을 토대로 눈부신 발전을 이뤄냈다는 점 등 비슷한 구석이 꽤 많다. 덕분에 현재는 4개 지역 모두 고도성장과 선진화를 이룩했고 국제 사회에서의 영향력 또한 커졌다.

국가가 본격적인 성장 궤도에 안착했다는 시그널은 경제 지표뿐 아니라 문화와 예술이 얼마나 번영하고 있는지를 보더라도 쉽게 알 수 있다. 아시아 패권을 갖기 위한 팽팽한 각축전에 원년 소룡 멤버였던 싱가포르와 홍콩, 한국과 더불어 2023년에는 과거 대룡을 자처했던 일본까지 참여하여 더욱 본격적으로 승부수를 띄우는 중이다.

얼마 전까지만 하더라도 아시아 국가 중 미술반장은 홍콩이었다. 아트바젤의 모회사 MCH가 2013년 홍콩의 기존 아트페어였던 아트홍콩을 흡수하는 대신 '아트바젤 홍콩'이라는 왕관을 씌워준 덕분에 누구도 넘보지 않는 태평성대의 왕좌를 누렸다. 덕분에 2016년에는 3조원으로 시장의 규모가 커졌으며 2019년에 들어서는 전년 대비 56% 상승하여 아시아 시장의 거의 절반을 차지했다. 이로써 홍콩은 뉴욕과 런던에 이어 세 번째로 큰 시장이 되었다.

하지만 홍콩의 전성시대는 같은 시기 발생한 홍콩 민주화 운동이 격화되면서 조금씩 흔들리기 시작했다. 엎친 데 덮친 격으로 2020년부터는 코로나19가 발발하며 아트허브로서 홍콩의 상징과도 같은 홍콩 바젤마저 날짜를 연기하거나 제한적으로 열리게 되었다. 정치적 갈등 심화와 나빠진 치안, 장기화된 코로나 제로 체제로 인해 신용등급이 B-까지 하락하면서 결국 홍콩에 주둔하던 국제 금융 기관과 펀드 종사자들은 앞다투어 홍콩을 빠져나가기 시작했다. 이것이 바로 홍콩에서 1조달러 이상의 자본이 탈출하는 현상을 가리키는 헥시트다. 동시에 이는 곧 홍콩이 아트허브시티라는 지위에 이어 국제 금융허브시티라는 지위마저 박탈당할 위기에 처했다는 것을 의미했다.

제아무리 미술 시장을 쥐락펴락하는 MCH그룹이라고 하더라도 코로나가 언제 끝날지, 그래서 홍콩이 이 상황에서 언제쯤 벗어날 수 있을지 알 수 없었다. 미술 시장의 파이를 키우는 핵심은 결국 돈이다. 애초에 MCH그룹이 아트바젤의 아시아 개최 지역으로 홍콩을 선택했던 이유도 홍콩이 아시아의 금융 중심지로서 돈이 모이는 곳이었기 때문이었다.

그러나 홍콩이 아트와 금융의 허브라는 필수 조건을 충족해내지 못하는 시간이 길어지면서 MCH그룹은 대안을 생각해내지 않을 수 없었다.

한편, 싱가포르의 미술 시장은 오랫동안 답보 상태에 머물러 있었다. 2018년 11월, MCH그룹이 아트 SG라는 새로운 브랜드의 아트페어를 론칭한다는 공식 발표를 했으나 이렇다 할 소식 없이 몇 년이 흘렀다. 물론 싱가포르 입장에서는 이런 상황이 답답했겠지만, MCH그룹의 입장에서는 싱가포르에서 엎어지면 코 닿을 만큼 가까운 홍콩에서 아트바젤 브랜드가 이렇게 잘되고 있는데 굳이 품을 들여 새로운 아트페어를 론칭할 필요성을 느끼지 못했을 수 있다. 심지어 싱가포르의 자국 브랜드인 아트 스테이지 싱가포르Art Stage Singapore는 2011년 첫 문을 연 후 2016년엔 170곳이었던 참여 갤러리의 숫자가 2017년은 131곳으로, 2018년에는 84곳으로 점점 줄었고 결국 2019년에는 1월 개막을 며칠 앞두고 끝내 폐막해버렸다. 기존의 아트페어가 부진 끝에 폐막을 결정했다는 것은 싱가포르가 가진 자체 미술 소비층이 탄탄하지 않다는 것을 직접적으로 의미했다.

그러던 어느 날, 아트 SG의 론칭이 전격 발표되었다. 3년 넘게 지지부진하던 아트페어가 드디어 데뷔하게 된 배경은 무엇일까? 역시 이 배후에는 미술 시장을 쥐락펴락하는 그 기업이 있었다. MCH그룹이 아트 SG의 지분 15%를 사들인 것이다. MCH그룹의 조직 위원회는 공용어로 영어를 채택하고 있다는 점과 싱가포르가 동남아의 관문 도시라는 입지적 장점, 국제교역 도시로서 위상을 높이 평가했다. 또한 고소득 전문직 종사자가 많으며 정치와 경제 기반이 안정적이고 타 국가에 비해 낮은 세금제도 역시 경쟁력에 포함됐다. 물론 다 맞는 말이다. 그러나 이러한 조건들은 아트 SG를 공식 발표했던 2018년 당시의 싱가포르에도 유효한 것들이었다. 따라서 MCH그룹의 결정에는 생각보다 더 많은 계산이 들어갔다고 봐야 한다.

우선 우리가 분명히 전제해야 할 것은, MCH그룹의 체스판에는 여전히 홍콩이 최중심에 있다는 사실이다. 지금은 비록 그 강점이 조금 흔들리고 있지만, 홍콩은 여전히 미국과 영국 다음으로 큰 미술 시장을 가지고 있는 지역이다. 그럼에도 불구하고 MCH그룹은 대안을 생각하지 않을 수 없다. 예전과 같은 총력을 쏟아붓기에 홍콩이 가진 불확실성이 너무 커졌다. 2019년 홍콩 바젤에 참가한 갤러리가 242곳에 달했던 것에 비해 2022년은 137곳만 참가했고 그마저도 대부분이 실제 갤러리스트가 아니라 아트바젤이 고용한 현지 어시스턴트가 갤러리의 부스를 지키는 고스트 부스 형태로 운영되었다. 2023년 3월의 홍콩 바젤은 다시 코로나19 이전의 규모로 아트페어가 재개된다는 소식에 이전보다 많은 갤러리가 참가를 확정했지만 코로나19 직전이던 2019년에 비해 30%나 적은 숫자였다.

아트페어의 흥행 성패에 있어 '참가 갤러리의 수'는 가장 중요한 지표가 된다. 전 세계 미술 시장이 해당 아트페어를 얼마나 중요하게 생각하는지 알 수 있기 때문이다. 동시에 MCH그룹에게 서울이라는 도시는 어마어마한 견제의 대상이다. 아트바젤과 숙명의 라이벌 상대 프리즈는 서울을 아시아의 전초기지로 삼고 2022년 아트페어를 개최했다. 실제로 프리즈 서울은 개최 첫해였음에도 불구하고 국내외에서 두루 성공적이었다는 평을 받았다.

홍콩과 서울을 별개로 보더라도 싱가포르는 빅브랜드 아트페어가 충분히 탐낼 만한 요건을 가지고 있는 나라다. 앞서 언급했듯이 미술 시장은 결국 돈의 흐름에 따라 움직이는데 홍콩을 빠져나온 금융 자본이 향하고 있는 곳, 그리고 돈을 들고 본토에서 탈출한 중국 부자들이 새로운 둥지를 트는 곳이 바로 싱가포르다. 나이트 프랭크의 보고서에 따르면 싱가포르는 아시아에 거주하는 초고액자산가UHNWI 집단이 세컨드 하우스를 가장 많이 사는 나라다. 또한 싱가포르에 설립되는 패밀리오피스 수는 나날이 증가하고 있다. 패밀리오피스가 초부유층이 자기 자산을 관리하기 위해 세우는 자산운용회사라는 것을 고려하면 증가하는 수치는 유의미하다. 패밀리오피스 설립의 기본 요건이 최소 500만달러의

아시아 초고액자산가들의 집산지, 싱가포르. 도시 전경만 봐도 미술 시장이 눈독 들이는 이유를 알 수 있다.

자산이라는 것을 참작하면 지금 싱가포르에는 어마어마한 부가 몰리고 있다는 걸 알 수 있다. 2018년 싱가포르에 신규 등록된 패밀리오피스는 27곳에 그쳤으나 2021년이 되자 453곳으로 늘어났는데, 이렇게 설립된 패밀리오피스의 오너는 대부분 중국인으로 알려졌다.

정리하자면, MCH그룹이 아트 SG의 지분을 매입한 것은 불안정한 홍콩을 위한 대안과 서울을 견제하기 위한 목적, 그리고 싱가포르의 풍부한 자금력을 모두 고려한 판단이었다.

아트 SG 개막이 점점 다가오면서 미술 시장의 눈은 싱가포르에 집중되었다. 과거 싱가포르에 아시아 본부를 뒀던 소더비가 철수한지 15년 만에 경매를 재개해 288억원의 기분 좋은 매출을 올렸으며 해외 갤러리들이 잇따라 싱가포르 지점을 내면서 힘을 보탰다. 화이트스톤 갤러리는 1960년대부터 일본 미술 시장을 이끌며 근현대 작가들을 두루 거느린 메이저 갤러리인데, 이들은 싱가포르 아트위크 시즌에 맞추어 성대한 개관식을 열었다. 같은 기간, 홍콩의 woaw 갤러리는 싱가포르에 네 번째 지점을 냈다. DJ이자 패션디자이너, 인플루언서이기도 한 갤러리스트 케빈 푼Kevin Poon의 화려한 경력에서도 알 수 있듯 woaw 갤러리는 요즘 가장 잘하고 또 핫한 기획을 펼치고 있다.

두 갤러리의 성격은 판이하지만 각각 일본과 홍콩에 본점을 둔 아시아권 갤러리라는 점과 아시아 국가에 포진된 기존의 지점들을 그대로 유지하면서 새로운 아트시티가 될 싱가포르의 가능성에 베팅했다는 점이 동일하다.

아트 SG는 연중 날씨가 가장 좋다는 1월에 맞춰 개최되었다. 반응은 어땠을까? 5일간 진행된 행사의 관람객은 총 4만 3천 명으로, 일단 목표했던 4만 명의 관람객을 넘긴 것으로 집계되었다. 그러나 이는 태풍의 간접 영향권에 들어왔던 9월, 굵은 빗방울을 맞으며 치러졌던 프리즈 서울에 몰린 7만 명이 넘는 인파와 대비되는 숫자였다. 물론 행사 기간 화이트큐브가 20억원에 이르는 독일 화가 안젤름 키퍼Anselm Kiefer의 작품을 인도네시아 컬렉터에게 판매하고 페이스갤러리는 미국 작가 제임스 터렐James Turrell의 작품을 약 15억원에 판매하는 데 성공하는 등 의미 있는 결과도 있었다. 그러나 그 외 초고가 작품 판매는 드물었다. 심지어 아트페어의 리셉션 데이를 일컫는 베르니사쥬Vernissage를 제외하고는 아트 SG 전시장을 찾는 사람이 별로 없어 썰렁한 분위기마저 느껴졌다.

실제로 프리즈 서울에서 처음 만나 친구가 된 갤러리스트에게 '싱가포르는 어때?'하고 메시지를 보내자, 그는 '내가 살면서 본 복도 중에 제일 넓다'는 짤막한 답장을 주었다. 프리즈 서울이 열렸을 때, 관람객이 너무 많이 몰리는 바람에 전시장 사이 복도에서 병목현상이 발생했던 것을 염두에 둔 웃픈 회신이었다.

단 몇 개월 차로 먼저 개최한 프리즈 서울이 상대적으로 미술 시장의 호황기의 탄력을 받았던 것을 고려하면 싱가포르도 생각보다 나쁘지 않았다는 후기도 일부 존재했으나, 시장의 분위기를 차치하고서라도 일단 자체적으로 미술관과 갤러리의 기반이 약했고 동남아시아의 특징과 매력을 보여주는 작가군이 부족했다는 평이 지배적이었다. 그러나 아트 SG의 공동 창립자 매그너스 렌프루Magnus Renfrew는 앞으로 아트 SG가 동남아시아의 관문이자 아시아 허브인 싱가포르의 지리적 역할을 반영하는 페어가 될 것이라는 기대감을 숨기지 않았다.

그런데 잠깐, 공동창립자의 이름이 낯설지 않다. 매그너스 렌프루는 누구길래 MCH그룹에게 투자받았고 이렇게 큰 페어를 열 수 있었을까? 사실 그는 현재 홍콩 바젤의 전신이었던 ART HK의 창립 멤버로, 현재는 타이베이에서 열리는 타이베이 당다이Taipei Dangdai와 상하이 포토페어PHOTOFAIRS Shanghai, 시드니 컨템포러리Sydney Contemporary, 인디아 아트 페어India Art Fair, 그리고 아트 SG와 더불어 2023년 7월 요코하마에서 개막을 앞둔 도쿄 겐다이를 주최하는 아트 어셈블리의 대표다. 쉽게 말하자면 매그너스 렌프루는 아시아 지역에 중점을 둔 국제 미술 시장을 키워내는 '아트페어 설계자'다.

타이베이 당다이와 도쿄 겐다이에서 도시의 이름 뒤에 붙는 '당다이當代'와 '겐다이現代'는 모두 '현대'라는 뜻이 있다. 그러니까 각 도시를 대표하는 현대미술 아트페어가 되겠다는 의지가 담겨 있다. 아트 어셈블리는 대만과 중국, 호주, 인도, 싱가포르까지 아트페어를 운영하며 아시아 전역을 땅따먹기하듯 차례차례 접수한 후 이번에는 일본의 진출을 준비하고 있다. 어째서 한국을 살짝 비껴갔는지 그 속내가 궁금하지만, 우선은 아트페어계의 금손인 렌프루가 도쿄를 선택한 배경부터 좀 알아봐야겠다.

현재 일본은 세계 3위의 경제 대국이다. 도쿄는 일본의 수도이면서 동시에 세계 최대 도시 경제권을 형성하고 있으며 뉴욕 다음으로 자산가가 많이 사는 도시다. 사실 앞서 말한 아시아의 네 마리의 용은 '아시아의 4소룡'으로 번역하는 것이 더 정확하다. 이 말을 가장 처음 쓰기 시작

출처 | 아트위크 도쿄 웹사이트 캡처

2022년 아트위크 도쿄는 무료 셔틀버스를 타고 도쿄 전역을 돌며 51개 현대 미술 기관을 방문하는 관람 방식으로 주목받았다.

한 것은 당시에도 아시아 선도국이었던 일본이었다. 그들은 빠른 속도로 자신들을 쫓아오는 다른 아시아 국가들을 견제하기 위해 자신을 '대룡'으로, 나머지 국가들을 '소룡'으로 지칭했다.

일본은 1952년 이미 제조업의 실질임금과 국민총생산GDP 수치를 전쟁 이전의 수준으로 회복했고 이 덕분에 미술품을 비롯한 다양한 수집품의 문화가 일찍 자리 잡아 갔다. 그러나 1980년대 후반을 끝으로 일본 미술 시장의 호황은 끝이 났고 1990년대 초부터 시작된 불황으로 현재까지도 성장 속도는 더딘 편이다.

2020년은 코로나19가 본격적으로 시작된 첫해이자 모든 미술 시장이 큰 타격을 입은 해였다. 일본도 사정은 다르지 않았는데, 일본 문화청이 보고한 〈일본 미술 산업 시장조사 보고서 2021Japanese Art Industry Market Research Report 2021〉에 따르면 2019년에 비해 2020년의 매출은 22%, 2018

년에 비해서는 26% 하락을 기록했다. 그러나 2021년에 접어들며 대부분 국가가 코로나19가 야기한 지난해의 부진을 빠르게 털어내고 다시금 가파른 상승 그래프를 그리기 시작했다. 전부 해결된 것은 아니었다. 일본은 다른 나라에 비해 경기 회복이 더디게 진행되고 있었다. 경쟁국가들이 코로나19가 이전의 수준을 훨씬 웃도는 실적을 보였지만, 2021년 일본의 미술 시장 규모는 2019년과 비교했을 때도 15%나 떨어졌다.

그러나 도쿄는 싱가포르, 그리고 서울과 함께 다시 한번 아트허브 시티의 물길을 끌어오고자 꾸준히 노력하고 있다. 그 마음 하나로 2022년 가을, 도쿄에서는 아트위크 도쿄가 열렸다. 아트위크 도쿄AWT, Art Week Tokyo는 도쿄를 대표하는 박물관과 갤러리가 참여해 일본의 현대미술을 선보이는 국제 행사다. 이번이 2년 차이지만 전년도에는 모든 미술 행사가 그랬듯 AWT도 자국민들을 대상으로 개최된 가오픈 형태였다고 할 수 있다. 그럼에도 불구하고 2만 명의 관람객이 모여 이미 그 비전을 확인한 바 있다.

2022년에는 개인 컬렉션과 아트 스페이스까지 합세해 51개의 기관이 참여했는데 거기에 해외 컬렉터까지 초대했다. AWT는 더욱 완성된 형태로 펼쳐진 것이다. 여기에 중요한 변화를 한 가지 더 꼽자면 행사의 공동 주최자가 바로 아트바젤이었다. 나는 AWT의 VIP 초대를 받아 파리에서 돌아오자마자 짐을 제대로 풀 겨를도 없이 바로 도쿄행 비행기를 탔다. 솔직히 말하자면 초대를 받기 전까지 내가 AWT에 대해 아는 것은 도쿄에서 하는 미술 행사라는 것 외에는 하나도 없었다. 그러나 도쿄로 출발하기 전 웹사이트를 둘러보고 콘시어지를 통해 VIP에게 제공되는 프라이빗 투어를 예약하면서 지금까지 내가 알던 아트위크와는 전혀 다른 행사라는 것을 깨달았다.

일단 이들은 어느 한 장소에 모이지 않는다. 한마디로 아트페어가 아니었다. 기존의 아트페어가 '거래'라는 목적을 가지고 한자리에 모여 단기간 열정적으로 매출액을 달성하는 것과 달리 AWT는 미술 산책을 하는 듯한 서정적인 느낌이 강했다. 행사 참가자들은 전시장을 도는 6개 노선의 무료 셔틀버스를 이용해 AWT와 제휴한 전시장들을 직접 방문한다. 전용 앱을 통해 실시간으로 버스의 위치를 확인할 수 있을 뿐 아니라 근처에 어떤 전시가 있는지, 내가 이미 방문한 곳과 가볼 곳을 따로 점검할 수도 있다.

결론부터 말하자면, 아마도 AWT는 MCH그룹의 또 다른 대안이었을 것이다. 홍콩에 쏟던 힘을 싱가포르와 도쿄로 양분하면서 동시에 서울을 견제하겠다는 계산이다. 지금까지 내가 본 아트바젤의 강점은 각 도시에 최적화된 아트페어를 만들어낼 줄 안다는 것이었다. 사실 일본 미술 시장의 규모와 역사에 비해 일본 현대미술 시장의 규모가 그렇게 크다고는 할 수 없다. 하지만 이는 곧 일본 미술 시장에는 다양한 문화예술 분야가 전반적으로 두루 풍부하게 형성되어 있다는 의미이기도 하다. 이러한 점으로 미루어 봤을 때 AWT는 일본 생태계에 최적화된 행사였다. 아트 SG가 국제도시라는 이미지에 맞게 전 세계 갤러리와 컬렉터를 싱가포르로 불러 모으는 형태였다면, AWT는 갤러리들이 나가서 손님을 만나는 것이 아니라 그들이 직접 들어오게 하는 전략을 취했다.

2년여 만에 찾은 도쿄는 신기할 정도로 그대로였다. 도쿄는 여전히 끝내주게 세련된 도시였고, 동시에 이 도시만의 문화적 감수성을 갖고 있었다. 그게 정말 매력적이었다. AWT가 제공하는 버스는 내가 원하는 모든 갤러리에 데려다주었다. 시차 적응에 끝끝내 실패해 내려야 할 곳에서 내리지 못하고 잠들기 일쑤였지만 사실 어떤 정거장에 내리든 여기 내리길 잘했다고 생각할 만큼 좋은 작품들을 많이 만났다. 특히 이번 행사에서는 일본의 개인 프라이빗 컬렉션을 관람할 기회가 꽤 있었다. 그 중 가장 좋았던 것은 오케타 슌지와 아사코Shunji and Asako Oketa 부부의 컬렉션이었다.

이 부부의 컬렉션이 얼마나 대단하냐면 코로나19 직전 모리 미술관Mori Art Museum이 쿠사마 야요이와 이우환 작가를 필두로 한 〈6인의 스타전STARS: Six Contemporary Artists from Japan to the World〉을 준비할 당시 이들에게 컬렉션 대여를 하지 못했다면 전시는 힘들었을 정도라고 한다. 그렇다고 오케타 슌지와 아사코 부부가 슈퍼스타 작가들의 작품만 소장하는 것은 아니다. 이 부부가 일본에서 가장 존경받는 컬렉터로 알려진 이유는 수십 년째 열정적으로 신진작가들을 지원해오고 있기 때문이다. 신진작가를 후원한다는 허울 좋은 말로 투기 후 자전거래를 일삼는 컬렉터들이 존재하는 것은 일본 역시 크게 다르지 않은 듯하지만, 부부의 컬렉션을 보는 순간 이들의 열정은 아예 차원이 다른 범주라는 것을 온몸으로 느낄 수 있었다.

미술 전문 매거진에서 '지금 우리가 주목해야 하는 작가들 탑10'이라는 주제로 원고를 썼다고 가정했을 때, 1부터 10까지 언급될 만한 작가들의 작품이 모두 이 부부의 전시실에 걸려있었다. 일단 전시실 입구에서부터 불과 며칠 전 페로탕 파리점에서 개인전을 보고 돌아왔던 제네시스 벨랑거GENESIS BELANGER의 아기자기하고 사랑스러운 캔디 컬러를 입힌 도자기 작품이 우아함을 뽐내며 내 눈길을 사로잡았다. 전시실 가장 끝 방으로 천천히 발길을 옮길 때는 스스로 지금 내가 보고 있는 것이 맞나 의심하게 될 정도로 어마어마한 작품들이 보였다. 한쪽에는 벽을 가득 채울 만큼 커다란 쿠사마 야요이의 노란 호박 그림이 걸려있었고 그 방 전체를 차지하고 있는 것은 우리 집 거실보다 더 클 것 같은 압도적인 크기의 호박 조각이었다. 무려 작가가 제작한 호박 중 '가장 큰 호박'이라고 한다. 두 작품을 함께 바라보고 있자니 마음 한편이 웅장해지는 것은 물론, 머릿속에서는 팡파르가 울려 퍼지는 듯한 황홀한 충격을 받았다.

이 밖에도 도쿄는 아트 어셈블리가 주최하는 새로운 브랜드 도쿄 겐다이의 창설을 앞두고 있다. 도쿄 겐다이는 아시아 지역 중심의 국제 아트페어로, 일본 갤러리 20%를 제외한 80%가 해외 갤러리로 꾸려질 예정이다. 개인적이고 보수적인 성향이 강한 일본 미술 시장도 이번만큼은 '국제적'으로 변신해보겠다는 의지를 불태우고 있다.

출처 | 모리 미술관

〈6인의 스타전〉 포스터
오케타 슌지와 아사코 부부의 컬렉션이 없었다면 이 전시도 없었을 것이다.

출처 | 필립스 웹사이트

필립스는 뮌헨의 알리안츠 아레나를 설계한 것으로 유명한 헤르초그&드뫼롱과 LAAB 건축사무소가 설계한 신사옥을 개관했다.

도쿄와 싱가포르, 서울이 가진 강점에 대해 살펴봤지만, 이들에게 배턴을 넘겨주기에 아직 홍콩은 너무나 강하다. 소더비가 2024년 홍콩의 명품 거리에 새로운 전시 공간을 준비 중이며 같은 해에 크리스티 역시 새로운 빌딩인 더 핸더슨The Henderson으로 아시아 태평양 본사를 확장 이전할 예정이다. 이 건물은 ZHAZaha Hadid Architects가 설계하여 더욱 기념비적인 의미를 담고 있다. ZHA는 동대문 디자인 플라자를 설계한 것으로 유명한 자하 하디드Zaha Hadid가 설립한 건축사무소이다. 필립스는 세 경매회사 중 가장 이른 2023년 봄, 역시 뮌헨의 알리안츠 아레나를 설계했던 헤르초그&드뫼롱Herzog & de Meuron과 LAAB 건축사무소가 설계한 신사옥을 개관했다. 홍콩 바젤이 열리고 갤러리들이 주로 입주해

있는 홍콩섬과 거리는 다소 있지만, 구룡섬의 오래된 건물 사이 들어선 필립스의 신사옥은 그 자체로도 생경한 압도감을 선사했다.

글로벌 1, 2, 3위 경매회사가 홍콩에 큰돈을 들여 신사옥을 짓는 이유는 단순하다. 이들은 홍콩이 다른 아시아 국가에 왕관을 뺏길 가능성이 희박하다고 보고 있다. 실제로 2023년 3월 홍콩 바젤이 코로나19 직전의 수준으로 행사를 재개하는 동안, 홍콩은 아트시티로서의 건재함을 과시하고자 전폭적으로 지원했다. 이에 감동한 일부 관계자들은 이번 홍콩 바젤로서 다른 도시가 홍콩의 새로운 대안이 될 가능성은 다시 '0'에 수렴될 것이라는 의견을 내놓았다. 하지만 반대의 목소리 역시 존재한다. 2023년 홍콩 바젤의 규모는 2022년에 비해서 상당히 커지긴 했으나 2019년에 비해 여전히 작았다. 아트페어 동안 잇따라 들려오는 대작과 수작의 판매 소식과, 홍콩의 중국화 현상을 경계하며 불참 의사를 밝힌 서양권 갤러리들과 서양인 컬렉터들로 인해 미술 시장의 미래를 뚜렷하게 읽기는 아직 어렵다. 아시아 국가의 경쟁구도 속 최후의 승자는 아직 안갯속에서 그 모습을 드러내지 않고 있다.

앞으로 몇 년간 아시아에서 펼쳐질 다이나믹한 미술 시장의 패권 경쟁이 어느 나라로 좁혀질지 지켜보는 것은 컬렉터들의 큰 즐거움 중 하나가 될 것 같다. 그사이 키아프는 해외 진출을 적극적으로 모색하고 있다. 그 첫 번째 진출지는 인도네시아가 유력하며 2023년 9월 가오픈 형태의 사전 행사가 열릴 계획이다. 이번 론칭이 성공적이라는 판단만 있다면 두 번째, 세 번째 해외 진출지를 찾기는 어려운 일이 아니다. 벌써 두바이와 로스앤젤레스 등 주요 도시가 적극적으로 거론되고 있다.

토종 아트페어를 해외에서 관람하는 것은 어떤 기분일까? 한국인으로서 한국이 더 많은 인프라를 갖게 되기를 바라는 것은 당연하지만, 한편으로는 아시아의 아트허브가 한 도시로 귀결되기보다는 서로 시너지를 나눠 가지면서 파이를 키우는 긍정적인 효과를 얻기를 바란다. 각 도시가 가진 특성과 장점은 너무나 다채롭고 또 아름답기 때문이다.

스몰토크

케이티 틸리 갤러리스트

서울은 이미 하나의 큰 아트시티

아시아나우Asia Now는 유럽에서 유일하게 아시아의 현대미술을 조명하는 아트페어다. 2022년, 벌써 9회째 열리는 이 행사에는 전 세계 75개국에서 갤러리 88개가 참여했으며 동아시아와 중앙아시아, 아시아 태평양 지역을 모두 아우르는 작품들이 소개되었다. 10 챈서리 레인 갤러리10 chancery lane gallery의 갤러리스트 케이티 틸리Katie de Tilly도 아시아나우에 참가하기 위해 파리에 머무르고 있었다. 나는 그녀가 홍콩에서 지난 20년간 갤러리를 운영하며 축적했을 인사이트에 호기심이 생겨 인터뷰를 요청했다. 약속한 날, 케이티는 왼팔에 핑크색 붕대를 감고 나타났다. 내가 걱정스러운 표정을 짓자, 그녀는 미국 서부 사람 특유의 유쾌함으로 단번에 나를 웃게 했다.

갤러리 이름이 무척 특별하네요. 소개를 좀 해주시겠어요?

저는 홍콩에서 10 챈서리 레인 갤러리를 운영하는 갤러리스트 케이티 틸리입니다. 우리가 홍콩에 갤러리를 연 지는 벌써 22년쯤 되었네요. 그때 갤러리의 이름을 어떻게 지을지 고민하던 중 문득 우리 갤러리의 도로명 주소가 무척 세련되고 직관적이라는 생각이 들었어요. 주소와 갤러리 이름을 따로 외울 필요 없이 누구나 갤러리 이름만으로 우리를 찾아올 수 있으니까요. 그뿐만 아니라 수많은 아트페어에서도 우리 갤러리 이름을 찾는 건 정말 쉽거든요. 일반적으로 참여 갤러리 명단이 숫자와 알파벳 순으로 표기되기 때문이죠. 노출도 측면에서 압도적으로 유리하다는 장점이 정말 만족스러운 이름입니다.

2022년 가을, 키아프 아트페어에도 참가했는데요. 반응이 궁금합니다.

우리는 키아프와 프리즈가 동반 개최한 2022년 아트페어 이전에도 꾸준히 키아프에 참가했어요. 제가 서울에서 한국 컬렉터들을 만나면서 받았던 느낌은 다른 아시아 지역에 비해 한국분들의 영어 실력이 상당히 좋다는 거예요. 그리고 미술 시장도 꽤 성숙한 편이고요. 저는 컬렉터와 대화를 나누거나 질문을 받을 때 상대방의 적극성이나 기본적인 지식을 참고해서 적절한 피드백을 주고자 노력하는 편인데요. 물론 한국인 컬렉터들 역시 동양 문화권의 특성이 짙게 나타나는 것은 사실이지만, 적극적이고 미술 관련 지식이 풍부하다는 것을 충분히 느낄 수 있었어요.

최근 몇 년 사이 홍콩에 기반을 두었던 갤러리들이 서울로 이전하고 있는 현상에 대해서는 어떻게 보세요?

홍콩의 강력한 정책이나 상황 때문에 서울이 아트시티로 부상하고 있다는 전제 자체는 동의하기 어려워요. 그건 홍콩 때문이 아니거든요. 지난 2년간 홍콩에서 아트페어가 제한적으로 열리긴 했지만, 자체 수요가 워낙 풍부합니다. 홍콩 내에서 작품은 지속적으로 잘 판매되고 있어요. 제가 경매회사의 사정까지는 전달하기 어렵지만, 경매의 매출도 상승세를 유지하고 있고요.

제가 봤을 때 서울은 홍콩과는 별개로 이미 하나의 큰 아트시티로서 도약할 준비가 어느 정도 되어 있었다고 생각합니다. 단지 그 계기가 필요했을 뿐이죠. 거대한 아트페어 브랜드 프리즈가 서울을 아시아의 새로운 허브로 선택한 이유도 앞서 제가 말한 것과 비슷할 것 같은데요. 성숙한 관람객과 교양 있는 컬렉터들이 서울에는 많습니다. 여기서 제가 반복해서 말하는 '성숙함'의 기준은 곧 경제적인 기준입니다. 미술 시장은 자산 시장과 그 규모가 비례하고, 이러한 지점에서 한국은 미술 시장이 커지고, 더욱 성장할 충분한 조건을 갖춘 거죠.

갤러리스트님께서 생각하는 좋은 작가의 기준이 있을까요?

저는 어떤 작가의 작품을 사야 하는지 묻는 컬렉터들에게 '투자라고 생각하지 말고 어떤 이유에서든, 좋아하는 작가의 작품을 사라'고 조언합니다. 그리고 여기서 중요한 건, 내 취향이 그저 시대의 유행에 그치는 것인지, 아니면 당대의 중요한 상징인지 살펴봐야 한다는 겁니다. 내가 좋아하는 작품이 당대에 중요하고, 작품의 메시지가 앞으로도 꾸준히 의미가 있다면 이 작품을 찾는 사람들은 자연스럽게 계속 생겨날 테니까요. 영어로는 'Try to zoom out', 그리고 'Will it be a part of this moment?'인 거죠. 이 뜻이 잘 전달이 될지 모르겠네요. 풀어서 말하자면, 조금 멀리서 보고, 이 작품이 이 시대의 중요한 부분이 될지를 가늠해보자는 겁니다. 이게 좋은 작품과 좋은 작가를 고르는 기준이라고 말씀드리고 싶어요.

좀 엄격하게 들릴 수도 있겠습니다만, 한국과 도쿄, 홍콩, 싱가포르 등 아시아의 초보 컬렉터들을 정말로 '진성 컬렉터'라고 부를 수 있을지 사실 저는 좀 회의적입니다. 그들은 자기들이 어떤 작품을 진짜 좋아하는지 아직 몰라요. 심지어는 미술품의 특성에 대해서 전혀 인지하지 못하고 있는 경우도 많고요.

그들은 스스로 진지하게 물어봐야 해요. 지금 내가 하는 것이 컬렉팅인지, 아니면 단기 투자인지. 하물며 단기 투자를 한다고 하더라도 투자 상품에 대한 정확한 판단이 있어야 하잖아요? 미술품을 사기에 앞서 철저한 고민은 당연히 필요합니다.

지금까지 홍콩과 서울의 미술 시장, 그리고 컬렉터들에 대해 이야기했는데요. 정작 우리는 지금 파리에 있잖아요. 아트바젤의 모기업 MCH그룹은 왜 파리에 아트페어를 열었을까요?

어머나, 제이니. 지금 창밖을 한번 내다보세요! 파리는 다른 이유가 필요 없어요. 파리는, 그 자체로 파리니까요! 저 센강 맞은편의 건축물들과 지금 저 문고리, 저 창틀, 하다못해 아르데코 양식을 적용한 이 마룻바닥을 보세요. 이게 그 이유예요! 아트시티의 수도라니까요. 미술관과 박물관, 갤러리들을 쉬지 않고 볼 수 있고 이 도시에 존재하는 모든 게 다 예술이니까요. 우리는 지금 파리에 있고, 파리에서 열리는 아트바젤은 프랑스뿐 아니라 각국의 갤러리들이 다양하게 참가해요. 즉, 파리는 도시 전체를 아트바젤에 대여해주고, 해외의 갤러리들은 이 장소의 감각과 정서를 빌려 작품을 판매하는 거죠. 이대로 너무 충분하지 않나요?

홈페이지 | **10chancerylanegallery.com**
인스타그램 | **@10chancerylanegallery**

CHAPTER 5

돈이 되는 미술 키워드

NEW ART,
NEW MONEY,
NEW KEY WORD

레오나드로 다빈치, 〈살바토르 문디〉

위작 스캔들과 함께 2017년 4억530만달러(한화 약 5,450억원)의 거래가를 기록하며 새로운 시장을 뜨겁게 달궜던 작품으로, 전 세계에서 가장 비싼 미술품이라고 알려져 있다. 이처럼 미술 시장에 센세이션을 불러올, 혹은 앞으로 화제가 될 키워드는 무엇이 있을까?

인종과 젠더를 품은 미술, 다양성

요즘도 가끔 소외 계층에 꾸준히 온정을 베풀어 온 식당을 발견한 사람들이 '돈쭐' 내주었다는 기사를 읽곤 한다. 주문과 매출을 폭발적으로 늘리는 방식으로 식당을 칭찬해주는 신조어, 돈쭐은 MZ세대가 얼마나 가치 소비에 집중하고 있는지를 보여주는 단면적인 사례이기도 하다. 대세를 따르기보다는 자신이 가진 가치관과 세계관에 집중하고, 여기에 부합하는 작가들을 지지하는 미술 시장의 새로운 흐름 역시 MZ 컬렉터들의 주축으로 만들어진 변화라고 할 수 있다.

MZ세대가 만들어 나가는 새로운 미술 시장을 연구하는 나에게 MZ세대가 가진 장점이 무엇인지를 묻는다면 나는 '융통성'과 '합리성'이라고 말할 것 같다. 지금까지의 미술 시장이 이른바 밀실 거래의 온상이라고 할 만큼 폐쇄적으로 운영된 까닭에는 사실 미술품이 가진 독보적인 특성이 가장 크게 작용했다고 봐야 한다. 일단 미술품은 존재 그 자체로도 주변의 산만함을 물리치는 엄숙함과 압도감이 있다. 삼청동이나 한남동 일대를 지나다 보면 어느 통유리창 너머로 미술 작품이 걸려있는 공간을 마주하곤 한다. 못 자국 하나 없는 새하얀 벽에 걸린 미술품과 아는 사람들만 이해하라는 듯 과도하게 간략한 전시 설명…. 전면을 향해 공간 전체가 노출되어 있지만 발을 들여놓기가 쉽지만은 않은 이유는 현실 세계의 시공간이 갤러리에 들어서는 순간 멈추는 듯, 달리 흘러가기 때문이다.

이를 우리는 미술품이 가진 배타성이라고 한다. 미술 시장은 자본과 지성, 감각이라는 각기 다른 조건들로 이루어진 만큼이나 독창적인 시장 구조로 되어 있다. 게다가 현대미술이 가진 난해함이 또 다른 배타성으로 작용하면서 미술 시장의 장벽은 언제나 높기만 했다. 하지만 바통을 MZ세대가 이어받게 되면서, 스포트라이트를 받는 작가들도 이전과 다른 특성을 갖게 되었다. 앞서 말한 MZ세대의 장점들이 그간 보수적이고 경직된 미술 시장에 접목되면서 현재의 미술 시장은 이전에 없던 확실히 새로운 키워드를 갖게 된 것이다. 바로 Diversity, 한국어로 말하면 '다양성'이다.

MZ 컬렉터들과 기성 컬렉터의 가장 큰 차이는 작품을 선택할 때 작가의 가치관을 중요시한다는 점이다. MZ 컬렉터는 컬렉션을 통해 자신의 가치관과 신념을 드러내고자 한다. 작품이 가진 결과물이나 완성도와는 별개로 작가가 가진 신념을 응원한다면 기꺼이 작품을 컬렉팅하며 그 뜻을 지원한다. 작품이 설령 미술 시장의 선호도와는 거리가 멀더라도 말이다. 그동안 플렉스, 성투(성공한 투자) 같은 가벼운 단어로만 MZ들을 평가했던 것이 미안해질 정도로 쿨하고 근사한 면모가 아닐 수 없다. 본래 미술품이라는 것이 작가가 직면하고 경험한 가장 본질적인 주제로 완성되는 것임에도 불구하고 미술 시장은 아이러니할 정도로 보수적인 형태로만 발전되어 왔다. 이는 비단 한국만의 문제가 아니다. 해외에서도 왜 항상 미술 시장은 백인 남성작가들에게만 유독 후한 평을 주는지에 대한 논란은 늘 존재했다. 하지만 미술 시장의 세대 변화로 인해 드디어 다양한 작가들이 스포트라이트를 받게 되었다.

그렇다면 새 시대가 조명한 새 작가들은 누구일까? '다양성'이라는 키워드를 더 자세히 세분해서 알아보겠지만, 우선은 가장 큰 반향을 일으키고 있는 여성작가 군단부터 시작해야 하겠다. 어느 분야에나 여성들의 앞길을 막아 온 유리 천장의 사정이 미술 시장이라고 달랐던 것은 절대 아니다. 온라인 아트 플랫폼 《아트넷 뉴스Artnet news》의 조사에 따르면, 2008년부터 2019년까지 약 11년간 열린 미술품 경매에 1,966억달러(한화 약 256조4,843억원) 이상의 어마어마한 돈이 투입되었으나 이 중 여성작가의 작품은 약 2%에 불과했다.

심지어 이 콩알만 한 비중의 절반이 딱 5명의 작가에게서 나왔다는 건 좀 더 충격적이다. 유명 작가군인 루이즈 부르주아, 쿠사마 야요이, 조지아 오키프Georgia O'Keeffe, 애그니스 마틴Agnes Martin을 제외하면 미술 시장은 그저 남성들이 독식하는 시장, 그 이상도 이하도 아니었다는 것이다. 하지만 다행히도 최근 몇 년 새 이 비중은 점차 늘어나는 추세다. 미술 시장을 선도하는 고액 자산가 그룹이자 큰손 컬렉터들 사이에서 여성작가의 작품을 사는 비중이 꾸준히 증가하고 있다. 아트바젤과 UBS가 함께 발간한 〈2022년 미술 시장 보고서A Survey of Global Collecting in

알프레드 스티글리츠가 촬영한 조지아 오키프의 초상(왼쪽)과 〈Red Canna〉(오른쪽)
2014년 조지아 오키프의 작품 중 1점이 4천440만달러(한화 약 495억원)에 낙찰되며 여성작가의 작품으로서는 최고가를 기록했다.

2022〉를 보면, 이들이 2019년 구매한 여성작가의 비율은 전체의 39%에 그쳤으나, 2022년에는 42%까지 상승한 것을 알 수 있다.

현재 미술 시장에서 약진하고 있는 여성작가들에게는 몇 가지 흥미로운 공통점이 있다. 일단 작가들이 하나같이 다 젊다. 2022년 8월 서울에 두 번째 분점을 낸 페로탕이 첫 번째 전시로 선택한 작가 엠마 웹스터는 1989년생이다. 지금 전 세계에서 가장 '일 잘하는 갤러리'라는 평을 받는 글로벌 갤러리가 새로 낸 지점의 무려 오프닝 전시, 그것도 개인전을 엠마 웹스터에게 맡긴 것이다. 그 자체로 페로탕이 가고자 하는 방향을 선보이기에 가장 적합한 비전을 가진 작가라는 의미하는 것은 아닐까 싶다. 엠마 웹스터는 작업 방식부터가 일단 남다른데, 먼저 가상현실VR로 디지털 풍경화를 설정한 후 캔버스로 옮겨온다. 쉽게 말해 가상현실과 기존의 전통 회화를 작업에 모두 사용하는 것이다. 이러한 독특한 작업 방식은 같은 풍경화를 그리더라도, 엠마 웹스터만의 낯설고 모호한 느낌을 만들어 낸다. 페로탕의 전시 오프닝 전 먼저 받아본 작품 리스트를 보고 내가 한 첫 질문은 "이 작가, 지구의 풍경을 그린 거 맞아요?"였다.

또 다른 글로벌 갤러리이자, 개인적인 최애 갤러리로 꼽는 가고시안 갤러리와 2022년 초 전속계약을 맺은 안나 웨이언트Anna Weyant는 무려 1995년생이다. 작가에게 2022년은 누구보다 특별한 한 해였을 것이다. 2022년 5월 소더비 경매에 출품된 〈Falling Woman〉이 162만3천 달러(한화 약 21억원)에 팔린 데 이어, 11월 크리스티 경매에서는 〈Loose Screw〉가 150만달러(한화 약 19억6천만원)에 낙찰되었기 때문이다. 경매에 젊은 작가의 작품이 다수 출품되는 것도 모자라 낙찰가가 꾸준히 우상향을 그리고 있다는 자체가 일단 놀라운 일인데, 심지어 1년 동안 한 번도 아니고 두 번씩이나 20억원대의 낙찰가를 기록했다는 것은 말 그대로 기념비적인 일이다. 이런 결과를 두고 가고시안 갤러리의 높디높은 명성과 이 갤러리의 오너인 래리 가고시안의 어린 연인이라는 작가의 은밀한 사생활이 만들어 낸 후광이 전부고, 작품의 가치는 거품일 뿐이라고 수군거리는 사람은 없을 것이다. 안나 웨이언트의 작품은 이 모든 가십을 잠재울 만큼 아름답고, 또 압도적이다. 어두운 장막 아래 대조적으로 배치된 사물들과 여성들은 하나같이 어딘가 불안정해 보이지만, 한편으로는 너무나 매끄럽고 부드러운 윤곽으로 어딘가 그윽한 느낌까지 자

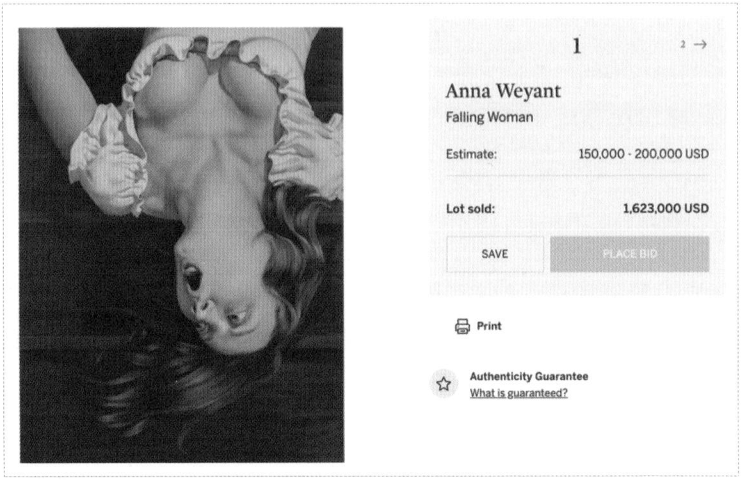

출처 | 소더비 웹사이트 캡처

안나 웨이언트의 〈Falling Woman〉은 2022년 소더비 경매에 출품되어 162만3천달러(한화 약 21억 원)에 낙찰됐다.

아낸다. 고전미와 세련미가 동시에 함축된 작가의 작품 가격이 어디까지 날아갈지 지켜보는 것도 컬렉터로서 흥미로운 관전 포인트다.

미술 시장을 휩쓸고 있는 여성작가들의 또 한 가지 반가운 특징은 '한국' 작가들이 종종 포함되어 있다는 것이다. 이 작가들은 주로 해외에서 작업을 하면서, 해외 미술 시장에서 이미 두각을 드러내고 있다. 기사를 읽다가 '무슨 무슨 킴'이라는 이름을 발견하거나, 성은 없지만 이름이 'Sun Woo'라서 혹시나 하고 찾아본 작가가 한국인이었을 때 내 DNA에서부터 애국심이 차오르는 것을 느끼곤 한다.

작가 갈라 포라스 킴Gala Porras Kim은 1984년생 한국계 남미인이다.

작가는 문화인류학과 미술의 접점에서 다양한 질문을 던진다. 전반적인 주제는 박물관의 유물이 가진 의미와 권력이다. 예를 들면, 살아있는 사람에게는 국적이 있지만 미라가 되어버린 사람은 생전의 의지와 권리가 박탈된 상태로 박물관의 소유가 되는 현상 같은 것들이다. 어릴 때부터 숱하게 많은 박물관과 미술관을 다녔음에도 불구하고 단 한 번도 작가와 비슷한 생각을 해본 적도 없거니와 나에게 그녀의 주제 자체가 생소하게만 느껴지는 이유는 아마도 작가의 작품 세계가 정체성과 밀접하게 이어져 있기 때문일 것이다. 작가가 주요한 화두로 던지는 디아스포라는 본토를 떠나 타국에서 살아가는 공동체 집단이나 이주 그 자체를 의미하는 단어로, 동시대 미술 시장에서 중요하게 다루고 있는 키워드이기도 하다. 이러한 사실은 작가의 화려한 전시 이력만 보더라도 알 수 있다.

그녀의 그림은 '미술 덕후라면 반드시 가봐야 할 미술관 100곳'에 나올 만한 공간에 종종 전시되었다. 작가는 2017년과 2019년, 세계 3대 비엔날레로 손꼽히는 휘트니 비엔날레Whitney Biennale에 참가했고 로스앤젤레스 현대미술관LACMA 전시에도 참여했으며 뉴욕의 아만트 파운데이션Amant Foundation에서도 개인전을 개최한 바 있다. 이렇듯, 갈라 포라스 킴 작가는 미국에서 주로 활동하고 있지만 2021년 광주 비엔날레를 시작으로, 2022년에는 '한국 공식 이민 120주년 기념사업'으로 조성된 한민족 혈통 작가들의 그룹전도 함께 하며 한국과의 인연도 꾸준히 이어나가고 있다.

앞서 설명한 여성작가의 발목을 잡는 보수적인 성비 구조가 단순한 유리 천장 수준이었다면, 블랙 아트 쪽은 그보다 더 단단한 시멘트 공구

출처 | Francis Kokoroko (Wikimedia)

가나 출신의 흑인 아티스트, 아모아코 보아포. 미국 전역에서 일어난 **BLM** 이후 더욱 주목을 받았다.

리(?)에 비유할 수 있겠다. 미국 컨설팅 기업 지피아Zippia의 조사에 따르면 2010년부터 2019년까지 미술 시장에서 아프리카계 미국인을 포함한 흑인 작가의 비율은 4% 이상을 넘어본 적이 없다. 아시안 작가의 비중이 8%를 넘어서고, 백인 작가의 비중이 꾸준히 70% 중반대를 유지하는 동안에 말이다. 하지만 모든 성장에는 아픔이 뒤따르듯, 백인 경찰관의 흑인 무차별 총격 사건이 잇따라 발생하고 이에 흑인 인식 개선에 관한 요구가 빗발치는 사회적인 운동이 확산하면서 미술 시장 역시 흑인 작가들을 제대로 조명하기 시작했다.

미술 기사를 좀 읽어본 사람이라면 이미 낯이 익을 작가 아모아코 보아포Amoako Boafo를 설명하는 수식어는 너무나 많다. 하지만 나는 그를 지금 가장 뜨거운 작가로 정의하고 싶다. 누군가를 설명할 때 피부색에 대한 언급은 극도의 무례함과 인종차별자라는 오해를 받을 수도 있지만 반대로 그만큼 확실한 설명도 없다. 그것이 부정적인 의미가 아니라는 전제하에 말이다. 보아포는 아프리카 가나 출생의 흑인 아티스트고, 아프리카 미술과 흑인의 초상화를 제대로 다뤄본 적이 없는 미술 시장을 상대로 꾸준히 흑인 남성의 초상화를 선보이며 자신의 정체성을 표현해 왔다. 거기에 대담한 색상 매치와 손가락으로 물감을 바르는 독특한 페인팅 기법으로 그만의 독창적인 세계관을 다져 나갔다. 그의 작품에는 백인이나 아시아인 특유의 말간 피부 표현은 없지만, 그 대신 손가락으로 만들어 낸 구불구불한 질감은 흑인들이 가진 근육의 입체성을 더욱 효과적으로 보여준다.

아모아코 보아포가 미술 시장에서 완벽히 주목받게 된 시점은 2020년, 미국 전역에서 일어난 BLMBlack Lives Matter(흑인인권운동)과 완벽히 맞물렸다. 불과 1년 전 그는 세계적인 컬렉터 루벨Rubell 부부가 운영하는 작가 지원 스튜디오에 상주하는 그저 젊은 작가에 불과했으나 2020년 2월 필립스 런던 경매에 출품된 보아포의 작품이 87만5천달러(한화 약 11억4천만원)를 기록한 것을 기점으로 단숨에 100만달러 작가의 반열에 들어서게 되었다. 또한 아모아코 보아포의 작품은 구겐하임미술관Guggenheim Museum과 로스앤젤레스 카운티 미술관Los Angeles County Museum of Art 등에 소장되며 그 명성을 공고히 하고 있다.

1955년생 케리 제임스 마셜Kerry James Marshall은 아모아코 보아포보다 훨씬 앞서 흑인 인물화를 그려 미술 시장에 정체성을 표현해온 작가다. 캔버스의 중심에 서서 관객을 응시하듯 정면을 바라본 흑인들의 얼굴은 음영이 아예 없고 그야말로 정말 새까맣다. 얼굴에서 검은색을 칠하지 않은 곳은 딱 두 군데인데, 눈동자를 뺀 흰자위와 씩 웃을 때 드러나는 치아뿐이다. 하지만 되려 이런 대비가 작품을 더 강렬하게 만들 뿐만 아니라 작가가 살면서 느꼈던 처절한 감정을 그대로 마주하게 한다. 검은 배경과 구분되지 않는 검은 피부를 통해 지금까지 투명 인간 취급을 받아온 자기 정체성의 민낯을 그대로 드러낸 것이다.

그의 작품 〈Vignette 19〉을 뉴욕 소더비 경매에서 아마존 창립자이자 CEO인 제프 베이조스가 무려 1,850만달러(한화 약 240억원)에 낙찰받기도 했다. 미술 시장이 가진 매력이 빛을 발하는 순간은 바로 여기서부

출처 | 보그

케리 제임스 마셜이 그린 오프 화이트Off-White의 흰색 이브닝드레스를 입은 흑인 여성. 그녀의 뒤쪽 창문에는 고층 건물들이 보여 마치 펜트하우스 아파트에 있는 듯한 인상을 준다.

터다. 제프 베이조스는 이미 모두가 알고 있다시피, 미국인 그리고 백인이다. 전 세계 기업인의 롤모델으로도 꼽히는 그가 케리 제임스 마셜의 작품을 소장했다는 것이 알려지면서 작가의 입지는 완전히 황금 날개를 달았다. 이후에도 마셜은 유수한 갤러리의 전시에 참여했을 뿐만 아니라 2022년에는 갤러리 데이비드 즈워너David Zwirner와 손을 잡고 프리즈 런던Frieze London에도 참가했다. 그리고 같은 해 5월, 소더비 경매에 출품된 작가의 〈Beauty Examined〉도 1,353만8천달러(한화 약 176억원)에 팔리는 등 여전히 미술 시장의 피라미드 가장 꼭대기 층에 군림하고 있다.

하지만 성 소수자 작가 군단에 비하면 그 숫자가 미미하더라도 미술 시장의 통계에 다뤄지고 있는 여성작가와 블랙 아트의 사정은 그나마 훨씬 나은 편이다. 미술 시장에서 성 소수자 작가에 대한 데이터는 아예 없다시피 하다. 하지만 블루칩 작가 중에서도 사실 퀴어 작가들은 생각보다 많은 편이다.

프랜시스 베이컨은 평생을 성소수자로 살며 연인을 모델로 많은 그림을 남겼고, 데이비드 호크니David Hockney의 작품 중 가장 유명한 〈예술가의 초상〉도 수영하는 자신과 11살 연하의 동성 연인을 그린 것이었다. 2022년 10월, 정말 좋아하는 작가 장미셸 오토니엘의 초대를 받아 그의 스튜디오를 방문했었다. 그때도 말수 적은 소년처럼 얼굴만 붉히던 작가 대신 스튜디오의 모든 문을 열 수 있는 열쇠 꾸러미를 들고 앞장서서 우리를 안내하던 사람은 오토니엘의 오랜 동성 연인, 요한 크레텐Johan Creten 작가였다.

생각해보면 그동안 작가의 성 정체성은 작가의 세계관이라는 조금 더 넓으면서도 추상적인 관념으로 대체되고 있었던 것 같다. 하지만 작가들은 점점 더 직접적인 방식으로 성 정체성을 표현하기 시작했고 몇 년 사이 미술 시장의 흐름도 훨씬 유연해지면서 작가가 가진 고유성을 그대로 흡수할 수 있게 되었다. 미술 시장에 이러한 긍정적인 시그널이 제대로 맞아 들어가기까지 끈기 있게 작업을 이어온 근사한 작가들이 여기에 있다.

가장 먼저 말하고 싶은 작가는 2000년에 영국 최고 권위의 현대미술상인 터너상을 받은 포토그래퍼이자 HIV 양성이라는 사실, 그리고 1997년 에이즈 합병증으로 사망한 파트너를 잃은 자기 경험을 토대로 미술 시장에서 꾸준히 목소리를 내는 볼프강 틸만스Wolfgang Tilmans다. 몇 해 전 홍콩 바젤 위크 때 어느 갤러리에서 작가의 개인전을 관람한 적이 있었는데 주요 피사체로 등장하는 남성들의 거리낄 것 없는 포즈에 놀란 것도 잠시, 작품에서 감도는 따스한 온도와 서정적인 무드에 반해 엄청난 팬이 되었다.

볼프강 틸만스가 자신의 성 정체성과 세계관을 렌즈로 표현했다면, 크리스토퍼 하르트만Christopher Hartmann은 이를 캔버스로 옮겨 표현했다. 무심한 일상 속 소재를 화폭에 옮기는 작가의 작품에는 이리저리 벗어 둔 나이키 양말과 캘빈 클라인 속옷, 흐트러진 침대보와 남자의 발꿈치 등이 자주 등장한다. 대체로 서정적이며 세련된 느낌을 주는 동시에 작가의 작품 어디에도 여성의 힌트가 담기지 않았다는 점에서 작가의 성 정체성을 짐작할 수 있게 한다.

오늘날의 미술 시장은 젊고 개방적인 컬렉터들 덕분에 이전보다 더욱 말랑말랑해지고 있다. 작가를 '선생님'으로 깍듯하게 칭하는 것이 기성세대가 작가를 존중하는 태도였다면, MZ 컬렉터들은 작가를 우상화하는 대신 다양성을 포용하면서 세계관을 확장하는 방식으로 소통해간다. 미술 시장에 오랜 시간 자리 잡았던 미술품의 '배타성'이 허물어진 자리에 '공감대'가 생겨나고 있는 것이다.

돌이켜 봤을 때, 과거의 내가 볼프강 틸만스에게 매료되었던 감각적 경험이 없었더라면 아마도 크리스토퍼 하르트만 역시 지금처럼 편안하게 받아들이기는 어려웠을 것 같다. 이렇게 세상에 존재하지만, 접할 기회가 없던 다양한 관념들을 한 컬렉터로서 혹은 개인으로서 작품을 통해 배우게 되는 과정은 서툴지만 즐거운 여정인 것만은 분명하다.

완전히 새로운 예술,
아트 브뤼

영어가 아닌 것은 분명해서 도저히 뜻을 추측조차 할 수 없는 아리송한 단어, 아트 브뤼Art Brut. 이 낯선 단어를 들고 벗이 미술관VERSI Art Museum의 관장인 친구를 무작정 찾아갔다. 장장 몇 시간에 걸쳐 이어진 설명에도 불구하고 딱 떨어지게 이해가 되지는 않았다. 그래서 그게 뭐 어떻다는 거야? 그냥 있는 그대로의 예술이라는 거잖아? 미간을 찌푸리던 내가 말을 다 끝마치기도 전에 친구는 부드럽게 내 말을 이어받았다.

"그러니까 그건 결국 우리 모두의 예술이라는 거야."

Brut은 프랑스어로 '날 것 그대로의'라는 뜻이 있는데, 이는 1920년대 초 유럽에서 생겨난 비주류 예술의 개념과도 맞닿아 있다. 여기서 큰 영감을 받은 프랑스 출신의 작가이자 조각가 장 뒤뷔페Jean Dubuffet는 '광기가 창조적 풍요의 원천'이라고 확신하며 사회적 조건에 영향을 받지 않고 온전히 창작자 자신의 충동만으로 만들어지는 예술을 찾기 시작했다. 이후 다양한 정신병원과 감옥을 찾아다니며 이곳에 머물렀던 수용자

출처 | BEIC 재단 (Wikimedia), 페이스갤러리

"광기야말로 창조적 풍요의 원천이다." 장 뒤뷔페는 이렇게 아트 브뤼라는 새로운 예술사조를 선언했다.

들이 남긴 작품들을 수집했고 1945년, 마침내 '아트 브뤼'이라는 새로운 예술 사조를 명명했다. 장 뒤뷔페가 주류 사회 밖에 존재하는 예술에서 새로운 개념을 발견한 것에 착안해, 아트 브뤼는 정신적 혹은 신체적인 결함이 있거나 미술을 제대로 배워본 적이 없는 작가들의 작품에서 보이는 비교양적이면서 적나라한 예술을 주로 의미하게 되었다.

이 시기 유럽 사회에서는 이러한 성격을 가진 작품들을 수집하는 컬렉터들이 많아졌고 특히 정신 의학자들은 자신의 컬렉션을 바탕으로 왕성한 연구활동을 펼쳤다. 이렇게 모두의 관심 밖에 있던 비주류 예술이 주류 사회로 자연스럽게 편입되기 시작했다. 이윽고 1972년에 들어 영국의 미술사가 로저 카디널Roger Cardinal이 아트 브뤼를 아웃사이더 아트Outsider Art라는 영어로 재정의했다.

언뜻 보면 단순히 불어인 'Brut'가 'Outsider'라는 영어로 번역된 것으로 보일 수도 있을 것이다. 실제로 로저 카디널이 아트 브뤼를 아웃사이더 아트로 번역한 이유는 단순히 프랑스어가 아닌 영어 단어가 필요해서였다. 하지만 중요한 점은 유럽권과 영미권 문화가 서로 달라도 너무 다르다는 사실이다.

아트 브뤼는 처음부터 유럽권 문화에서 파생된 개념이었고 아웃사이더 아트는 영미권 문화를 중심으로 발전하며 그 개념이 더욱 세분화되었다. 예를 들어, 포크 아트Folk Art와 독학 예술Self-Taught Art, 환상 예술Visionary art 같은 개념에는 본래의 아트 브뤼에는 없던 것들이었으나 아웃사이더 아트가 영미권 문화에 뿌리를 내리게 되면서 생겨난 개념들이다. 이러한 맥락에서, 아트 브뤼의 창시자라고 할 수 있는 프랑스 예술계는 아웃사이더 아트가 아트 브뤼의 온전한 개념을 담고 있지 않다고 주장한다. 예를 들어, 포크 아트에서 '민속'의 의미는 '전통'이라는 뜻이지만 대부분의 민속 작가는 이 개념을 외부 환경에서 착안하지 않는다. 그들은 그저 부모님 세대로부터 물려받은 전통적 정신을 표현할 뿐이다. 이렇게 실제의 포크 아트와 아웃사이더 아트에서 파생된 포크 아트 사이에는 차이가 발생한다. 독학 예술도 마찬가지다. 만약 북미 미술계 사람에게 아웃사이더 아트의 기준을 묻는다면 그들은 독학이라고 대답할 것이다. 그러나 독학은 현대미술을 작업하는 작가들이 가지고 있는 일반적인 요소 중 하나이므로 아웃사이더 아트의 한 분야라고만 볼 수는 없다. 이렇게 아트 브뤼와 아웃사이더 아트는 다른 문화권을 바탕으로 점차 다른 개념을 의미하게 되었다.

장 뒤뷔페와 로저 카디널은 정신병자, 신체장애인, 사회 부적응자, 그 외 '괴짜'라고 밖에 설명할 수 없는 이들의 작품을 주류 예술로 끌어당기고 전파시키는 데 헌신했다. 덕분에 미술 시장은 현대미술에서 마지막까지 남아있던 단 하나의 새로운 키워드를 발굴할 수 있었으며 극도로 소외된 나머지 세상에 존재하는 줄도 몰랐던 미지의 작가들이 점차 주류 사회에 알려지게 되었다. 그러나 한편으로는 이러한 배경들로 인해 아트 브뤼가 단순히 병리적인 예술만을 가리킨다는 또 다른 오해를 만들어냈다. 아트 브뤼는 환경적인 영향 없이 작가 자신의 정신에서 비롯된 예술을 말하는 것이지, 작가가 가진 핸디캡을 가리키는 것이 아닌데도 말이다. 이는 여전히 미술계가 어떠한 통념이나 선입견 안에서 작품을 해석하고 있음을 의미했다.

아트 브뤼는 인정하든, 인정하지 않든 이미 아주 오래전부터 존재해왔다. 100년 전에는 빈센트 반 고흐Vincent Van Gogh가 있었고 지금 시대에는 쿠사마 야요이가 있다. 하지만 미술계는 자신들이 가진 통념을 내려놓고 이들을 제대로 받아들일 시간이 더 필요했다. 로저 카디널이 아트 브뤼를 아웃사이더 아트로 재정의한 지도 50년이 훌쩍 넘었다. 그 시간 동안 이 새로운 예술은 어디까지 발전했을까? 아웃사이더 아트를 중점적으로 다루는 아트페어 OAFOutsider Art Fair는 현재 파리와 뉴욕 두 도시에서 열리고 있으며, 그중 2022년 파리의 아트페어는 벌써 10주년을 맞이했다. 모든 분야에서 시장이 형성되는 전제조건들과 마찬가지로 아웃사이더 아트 역시 작품을 공급하는 작가와 작품을 소구하는 컬렉터 사이 일정량 이상의 거래가 발생하면서 마침내 아트페어까지 자리를 잡게 되었다.

그리고 한국에서는 아시아 최초로 아웃사이더 아트 전문 미술관이 생겨났다. 앞서 언급한 벗이 미술관이 바로 그곳이다. 용인정신병원을 모회사로 두고 있는 배경에서도 짐작할 수 있듯, 벗이 미술관은 장애인과 비전문가, 영세민과 같이 문화적 경험을 충분히 하지 못하는 소외 계층을 위한 문화예술 공간이다. 이곳은 다양한 미술에서 영감을 받아 직접 작품을 만들어 보는 아트 클래스를 꾸준히 제공하고 있을 뿐 아니라 벌써 3년째, 국내외 신진 아웃사이더 아트 작가들의 창작을 양성하는 레지던시 스튜디오를 운영하고 있다. 그러고 보니 미술관의 이름도 특별한데 한글로는 친구를 의미하는 '벗'이라는 뜻이 되지만 영문 이름의

빈센트 반 고흐, 〈자화상〉
아트 브뤼는 새로운 현상은 아니다. 오늘날 쿠사마 야요이가 있다면, 과거에는 반 고흐가 있었다.

빈센트 반 고흐, 〈까마귀가 나는 밀밭〉
고흐가 자신의 삶과 예술, 인간의 복잡한 내면을 표현했다고 평가되는 작품으로, 마지막으로 그린 그림이라는 설도 있다.

'VERSI'는 'Diversity(다양성)'에서 가져왔다고 한다. 모든 차별을 배재하고 다양성을 포용하여 친구가 되겠다는 이념이 미술관 전체를 관통하고 있는 셈이다.

크리스티와 소더비는 아예 아웃사이더 아트 작품을 출품하는 경매를 선보였다. 아트 브뤼와 아웃사이더 아트를 전문적으로 다루는 미술관과 아트페어의 탄생도 유의미하지만 경매회사의 프로그램 편성은 미술 시장에서 해당 작품들의 강한 수요가 있다는 판단을 전제로 했다는 점에서 그 의미가 더욱 특별하다. 특히 크리스티는 2020년 새해를 맞아 뉴욕에서 처음 열리는 이브닝 세일Evening Sale에 아웃사이더 아트 경매를 전면 배치했다. 전 세계에 포진된 각 경매소에서 열리는 다양한 프로그램 중 가장 중요도가 높고 고가 작품을 주로 선보이는 경매가 바로 이브닝 세일인 만큼, 총 128점이 출품된 해당 경매에서 41억원에 이르는 매출을 올린 쾌거 또한 남다른 의미이기는 하다.

특히 이날의 경매에서 가장 높은 매출고를 올린 작가는 단연 빌 트레일러Bill Traylor였다. 아프리카계 미국인이었던 그는 미국 알라바마 주의 면화 농장에서 노예로 살았고, 노예제도가 끝난 후에는 소작농으로 일하며 평생 자신 주변의 풍경이나 동물, 사람들과 같은 소박한 모습들을 그렸다. 그의 작품은 동굴 벽화의 한 조각을 보는 것 같다. 원근법이 없는 것은 당연하고 사람이 서 있는 방향과 개가 서 있는 방향도 각각 다 다르다. 그는 그저 기록하기 위해 그림을 그렸다고 알려졌을 뿐 정확히 어떤 이유로 무엇을 표현하고자 했는지도 명확하지 않다. 하지만 녹록지 않았던 그의 삶 속에서 세상과 소통하기 위한 유일한 창구가 그림이었던 것만은 확실해보인다.

하지만 빌 트레일러가 2천여 점의 작품을 남기는 동안에도 세상은 그의 존재조차 알지 못했으며 사망한 지 30여 년이 지난 1970년도 후반에 이르러서야 미술계의 조명을 받기 시작했다. 여기까지 온 데는 빌 트레일러가 가진 예술적 가치를 알아봐 주었던 후견인의 역할도 컸겠지만, 동시에 로저 카디널이 아웃사이더 아트를 새롭게 명명했던 시기와도 맞물린다. 비록 빌 트레일러는 평생의 반을 노예로, 나머지 인생은 소작

출처 | BILL TRAYOR: CHASING GHOSTS 공식 홈페이지

빌 트레일러 다큐멘터리 영화 〈BILL TRAYOR: CHASING GHOSTS〉 포스터

생전에는 노예와 소작인으로 불리던 빌 트레일러는 오늘날 아티스트로 대접받는다. 그의 작품은 수억원을 호가하고 있다.

인으로 척박한 삶을 살다 갔으나 1980년대에 들어서자 미술계 사람들은 모두 그를 '작가'로 불렀다. 2018년에는 미국의 스미스소니언 미술관Smithsonian American Art Museum에서 그의 개인전까지 열렸다. 그렇다면 2020년 새해, 크리스티 뉴욕의 경매에 출품된 그의 작품은 얼마에 팔렸을까?

이날 경매에는 총 8점의 빌 트레일러의 작품이 출품되어 모두 새로운 소장자를 만났다. 특히 작은 종이의 반절을 다시 접어 양면으로 그려진 〈Man on White, Woman on Red / Man with Black Dog, double sided〉는 무척 특별했다. 접힌 면마다 남성과 여성, 그리고 검은색 개를

빌 트레일러, 〈Man on White, Woman on Red / Man with Black Dog, double sided〉

추정가를 훌쩍 뛰어넘어 50만7천달러(한화 약 6억6천만원)에 낙찰되었다.

그려 넣고 여성이 그려진 면에만 배경이 칠해진 것이 단순하지만 독창적인 작품이었다. 추정가를 훌쩍 뛰어넘은 이 작품은 결국 50만7천달러(한화 약 6억6천만원) 선에 낙찰되었다.

평생을 궁핍하게 살면서도 붓을 놓지 않았던 작가들이 작고 후 뒤늦은 관심을 받는 경우를 심심치 않게 본다. 그럴 때마다 작가가 살아생전에 이런 부귀를 조금이라도 누렸으면 어땠을까 하는 아쉽고 쓸쓸한 기분이 드는 것이 사실이다. 빌 트레일러의 경우는 정말 어렵고 고된 삶을 살았음에도 불구하고 사회를 겨냥하거나 비판적인 메시지를 가지고 있지도 않아서 어쩐지 더 마음이 아프다. 물론 작가가 작품을 그린 목적이 다른 사람의 인정이나 대중의 찬사를 받고자 한 것이 아니긴 했다. 그저 자신의 소박한 삶을 기록하고 온전한 즐거움을 위해 열정적으로 그림을 그린 것이다. 빌 트레일러의 작품을 감상하다 보면 그것이 바로 그가 가진 순수한 힘이라는 것을 깨닫게 된다.

한편, 2023년 2월 현재 뉴욕의 5번가 루이 비통 매장에 가면 미술계의 거장 쿠사마 야요이가 유리창 앞에 서서 땡땡이를 찍고 있는 모습을 볼 수 있다. 1929년생인 노작가가 과로하지 않을까 걱정이 된다면 다행히 그럴 필요는 없다. 사실 매장에서 땡땡이를 찍고 있는 건 로봇이다. 하지만 트레이드 마크인 독특한 헤어스타일부터 미세한 표정과 깜빡이는 눈까지 이게 진짜 로봇인지, 아니면 작가가 실제로 퍼포먼스를 하는 건지 헷갈릴 정도다. 이 밖에도 루이 비통의 파리 본점에는 거대한 크기의 작가 조각상이 스파이더맨처럼 건물에 달라붙어 있는가 하면, 한국의 매장에는 4m 규모의 실물 오브제가 설치되기도 했다.

이들은 모두 루이 비통이 쿠사마 야요이 작가와 협업을 진행하면서 내세운 홍보 전략의 일환이다. 덕분에 작가의 작품을 백화점 명품관에서 만날 수 있을 뿐 아니라 가방으로도, 스카프로도 즐길 수 있게 된 것은 분명히 환영할 만한 일이다. 더불어 국내 미술 시장 낙찰 총액 1위 자리를 굳건히 지키고 있던 이우환 작가를 밀어내고 '쿠사마 천하'를 이뤄낸 작가의 강세가 한동안은 더 지속될 것 같기도 하다. 하지만 동시에 마음 속 어딘가 찜찜한 기분이 든다.

작가는 유년 시절의 학대와 정신적인 고통으로 인해 오랫동안 환각을 보는 증상에 시달렸고, 1977년부터 현재까지 병원에 영구 재입원해 살고 있다. 병원에 입원했다고 해서 증상이 더욱 나아진 것도 아니라고 한다. 동일한 패턴이 무수히 반복되어 보이거나, 하나의 요소가 같은 형태로 무한 증식되어 보이는 증상들은 더욱 악화되었으나 이런 특징들을 아예 작업에 활용하여 결과적으로는 작품 세계가 더욱 확장되는 긍정적인 효과를 얻었다. 그래도 루이 비통과의 쿠사마 야요이의 협업을 보며 나는 역시 어딘가 감출 수 없는 불편함을 느꼈다. 조현병과 강박증을 비롯한 각종 정신질환을 앓고 있는 고령의 작가를 지나치게 상업적으로 소모하고 있다는 생각이 내 머릿속에서 맴돌고 있어서 그런 걸지도 모르겠다.

이런 복잡미묘한 감정을 느낀 것은 비단 나뿐만이 아니었다. 글로벌 넘버원 갤러리스트 래리 가고시안의 이름을 묘하게 본떠서 지은 인스타그램 계정 '제리 고고시안(@jerrygogosian)'은 현재 미술 시장에서 일어나

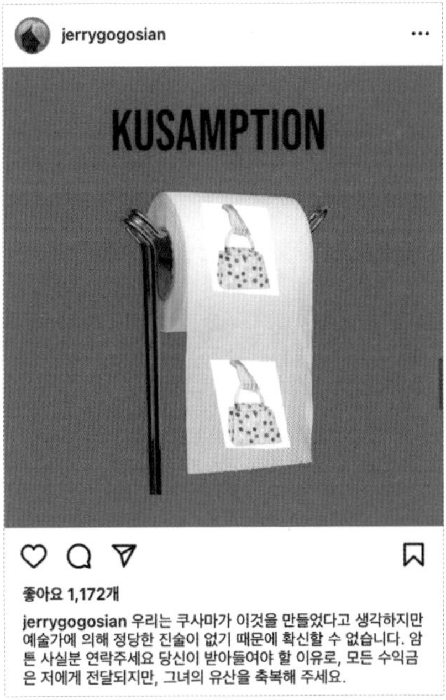

출처 | 제리 고고시안 인스타그램 캡처

"이것이 진정 쿠사마 야요이의 작품이 맞나요?" 누군가는 이런 용감한 질문을 던졌다.

는 별의별 일에 단 한 번도 점잖게 지나가는 법이 없이 도마 위에 올려놓고 신박한 드립을 치며 참견하는 미술계의 인플루언서로 유명하다. 하지만 이런 행보가 전혀 밉상이지 않은 이유는 그녀의 넘치는 위트와 미술계를 꼬집는 절묘한 풍자가 일단 반박이 어려울 정도로 구구절절 맞을 뿐만 아니라 그런 유머를 구사할 수 있다는 자체만으로 미술 시장에 대한 그녀의 깊은 인사이트를 가늠하게 하기 때문이다. 이번 루이 비통과 쿠사마 야요이 작가의 협업도 그녀의 촌철살인을 피해 갈 수는 없었다. 그녀는 쿠사마의 심볼인 땡땡이가 잔뜩 그려진 가방 사진과 함께 인스타그램 피드에 의미심장한 글을 올렸다.

"우리는 이것을 쿠사마가 만들었다고 추측할 뿐 작가의 정당한 진술이 없으므로 확신할 수는 없습니다. 아무튼 그건 여러분들이 판단하시고요. 사실 분은 연락하세요. 모든 수익금은 저에게 오긴 하는데요. 그래도 여러분들은 쿠사마 야요이가 남긴 유산을 축복해주실 거죠?"

못내 씁쓸한 마음 감출 길 없던 나는 이렇게 속을 시원하게 긁어주는 제리 고고시안의 피드를 보자마자 입을 딱 벌리고 탄복하고 말았다. 작가에게 그림을 그리는 작업은 그 과정 자체로서 정신적인 고통을 잊게 해주거나, 혹은 오히려 정면으로 맞서게 하는 용기를 낼 수 있는 유일한 수단일 수 있다. 브랜드와 작가의 협업이 컬렉터나 미술애호가에게도 문화적 풍요로움을 맛보는 즐거운 이벤트인 것은 분명하다. 하지만 루이 비통에게도 이렇게 순수한 셈법만 있었을까? 작가와 컬렉터, 그리고 미술애호가들에게 긍정적인 영향을 주었다고 브랜드과 작가의 만남이 무해하다고 판단하는 것은 좀 성급한 것 같다. 특히나 작가 스스로가 온전한 결정을 내릴 수 없는 경우라면 더욱 그렇다.

예술경영지원센터의 보고서에 따르면 아트를 매개로 한 제품은 일반 제품 대비 10~20%까지 높은 가격에 판매되고 있다. 이번 협업도 다르지 않은데, 현재 루이 비통 공식 홈페이지에서 판매하는 쁘띠 삭 플라Petit Sac Plat 가방은 233만원이지만 같은 크기, 같은 소재에 쿠사마 야요이의 디자인이 가미된 가방의 판매가는 310만원이다. 이게 끝이 아니다. 루이 비통의 대표적인 핸드백 시리즈 아티카퓌신ArtyCapucines BB는 863만원인 반면, 같은 크기에 같은 소재의 LV×YK 카퓌신 BB(루이 비통×쿠사마 야요이 카퓌신 BB)는 1,035만원으로 기존의 가방보다 무려 19%나 높은 가격에 팔리고 있다. 참고로 박서보 작가와 협업한 아티카퓌신 BB의 판매가는 1,200만원이었다.

어쨌든 1980년에 시작된 이래로 현재까지 왕성하게 이어져 오는 루이 비통의 협업 마케팅은 브랜드의 이미지 재고에도 도움이 될 뿐 아니라 매출 면에서도 극적인 효과를 보이고 있다. 아직 일부 지역이 코로나19 영향권 아래에서 매출을 채 회복하지 못했음에도 불구하고 루이 비통은 2022년 연간 매출이 사상 처음으로 26조원을 넘어섰다.

아트 브뤼라는 단어가 생겨난 지도 반세기가 지났지만, 그때와 비교해 현재 우리가 아트 브뤼를 더 깊이 이해하고 있는지는 의문이다. 그때와 지금의 상황이 크게 다르지 않다고 느껴지는 이유는 아트 브뤼를 여전히 장애가 있는 작가를 가리키는 하나의 미술 사조로 소모하고 있을 뿐, 이러한 개념을 연구하고 또 확장해나가는 과정이 미미하기 때문이다.

2023년에 살고 있는 우리에게 사람의 특성에 근거해 예술을 구분 짓는 것은 더 이상 필요하지 않을 수 있다. 그러나 아트 브뤼는 어떠한 예술에서도 영향을 받지 않았을 뿐 아니라 애초에 대중의 인정이나 찬사도 없이 뚜렷하게 존재해왔다. 그들이 창조하는 모든 세계관과 작품은 전적으로 그 자신만의 것이다. 100년 전 미술계가 우연처럼 마르셀 뒤샹Marcel Duchamp의 〈샘fountain〉을 통해 완벽히 새로운 예술을 만난 것처럼, 아트 브뤼도 현대미술계에 최후로 남아있는 새로운 예술 사조일 수 있다.

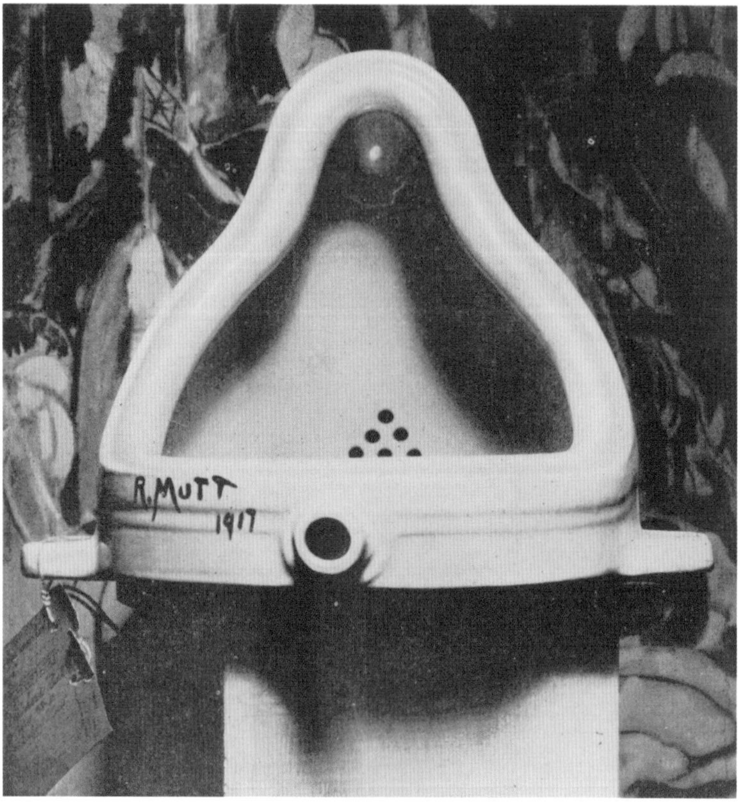

마르셀 뒤샹, 〈샘〉

뒤샹의 작품처럼 아트 브뤼도 현대미술의 새로운 예술 사조가 될 수 있을까?

스몰토크

크리스티앙 버스트 갤러리스트

아트 브뤼는 최후에 남겨진 '새로운' 예술

파리의 현대미술관 퐁피두 센터에서 걸어 나와 활기찬 골목을 지나면 처마가 서로 닿을 만큼 가까이 마주한 갤러리 2곳이 있다. 골목에서 오른쪽으로 고개를 돌리면 현대미술을 주로 소개하는 갤러리 더 브릿지The Bridge가, 왼쪽으로 돌리면 갤러리 주인의 이름을 딴 아트 브뤼 갤러리 크리스티앙 버스트Christian Berst가 보인다. 파리에서 처음 아트바젤이 열리던 2022년 가을, 나는 요즘 미술 시장에서 주목받고 있는 아트 브뤼에 대해 질문하기 위해 크리스티앙 버스트에 방문했다. 갤러리 내부로 들어오는 동양 여자를 보자마자 한 남자는 내가 한국에서 온 인터뷰어라는 것을 한눈에 알아본 것 같았고, 나 역시 그가 이 갤러리의 주인이라는 것을 알아챘지만 방문객 중 하나가 그에게 열성적으로 질문을 퍼붓는 통에 도착하고도 한참을 더 기다려야 했다. 갤러리에서 진행 중인 전시를 차분히 둘러볼 시간이 생겨서 물론 좋았지만, 한편으로는 질문 세례를 받는 크리스티앙이 내 인터뷰 전에 지치진 않을까 걱정이 됐다. 다행히 그는 핑퐁처럼 넘나드는 대화를 마친 후에도 씩씩하게 내게 인사했다.

만나서 반갑습니다.

반가워요. 나는 크리스티앙 버스트이고, 갤러리를 운영하기 전에는 출판업을 했습니다. 1980년대 중판 마레 지구의 한 서점에서 책을 찾다가 우연히 아돌프 뵐플리Adolf Wölfli라는 작가를 발견하면서 아트 브뤼에 대해 관심을 가지게 되었어요. 처음에는 개인적인 호기심으로 시작했지만 2005년 아트 브뤼를 전문적으로 다루는 갤러리를 열었고 이후 백 권에 달하는 아트 브뤼 관련 책을 집필했지요.

아트 브뤼란 뭘까요?

아트 브뤼는 기본적으로 '다름'에서 오는 모든 예술을 말하며, 더 구체적으로는 신체적 혹은 정신적인 문제를 갖고 있는 사람이 제작한 작품을 뜻합니다. 하지만 나는 아트 브뤼를 작가의 핸디캡에 초점을 맞추어 정의하고 싶지는 않아요. 그 대신, 외부 환경에서 영향이 아닌 작가의 창조적인 욕구로 만들어진 예술로 통칭하고자 합니다. 그러나 이러한 형태가 주류와 너무도 다르다 보니 미학적으로 미술관의 인정도, 상업적으로 갤러리의 인정도 받지 못한 채 방치되어 왔어요. 다행히 오늘날 '다양성'이 새로운 키워드로 등극하면서 아트 브뤼도 하나의 예술 사조로서 주목받고 있습니다.

아웃사이더 아트와 무엇이 다른지 궁금합니다.

두 관계를 태양계로 설명하면 쉬울 것 같아요. 아트 브뤼는 태양계 전체를, 아웃사이더 아트는 그중 태양을 가리킨다고 말이에요. 그리고 태양을 중심으로 돌고 있는 행성들이 있는 것처럼, 아웃사이더 아트에서 파생된 개념들로는 포크 아트, 독학 예술 등이 있습니다. 아웃사이더 아트는 본래 아트 브뤼와 같은 뜻이었어요. 1972년, 제 친구이기도 한 미술사학자 로저 카디널이 프랑스어를 영어로 단순히 번역한 것뿐이죠. 그러나 아트 브뤼가 유럽권 문화를 배경으로 했던 것과는 달리, 아웃사이더 아트는 북미를 기반으로 자리를 잡으면서 점차 그 의미가 달라졌어요.

아트 브뤼 갤러리를 운영하면서 중점을 둔 부분이 있을까요?

아트 브뤼를 지난 30년간 연구해오며 깨달은 것이 있다면 아트 브뤼 역시 현대미술의 한 분야라는 사실이었어요. 그러나 이러한 개념을 처음 접하는 사람들이 이 둘의 관계를 한번에 받아들이고 이해하기란 사실 쉽지 않죠. 따라서 나는 아트 브뤼 갤러리의 바로 맞은 편에 현대미술을 선보이는 공간을 따로 마련하고, 그 갤러리의 이름을 더 브릿지라고 지었습니다. 아트 브뤼와 현대미술의 사이를 잘 이어주고 싶었거든요.

오늘날 아트 브뤼의 입지는 과거에 비해 얼마나 달라졌나요?

지금이야 갤러리에서 전시할 때마다 주요 미술관의 디렉터들이 많이 와주지만 5년 전만 해도 상황은 달랐습니다. 대부분의 미술관이 아트 브뤼 작품을 단 1점도 소장하지 않았고 전시는 당연히 전무하다시피 했지요.

지금은 미술 관계자들이 이전에 비해 아트 브뤼에 집중하고 있습니다. 실제로 뉴욕 현대미술관 MoMA와 파리 현대미술관 퐁피두 센터는 제가 발굴한 요제프 호퍼josef hofer나 프랑코 벨루치franco Bellucci를 비롯해 50명이 넘는 작가의 작품을 다수 소장하고 있지요. 몇 해 전부터 크리스티와 소더비가 아트 브뤼 경매 프로그램을 꾸준히 열고 있는 것 또한 좋은 시그널이라고 생각합니다.

아트 브뤼가 아직 생소한 한국인 컬렉터에게 해주고 싶은 조언이 있을까요?

100년 전 마르셀 뒤샹이 변기를 들고나와서 '샘'이라는 이름을 붙이는 사건이 일어난 후, 미술사에서 더 이상 새로운 것은 없었습니다. 우리가 지금 현대미술이라고 부르는 미술 시대도 낡아버린 것이죠. 그러나 아트 브뤼는 마르셀 뒤샹의 〈샘〉 이후 권태로웠던 미술 시장에 새 공기를 불어 넣고 있습니다. 다시 말해, 아트 브뤼는 미술 시장의 최후에 남겨진 마지막 '새로운' 예술입니다.

미술 시장의 측면으로, 아트 브뤼의 수요와 가격은 이전에 비해 놀라운 속도로 증가하고 있습니다. 지금 내 옆에 놓인 빌 트레일러의 작품을 30년 전 나는 딱 1만유로(한화 약 1,335만원)에 샀지만 지금은 10만유로 아래로 판매되는 빌 트레일러의 작품은 눈을 씻고 봐도 찾을 수 없어요. 하지만 여전히 새로우면서 가격 경쟁력을 가진 아트 브뤼 작가들은 많습니다.

홈페이지 | **christianberst.com**
인스타그램 | **@christianberstartbrut**

미술품도 자산이다, 세금

영등포 세무서는 여의도 증권사를 관할하는 세무서로, 벌써 몇 년째 전국에서 세금을 가장 많이 걷는 세무서 3위를 기록하고 있다. 하지만 이 밖에도 영등포 세무서에 얽힌 흥미로운 사실이 하나 더 있는데 바로 지나치게 화려한 외관에 관한 것이다. 일단 일반적인 세무서와는 달리 붉은색 벽돌로 지어진 데다 통창을 크게 낸 그 형태 또한 유럽 어느 성당이나 중세 궁전이 연상된다. 실제로 영등포 세무서는 오래전 그 일대에서 아주 유명한 예식장이었다. 그러나 해당 건물주가 갑작스럽게 사망하면서 상속 준비가 되어 있지 않던 유족들이 해당 예식장을 포함한 2개의 건물을 물납으로 대체 납부한 후 국유 재산이 되었고 다른 건물에서 더부살이하던 영등포 세무서가 현 위치로 이전했다.

여기서 언급된 물납이란 무엇일까? 상속세는 현금으로 내는 것이 원칙이지만 당장 현금을 구하기 어려운 경우도 많다. 상속받은 재산을 현금화하는 데도 시간이 소요되기 때문이다. 이 경우 상속받은 물건으로

요하네스 베르메르, 〈천문학자〉

세계 경제의 숨겨진 지배자로도 조용히 명성을 떨치는 로칠드 가문은 상속세로 현금 대신 작품을 납부했다.

납부할 수 있도록 하는 것이 바로 '물납제'다. 이번에 새롭게 시행되는 세제개편 시행령 개정안에서는 2023년 1월 1일부터 미술품으로 상속세를 대신 낼 수 있는 물납제가 도입됐다. 이에 따라 물납 대상에는 '유형문화재나 민속문화재로 지정·등록된 문화재' 또는 '회화·판화·조각·공예·서예 등 미술품'이 포함된다. 이전에는 물납 대상이 부동산 또는 유가증권으로 제한되어 있었지만, 이번 개정안에서는 미술품도 물납 대상에 포함되어 세금을 낼 수 있게 되었다.

새롭게 물납제에 포함된 문화재와 미술품들은 일반적인 물납과 달리 문화체육관광부 산하에 위원회를 구성해 물납 대상에 대한 가치 평가를 하도록 했다. 그러나 이렇게 법이 제정되었다고 해서 모든 상속세를 작품으로 대체할 수 있다는 의미는 아니다. 상속받은 미술품과 문화재로 물납하려면 상속세액이 2천만원 이상인 경우와 상속세로 내야 하는 세금이 상속받은 재산 중 금융 재산보다 큰 경우에만 가능하다.

프랑스는 미술품 물납제를 통해 문화 국가의 명성을 성장시켜 온 대표적인 국가다. 금융 재벌 로칠드 가문이 요하네스 베르메르의 〈천문학자〉를 상속세로 대납한 것을 가장 대표적인 예시로 들 수 있다. 현재 이 작품은 루브르 박물관이 소장하고 있으며, 해외에서 열리는 〈루브르 특별전〉에 전시되기도 했다. 또한 피카소 미술관은 화가의 가족들이 막대한 상속세 대신 작품을 대납해 물납제로 설립된 최초의 미술관이다. 생전에 화가로서 일찍이 성공을 거둔 피카소는 작품 대부분을 팔지 않고 직접 소장했는데, 작가의 사후에 유족들은 그가 생전에 보관해오던 작품 200여 점을 꺼내어 상속세로 냈다. 그 덕분에 파리에 가면 피카소 작품을 가장 많이 소장한 미술관을 만나볼 수 있게 되었다.

프랑스의 미술품 세금 정책이 의미하는 것은 무엇일까? 미술품에 세금을 매기는 것은 미술품을 자산으로 보고 제도권으로 들여놓겠다는 뜻이다. 그러한 측면에서, 한국에 비해 프랑스의 세금 정책은 조금 더 복잡하다. 취득세와 보유세가 일절 발생하지 않고 작품을 되팔 때 한국인 생존작가라면 수익이 얼마이든 양도 소득세가 0원인 한국과는 달리, 프랑스는 작품의 매수와 매도에 모두 세금이 붙는다.

우선 미술품을 살 때 일반적으로는 20%의 부가가치세가 발생한다. 하지만 여기서 예외적으로 5.5%의 부가가치세를 적용받는 두 가지 항목이 있는데, 작가나 작가의 후계자에게 작품을 구입하는 경우와 해외에서 작품을 반입하는 경우가 여기에 해당한다. 만약에 내 친구 장피에르가 파리 페로탕 본사에서 이배 작가의 작품을 구입할 경우 총금액의 20%의 부가가치세를 내야 하지만, 한국의 조현화랑에서 작품을 구입해 파리로 가져올 경우 내야 하는 부가가치세는 작품 가격의 5.5%가 된다.

한편, 작품을 매도할 때는 일률과세와 양도소득세 두 가지 중 하나를 선택해서 납부할 수 있다. 우선 일률과세는 작품의 소장기간이 길지 않을 때 유리하다. 이 경우에는 양도가액의 6.5%를 일괄적으로 세금으로 낸다. 한편, 양도소득세의 세율은 36.2%다. 이렇게만 보면 터무니없이 높게만 보이지만 계산해보면 왜 프랑스가 작품 판매 시 세금 정책을 두 가지로 나누어 두었는지 알 수 있다.

4만유로에 구입했던 작품을 14년간 소장한 후 14만유로에 판매한다고 가정했을 때 위의 계산법에 따라 납부해야 하는 양도소득세는 1만

프랑스의 미술품 세금 - 매수

매수	세율	미술품을 구매 시, VAT가 붙는다
VAT	5.5%	해외에서 작품을 가져오는 경우
		작가 및 작가가 지정한 후계자에게 직접 구입하는 경우
	20%	그 외의 모든 경우
면세		판매 사업자가 아닌 개인 간 거래

프랑스의 미술품 세금 - 매도

매수	세율	미술품을 매도 시, 고정 세율과 양도소득세 중 선택할 수 있다
1) 일률과세	6.5%	총금액의 6.5%를 납부
2) 양도소득세	36.2%	장기특별공제(2년마다 5% 할인)
면세		작품을 22년 이상 소장했을 경우
		박물관 및 공공기관에 기증하는 경우
		작품 가격이 5천유로 이하의 경우
		판매자가 프랑스 비과세 거주자인 경우

프랑스의 미술품 세금 계산식

구분		금액(유로)	계산식
최초구입금액		40,000	-
양도가액		140,000	-
수익		100,000	양도가액 - 최초구입금액
일률과세		9,100	양도가액 X 6.5%=9,100
양도소득세	소장기간 14년	10,860	① 수당: 순수익 X (14년X5%)=70,000
			② 납부금액: (순수익-수당) X 36.2%=10,860
	소장기간 18년	3,620	① 수당: 순수익 X (18년X5%)=90,000
			② 납부금액: (순수익-수당) X 36.2%=3,620

860유로다. 따라서 이 경우에는 양도소득세보다 일률과세를 선택하는 것이 유리하다. 하지만 소장기간을 18년으로 설정하면 양도소득세가 3분의 1 수준으로 대폭 떨어져 일률과세를 적용한 것보다도 낮은 3,620유로가 되고, 22년 이상 소장한 작품을 매도하는 경우는 금액에 상관없이 세금이 0원이 된다.

미술품 소장기간에 따라 세율을 차등적으로 적용하는 것은 미국도 마찬가지다. 미국은 개인 컬렉터가 소장하고 있는 골동품과 보석, 양탄자, 동전, 우표, 그리고 미술품을 자본 자산으로 분류한다. 만약 컬렉터가 1년 이하의 기간 소장한 작품을 판매해 양도차액을 얻었다면 다른 개인소득과 합산해 최고 39.6%의 개인소득세를 적용한다. 반면 소장기간이 1년 이상이라면 28%의 양도소득세를 적용한다. 독일 역시 미술품에 소득세를 적용하고 있으나, 보유 기간이 1년 미만이거나 미술품 사업자가 아닌 개인 컬렉터의 경우에만 45%의 세금을 매긴다.

계산법은 조금 다르지만, 한국의 미술품 세금 역시 같은 맥락을 가지고 있다. 해외 작가나 작고한 한국 작가의 작품 중 양도가액이 6천만 원 이상일 때에 한정하여 양도소득세가 적용되는데, 여기서 소장기간과 양도가액을 다시 분류하여 필요경비, 즉 수익을 올리기 위해 지출된 비용을 차등적으로 적용하고 있다. 만약 내가 판매한 작품의 양도가액이 1억원이더라도 해당 작품을 10년 이상 소장하고 있었다면 필요경비를 최대 90%까지 인정받을 수 있다.

정리하자면, 미술 선진국들의 과세 방식과 기준은 저마다 조금씩 다르지만 대체로 개인 컬렉터들이 작품을 가능한 한 오래 소장하는 것을 장려한다는 정책의 기조를 가지고 있다. 단타 거래를 하는 투기자들이 많아질수록 선진화된 미술 시장의 길은 멀어진다는 것을 알고 있는 것이다.

옆 나라 일본은 어떨까? 일본 작가들이 숱하게 국내 시장에 소개되고 있는 것에 비해 일본의 세금 시스템은 들은 바가 거의 없었지만 다행히 나는 이에 대해 상세하고 정확한 정보를 줄 만한 업계 사람들을 꽤 알고 있었다. 하지만 나의 기대는 뜻하지 않은 변수와 맞닥뜨렸다. 기대했던 그 누구에게도 제대로 된 설명을 들을 수 없었다. 일본 작가들이 가진 독보적인 정서와 색채, 그리고 그 비전에 대해 열정적으로 설파하던 그들이었지만 막상 내가 일본의 미술품 세금에 관해 묻기 시작하자 하나같이 흐린 눈을 하며 말끝을 흐리기 시작했다. 일본 작가를 중점적으로 다루고 있는 갤러리부터 일본에 본점을 두고 아시아권역에 여러 지점을 둔 갤러리의 갤러리스트들, 심지어는 일본의 경매회사에 다니는 직원과 글로벌 경매회사의 아시아 지부에서 일했던 직원까지, 모두가 일본의 세금 시스템에 대해 전혀 아는 바가 없다고 고백하거나 어떤 세금을 의미하는지도 알 수 없는 몇 개의 숫자를 간신히 언급하는 데 머물렀다.

솔직하게 말해서 나는 좀 놀랐다. 미술품은 예술품인 동시에 자산이다. 자산의 거래를 중개하는 업을 가진 사람들이 이 자산을 취득하고 또 처분하는 과정에서 발생하는 세금에 대해 잘 모르고 있다는 사실이 잘 납득되지 않았다. 하지만 본격적으로 조사하면서 조금이나마 그들의 마음을 헤아릴 수 있었던 것은 일본의 미술품 세금 체계가 그 어느 나라보다 복잡하고 또 까다롭긴 했다는 점이다. 동시에 모두가 공감하겠지만 다채롭고 생동감이 가득한 미술 시장에서 가장 지루한 파트가 바로 세금이다.

일본은 미술품 구매에 총금액의 10%에 해당하는 부가가치세를 부과하는 나라다. 미술품에서 발생하는 세금이라고는 제한적으로 적용되는 양도소득세가 유일한 한국인 컬렉터로서는 프랑스와 일본이 부가가치세 품목에 미술품을 포함하고 있다는 사실부터 일단 숨이 턱 막힌다. 그렇다면 미술품을 판매할 때는 어떨까? 일본은 작품을 판매하는 주체가 누구냐에 따라 세금 항목과 세율을 다르게 적용하고 있다. 예를 들어, 작가와 딜러가 판매하는 미술품은 재고로 간주하여 일본 내 최고 수준의 소득세율 39.6%를 적용한다. 반면 일본인 컬렉터가 30만엔(한화 약 286만원)의 작품을 양도하는 경우에는 세금이 면제되고 그 이상의 금액은 주식 매도와 같다고 보아 20%의 양도소득세를 적용한다. 그러나 만약 작품을 판매하고자 하는 컬렉터가 과세 지표상 최고 등급에 해당하는 고소득세 납부자라면 최대 31.8%까지 적용될 수 있다.

한국이 작가가 직접 제작한 회화 작품을 반입할 때 관세가 전혀 발생하지 않는 것과 마찬가지로 일본도 회화와 드로잉, 파스텔, 콜라주 등 작가가 직접 제작한 작품을 해외에서 들여오는 경우에는 관세를 매기지 않는다. 하지만 여기서 의외의 포인트는 작품을 해외로 반출하는 경우에는 4.3%의 관세가 발생한다는 점이다.

왜 반입할 때는 없었던 세금을 반출할 때는 내야 하는 걸까? 이 지점에서 일본이 미술품을 어떤 눈으로 바라보고 있는지 유추해볼 수 있다. 작품이 해외에서 자국으로 들어오는 것은 얼마든지 환영이지만 나갈 때는 호락호락하게 내보내지 않겠다는 뜻이다. 한마디로 일본은 자국이 미술품이라는 유형의 자산을 가능한 더 많이 소장하기를 원하며, 이러한 기조를 실제 세금 체계에 적용하여 시행하고 있다.

미술품에 적용되는 일본의 세금 정책은 지금까지 살펴본 그 어떤 국가보다도 복잡하고 또 보수적이었다. 내가 만약 일본인 컬렉터였다면 높디높은 세금의 장벽 앞에서 미술품을 수집할 엄두도 내지 못했을 것 같다. 하지만 이렇게 어마무시한 세금제가 있는데도 불구하고 오래된 컬렉터가 많다는 것도 참 아이러니하다. 그러나 너무 엄격한 미술품 세금에 대한 논란은 일본 내에서도 꾸준히 제기되고 있다. 글로벌 아트페어와 갤러리를 적극적으로 유치하기에 일본의 과도한 세금이 경쟁력을 깎아내리고 있다는 주장이다. 그도 그럴 것이, 일본은 전 세계에서 미국과 중국에 이어 세 번째로 억만장자 수가 많은 나라이며 외국인 관광객을 많이 유치하는 국가임에도 불구하고 글로벌 미술 시장에서 20%를 차지하고 있는 중국과 매출 규모 1조원에 달하는 홍콩 아트바젤의 파워에 밀려 몇 년째 3% 대의 시장 점유율을 유지하고 있다.

그래서일까? 일본의 미술품 세금 정책은 느리지만 조금씩 완화되고 있다. 2021년 일본은 자유무역항에서 갤러리와 경매, 아트페어를 개최하는 경우 별도의 수입 절차와 관세 및 세금을 매기지 않도록 세법을 개정했다. 예를 들어, 한국에 사는 내가 미술품을 일본으로 보낸다고 가정해 보자. 앞서 말한 것처럼 일본은 해외에서 자국으로 반입되는 미술품에는 관세를 매기지 않음으로 이 경우에는 세금이 발생하지 않지만 이 작품을 다시 한국으로 반출할 때는 4.3%의 관세를 내야만 한다. 그러나 개정된 세법에서는 자유무역항에서 발생하는 거래에 한해 세금을 면제하고 있다. 자유무역항이란, 미술품이나 보석류 등을 면세로 입출고할 수 있는 구역을 말한다. 쉽게 말해 세금 없이 물건을 반입했다가 다시 반출할 수 있는 안전한 창고의 역할을 하는 것이다.

정리하자면, 한국과 싱가포르가 홍콩을 대체할 새로운 아트시티의 자리를 노리는 것처럼 일본도 강력한 대안국가가 되기 위해 다방면으로 노력하는 중이다. 이 일환으로 이들은 해외 갤러리와 경매뿐 아니라 아트페어의 적극적인 진출을 장려하고 있다.

이렇게 세법을 더욱 유연하게 개정하여 조금씩 문을 개방하겠다는 나라가 있는 반면, 오히려 세율을 높이는 나라도 있다. 싱가포르는 2023년 1월을 기점으로 부가가치세 세율을 기존의 7%에서 8%로 인상했다. 하지만 이게 끝이 아니다. 2024년 1월에는 부가가치세 세율을 9%로 한 차례 더 끌어올리겠다고 이미 발표한 것이다. 당연히 여기에는 미술품이 포함된다. 싱가포르도 일본처럼 해외 컬렉터가 자유항을 통해 작품을 반출하면 세금을 면제해주는 시스템이 있긴 하지만 절차가 무척 까다로운 편이다. 왜 깎아주어도 모자란 세금을 되레 올리는 걸까? 이를 위해서는 현재 싱가포르에서 확산하고 있는 트렌드에 대해 알 필요가 있다. 이미 몇 해 전 한국을 휩쓸고 지나간 욜로Yolo가 싱가포르에 안착하면서, '한번 사는 인생 하고 싶은 것 다 해보고 살자'를 외치는 사람들이 늘어나고 있다고 한다. 이러한 흐름은 이미 확정된 세금 인상이 시행되기 전, 연말 소비를 늘리는 효과가 있으며 특히 젊은 층이 시계나 미술품, 가구와 가전 등 비싼 품목에 더욱 지출을 집중하게 만든다.

사실 언뜻 생각해서는 잘 공감이 되지 않는다. 정부가 국민을 상대로 심리전을 하는 것처럼 소비를 늘리기 위해 세금 인상을 단행한다는 것이 말이다. 하지만 싱가포르는 이미 여기에 대한 사례분석을 마친 것 같다. 2004년에 5%넌 부가가치세를 7%로 인상했을 당시, 처음에는 소비 심리가 얼어붙었으나 그 뒤로 시간이 갈수록 소비가 늘어나는 현상이 생겼다. 하긴, 싱가포르는 다른 나라에 비해 직업 안정성이 높은 나라다. 직업을 찾는 데 일단 큰 어려움이 없는 데다가 부모 세대에 비해 더 뛰어난 전문성을 가지고 있으니 가파른 세금 인상에도 더 빨리 적응할 것이라는 싱가포르의 예측도 어느 정도 일리는 있다고 본다.

목차를 따라 끈기 있게 읽어 내려왔을 당신이라도 각 나라의 미술품 세금 정책을 설명하는 이번 편에서는 영혼 없이 문장을 훑어 내려왔거나, 아예 몇 문단 혹은 몇 장을 건너뛰었을지도 모른다. 하지만 괜찮다. 나를 포함한 모두에게 중요하지만 그만큼 복잡하고 알기엔 너무 귀찮은 게 세금이다. 컬렉팅을 꾸준히 하다 보면 '아, 어느 책에서 그 나라의 미술품 세금을 읽은 적이 있는데?'하고 이 책을 다시 꺼내 볼 기회가 반드시 있을 것이다. 세금은 나라의 정책과 경제 상황에 따라 변동성이 크기 때문에 그때는 지금과 세율이 같지 않을 수도 있겠지만 내가 쓴 글이 각 나라가 미술품을 대하는 기본적인 맥락과 태도를 이해하는 데 도움이 되기를 바란다. 성공적인 컬렉팅에는 성공적인 세금 전략이 반드시 뒤따른다는 사실도 그때는 더 깊이 이해하게 될 것이다.

스몰토크

강익중 미술가

공공 미술이라는 유산에서 진짜로 얻는 것

조선 경복궁의 남문 역할을 했던 광화문은 현재에도 서울시의 대표적인 광장으로 자리 잡고 있다. 이곳은 독립문부터 창경궁, 시청, 그리고 종각까지 모두 아우르며, 광화문 앞길의 역사적 의미와 깊이를 계승한다. 2007년 광화문의 복원 사업 중에는 아름다운 설치 작품이 현장 가림막을 대신했는데, 이는 높이 27m, 가로 41m의 대형 철골구조에 산 그림을 배경으로 2,600여 개의 달항아리 그림을 하나하나 모자이크로 이어 붙인 〈광화문에 뜬 달〉이었다. 작품은 한동안 그 자리에서 광화문의 상징성을 드러냈고, 작품을 설치한 강익중 작가는 이를 완성하기 위해 매일 새벽까지 몰두해야 했음에도 불구하고 아무런 대가를 받지 않았다.

인터뷰 중, 작가는 조국을 위해 무엇인가를 하고 싶다는 생각을 오랫동안 품고 있었으며, 〈광화문에 뜬 달〉이 보탬이 됐으면 했다는 말로 과거를 회상했다. 제작비에 대해서도 "물감이 500갤런 정도 들어갔다"고만 간단히 답할 뿐이었다. 미술의 공공성을 위해 꾸준한 노력을 기울이는 작가에게 이번 기회를 빌려 내가 궁금한 것들을 잔뜩 물어보았다.

선생님, 반갑습니다. 소개 부탁드립니다.

안녕하세요. 화가 강익중입니다. 저는 1960년 외가댁이 있는 충청북도 청주에서 태어났고요. 초중고 시절의 대부분은 이태원과 서울의 변두리에서 보냈습니다. 어릴 적부터 그림 그리는 걸 정말 좋아했어요. 그리기도 참 많이 그렸고요. 이후 홍익대학교 미술 대학에서 서양화를 전공했습니다.

처음 작가가 되겠다고 결심했던 순간이 기억나시나요?

초등학교 3학년 때로 기억합니다. 증조할머니의 영정 사진을 큰 도화지에 연필로 옮겨 그렸는데요. 이를 보신 큰아버지께서 '생전의 할머니를 보는 듯하다'라며 크게 기뻐하셨습니다. 중학생 땐 그림에 대한 열정이 넘쳐서 한밤중 자다가도 일어나 붓을 들었습니다. 장충고등학교에 들어가 미술부 활동을 하면서 유화와 조각을 본격적으로 접했습니다. 공공미술을 통해 전 세계 어린이들의 꿈을 모으는 것도 아마 어릴 때 제가 받은 칭찬 때문인 것 같습니다.

고향을 떠나 뉴욕에서 오래 거주하고 계시는데요. 작품에서 한국과 미국 두 나라가 영향을 준 부분이 있을까요?

뉴욕 생활은 올해로 39년이 되었네요. 1984년 뉴욕 브루클린에 있는 프랫 인스티튜트Pratt Institute 대학원을 진학하려고 처음 미국에 오게 되었습니다. 형편이 어려워 낮에는 학교 수업을 듣고 밤에는 채소가게에서 일을 하면서 없는 시간을 쪼개 그림을 그리기 시작한 것이 손바닥에 들어가는 가로세로 3인치 정도 되는 그림입니다. 그때부터 지금까지 10만 점 이상의 작품을 그렸습니다.

사람의 기억에도 무게가 있다면, 사실 제게는 뉴욕 생활보다 이태원의 가파른 언덕과 청주 우암산 숲길의 그리움의 무게가 더 무겁습니다. 뉴욕 생활에 어느 정도 적응이 된 후 '내가 태어나고 자란 땅이 반으로 갈라져 있는데, 나는 여기서 뭘 하는 걸까?'라는 생각을 했습니다. 떨어져 있으니 조국과 내가 비로소 보이기 시작한 셈입니다.

평소 공공 미술 프로젝트를 적극적으로 하고 계시는데요. 특별한 이유가 있을지 궁금합니다.

공공미술은 대중과의 소통, 재료에 대한 이해, 그 밖에 사회적인 책임이 따르는 미술 형식입니다. 작가는 그들의 목소리와 함께 공명하는 일종의 판을 만드는 것으로 생각합니다. 하지만 개인 작업이든 공공미술이든 이 두 가지 형태의 미술 모두 지도상에서 자기의 위치를 물어본다는 공통점이 있어요. 작품의 참여자와 관람객들은 어망처럼 서로 연결된 자신들의 모습을 작품에서 확인하고 기뻐하고요. 이런 지점에서 작가로서 큰 보람을 느끼기 때문에 지금까지 꾸준히 작업을 해오는 것 같습니다. 물론 그 안에 저도 포함되어 있기 때문이지요.

제가 꿈꾸는 공공미술은 모든 사람이 함께 모여 '세계'라는 캔버스 위에 '희망'이라는 물감으로 그림을 그리고 그것을 다음 세대에 전해주는 일종의 시민운동이고 아주 작은 문화혁명입니다. 이렇게 모인 생각들은 이 시대를 설명하는 집단 지성인 동시에 후세에 남겨질 21세기 문화유산이 된다고 생각합니다.

선생님의 작품에서 중요한 상징을 꼽자면 '달'과 '달항아리'인 것 같습니다. 이러한 소재를 선택하게 된 배경이 있으실까요?

2004년 9월 일산 호수공원에 〈꿈의 달〉이라는 제목으로 세계 어린이 그림 12만여 장으로 된 큰 공 모양의 작품을 물 위에 띄웠습니다. 그런데 바람을 무리하게 넣자 작품이 찢어지며 한쪽으로 기울어지는 거예요. 당연히 큰일이었지요. 그날 저녁에 오프닝이 있을 예정인데 말입니다. 그런데 한참을 고민하다 보니 딴생각이 들더군요. 원래는 달 모양이어야 할 작품이 찢어지고 기울어지면서 모자란 듯 넉넉한 우리의 달항아리처럼 보이는 겁니다. 무릎을 '탁' 쳤습니다.

'이 모습은 달항아리구나!'

위아래 따로 만들어진 달항아리는 뜨거운 가마를 통과한 뒤 온전한 달항아리의 모습으로 탄생합니다. 한글의 모음과 자음이 모여 하나의 소리를 만드는 것과 같은 이치죠. 한글과 달항아리, 우리 민족의 두 보물이 통일의 비밀 코드이자 숨겨진 열쇠라고 생각합니다.

2022년은 서울에서 12년 만에 선생님의 개인전이 열린 해이기도 했는데요. 감회가 어떠셨는지요?

여러 가지 핑계로 화랑 전시를 한 해 두 해 미루다 보니 벌써 12년이 지났습니다. 많은 준비 기간과 제작 과정이 있어야 하는 공공미술에 매달리느라 개인 작품 전시를 소홀히 한 이유도 있고요. 공공미술은 100m 허들 경기를 뛰는 것과 같다는 생각을 가끔 해봅니다.

현재 준비 중이신 프로젝트나 계획이 있으실까요?

전시를 성원해주신 지혜씨를 비롯한 많은 분께 다시 한번 감사드립니다! 앞으로 고국에 계신 컬렉터들과는 갤러리현대를 통해 3년에 한 번씩 만나겠습니다. 그리고 2023년 가을, 베네치아와 마드리드, 그리고 토론토에서 전시가 있을 예정입니다. 특히 베네치아 전시에서는 임진강 위에 놓여 끊어진 남과 북을 잇는 '꿈의 다리' 모형과 설계 드로잉이 설치됩니다. 정말 기대되네요.

홈페이지 | **ikjoongkang.com**
인스타그램 | **@ikjoongkang**

영앤리치 작가들,
레드칩

한 치 앞을 알 수 없는 인생에서 확실한 두 가지가 무엇인지 아는가? 죽음, 그리고 세금이다. 하지만 나는 여기에 한 가지를 더 덧붙이고 싶다. 바로 '피카소'다. 20세기 가장 영향력 있는 화가였으며 현재까지도 가장 인기 있고 유명한 작가인 그는 오랜 시간에 걸쳐 미술사적 평가가 끝났으므로 학문적으로도 완벽할 뿐 아니라 미술 시장에서도 피라미드의 가장 꼭대기에 자리 잡은 작가이기도 하다.

우리는 이렇게 피카소처럼 일반적인 경제 상황과 관계없이 경제적인 가치가 안정적으로 증가할 것으로 예상되는 작가들을 '블루칩Blue-chip' 작가라고 부른다. 컬렉터들이 소장을 가장 염원하는 컬렉션이 바로 블루칩 작가들의 작품인 만큼, 엄청나게 높은 수요에 비해 항상 공급은 충분하지 않다. 특히나 전 세계적으로 미술 시장이 활황이던 지난 몇 년 동안 사상 최고 수준의 투자 열기까지 더해지면서 우량 작품들은 더욱 구하기 어려워졌다.

리앵 레오폴 부알리, 〈The Auction〉

그림 속 풍경처럼 지난 몇 년간, 전 세계에서 미술 투자가 활발하게 이뤄졌다. 블루칩 작가들의 작품값은 통장잔고와는 점점 더 멀어져만 갔는데, 이때 컬렉터들의 머릿속에는 한 가지 아이디어가 떠올랐다. "잠재력과 스타성을 고루 갖춘 젊은 작가를 찾는 건 어떨까?"

이러한 상황 속에서 새로운 색깔을 가진 작가군들이 생겨났다. 바로 '레드칩Red-chip' 작가들이다.

레드칩에 대해서 정확히 알기 위해서는 블루칩의 어원을 먼저 알아야 한다. 미술 시장을 대표하는 작가들이 블루칩 작가로 불리게 된 이유는 단순하다. 각 업종의 시장 점유율 1위의 기업, 또는 수익성과 안정성을 고루 갖춘 기업들의 주식을 블루칩으로 표현하는 것을 미술 시장에 그대로 적용한 결과다. 여기에 블루칩만큼은 아니지만 실적이 양호하고 향후 주가 상승의 여력이 있는 중저가 우량주를 가리키는 '옐로우칩Yellow-chip'도 있다. 미술 시장에서도 아직 블루칩 작가에 이르지는 못했으나 학문적으로나 시장가치의 측면에서 비전이 있는 작가를 옐로우칩 작가라고 부른다. 안목 있는 컬렉터들은 옐로우칩 작가 단계에 아직 머물러 있지만 앞으로 시장을 견인하는 블루칩 작가가 될 잠재력을 찾아내는 데 집중한다.

주식 시장과 미술 시장에서 블루칩과 옐로우칩의 의미를 동일하게 쓰지만, 레드칩의 뜻은 완전히 다르다. 먼저 주식 시장에서 레드칩은 홍콩 증시에 상장된 우량 중국 기업의 주식을 가리킨다. 중국의 오성홍기가 빨간색이라는 점에 착안해, 블루칩에 대응하는 개념으로 홍콩 주식 부자들이 만들어 낸 말이다. 반면 미술 시장에서 레드칩은 단시간에 급격한 매출 성장을 만들어 냈으며, 작가 스스로가 자기 작품을 경매에 직접 내놓는 등 기존의 미술 유통 시장의 관습을 과감하게 탈피하는 젊은 작가군을 뜻한다.

그동안 블루칩 작가들이 명성과 입지를 오래도록 유지할 수 있었던 이유는 크게 두 가지로 나눌 수 있는데, 첫 번째는 그들의 학문적 합법성이다. 기본적으로 미술품의 가치평가는 미학이나 미술사 등의 학문에 그 토대를 두고 있다. 앤디 워홀과 장미셸 바스키아와 같은 대표적인 블루칩 작가들은 이미 미술사적으로 한 획을 그었을 뿐 아니라 교과서에 실릴 만큼의 위대한 업적을 남긴 바 있다. 두 번째는 가격 안정성이다. 이미 앞서 설명한 것처럼, 블루칩 작가의 작품들은 컬렉터들의 소장품 중 가장 빛나는 트로피 작품들이다. 우리가 모두 블루칩 작가의 작품을 원하는 만큼 늘 넘치는 수요로 인해 늘 작품은 고갈 상태인 데다 학문적으로도 연구가 완료되었고 이미 숱한 미술관급 전시를 해왔던 블루칩 작가들에게 가격 하락의 변수는 극히 낮다. 심지어 블루칩 작가는 시장이 하강 국면일 때 더욱 빛을 발하는데, 이들의 작품은 가격 상승의 속도는 더딜지라도 쉽사리 하락하지는 않는다. 이것이 블루칩 작가들이 안정적인 투자처가 되는 이유다.

전 세계에서 미술품 투자 수요가 가장 높았던 지난 몇 년간, 안 그래도 넘사벽인 블루칩 작가들의 작품값은 우리의 통장잔고와 점점 더 멀어져만 갔다. 그럼에도 좋은 작품을 향한 열망은 더 강해지면서 컬렉터들의 머릿속에 한 가지 아이디어가 떠올랐다. 블루칩 작가들의 작품이 너무 비싸다면, 반대로 잠재력과 스타성을 고루 갖춘 젊은 작가를 찾는 건 어떨까? 이렇게 풋풋한 신진작가들의 부흥기가 본격적으로 시작되면서 미술 시장은 아예 1975년 이후 출생한 젊은 작가들을 초현대미술 작가Ultra-Contemporary Artists로 구분해서 규정하게 되었다.

2013년쯤 본격적인 붐이 일어나기 시작한 후부터 10년간 초현대미술은 미술 시장에서 가장 두드러지게 매출이 성장한 부문이었다. 특히 2019년부터 급증한 초현대미술의 수요로 2021년 하반기부터 2022년 상반기까지 1년 동안 발생한 매출 4억2천만달러(한화 약 5,464억원)는 전년도에 비해 28%나 증가한 수치였다.

그리고 초현대미술 작가들의 일부가 미술 시장 내에서 활약하면서, 미술 저널리스트 스콧 레이번Scott Reyburn은 아예 이들을 레드칩스Red Chips라고 새롭게 명명했다. 레드칩 작가들의 가장 큰 특징은 전통적인 미술 시장의 유통 체계를 건너뛰고, 적극적으로 미술 시장에 개입한다는 것이다. 이들은 갤러리에 작품을 공급하는 동시에 소더비나 크리스티에 자기 작품을 직접 출품하면서 인스타그램 등 소셜미디어에 작품을 직접 업로드하고 누구보다 적극적으로 자신을 마케팅한다.

여기서 잠깐 꼰대스러운 말을 하자면, 기성작가나 기성 컬렉터가 보기에 이런 레드칩 작가의 행보는 솔직히 조금 낯설고 매우 당혹스럽다. 하지만 딱 20년 전으로 되돌아가 보면 그때는 생존작가의 작품이 작고작가만큼 비싸게 거래된다는 것 자체가 논란의 대상이 되던 시절이었다. 대표적인 예로 2002년 제프 쿤스Jeff Koons의 조각 작품이 소더비에서 약 70억원에 낙찰되었을 때 모든 미술계 관계자 사이에서 더 많이 회자됐던 건 어마어마한 낙찰가보다 그가 생존작가라는 사실이었다. 하지만 20년이 지난 지금, 우리는 더 이상 생존작가와 작고작가의 낙찰가를 구분해서 인식하지 않는다.

대표적인 레드칩 작가 플로라 유크노비치Flora Yukhnovich는 영국 출신의 1990년생이다. 이 작가는 세계 10대 갤러리 중 하나인 영국 런던의 빅

출처 | 빅토리아 미로

영국 출신의 플로라 유크노비치. 1990년생인 그녀는 대표적인 레드칩 작가로 꼽힌다.

토리아 미로Victoria Miro 소속작가로 2020년과 2022년에 각각 베네치아와 런던에서 개인전을 열었다. 하지만 신진작가가 글로벌 탑 갤러리에서 개인전을 열었다고 해서 모두 플로라 유크노비치만큼 유명해지지는 않는다. 조금 냉정하게 말해서 작가는 불과 2~3년 전까지만 해도 무명에 가까웠지만 경매에 그의 작품이 출품되기 시작하면서 단숨에 미술 시장을 씹어 삼키는 슈퍼스타로 등극했다.

작가의 첫 번째 경매 출품작인 〈Above the Salt〉는 2021년 3월 필립스 경매에 높은 추정가 3천만원 수준에 출품되었으나 약 1억8천만원에 낙찰됐다. 작가가 경매 시장에 데뷔한 첫 작품이 추정가 대비 6배 상승한 낙찰가를 기록했다는 자체가 괄목할 만하다. 그리고 자세히 뜯어보면 흥미로운 부분이 한 가지 더 눈에 띈다. 경매가 개최된 시점이 2021년 3월인데, 〈Above the Salt〉의 제작 연도는 2021년이다. 그러니까 경매 출품작은 적어도 1월이나 2월쯤 완성했고, 캔버스 위에 페인트가 마르자마자 경매로 직행했다는 의미가 된다.

플로라 유크노비치의 경매 기록을 조금 더 살펴보자. 2021년 10월 크리스티에 출품된 〈I'll Have What She's Having〉이 추정가인 1억원 대비 3,000%가 넘게 상승한 308만206달러(한화 약 40억원)에 낙찰되었으며 이듬해 2022년 3월 소더비에 약 3억원의 추정가로 출품된 〈Warm, Wet 'N' Wild〉는 최종적으로 1,441% 상승한 359만6,623달러(한화 약 47억원)에 새로운 소장자를 만났다. 일반적으로 추정가는 경매에 참여하는 입찰자에게 적정한 가격선을 제시해주는 일종의 가이드 역할을 한다. 하지만 플로라 유크노비치의 작품은 추정가가 실제 낙찰가의 발꿈치도 채 따라가지 못하고 있다.

작품마다 크기나 도상에 따라 달라질 수는 있겠지만 단적으로 가격만 보자. 작가의 작품은 2021년 3월 첫 경매 낙찰가 2억원에서 1년 만에 47억원으로 뛰었다. 이게 정말 정상적인 가격일까? 작품값에 객관적인 지표가 아무리 모호하다고 하더라도, 그 짧은 시간 사이 작가가 로켓을 타고 달나라에 가서 절구 찧는 토끼의 초상화를 그려오지 않는 이상, 그 누구도 47억원이 합리적이라고 말할 수는 없을 것이다. 비교를 더 해보자면 2022년 11월 크리스티 경매에 출품된 피카소의 1969년 작품 〈Homme Assis〉의 낙찰가는 136만달러(한화로 약 17억원)였다. 맙소사!

우리는 플로라 유크노비치의 작품이 피카소의 작품보다 비싼 세상에 살고 있다. 물론 플로라 유크노비치의 작품이 형편없다는 뜻은 절대 아니다. 작가의 작품은 유럽의 17세기와 18세기 전반에서 선풍적인 인기를 끌었던 양식 중 하나인 로코코Rococo의 계보를 이어받아 특유의 우아하면서 화사한 색채미를 그대로 간직하고 있다. 그러나 이는 작품의 구성과 형식에서 하나의 요소를 가져온 것뿐, 그대로 차용하지는 않았다. 작가는 그 당시 사회상으로는 당연했기에 예술적 양식에서도 만연하게 드러나 있던 강제적인 여성성과 강요된 순종을 자신만의 방법으로 제거했다.

다시 말해, 작가의 작품은 누구나 좋아할 만한 화사한 색채미를 가지고 있으면서 동시에 젊은 여류 작가의 목소리에 귀를 기울이고자 하는 시류와 정확히 맞아떨어진 것이다. 플로라 유크노비치가 미술 시장의 가파른 언덕을 단숨에 오를 수 있었던 비결은 이런 이유가 뒷받침되지 않았을까 싶다. 그리고 한 가지 더, 작가는 영화나 잡지, 소셜미디어에서 시각적인 연결과 새로운 볼거리를 찾는 것에서부터 작업을 시작한다고 밝힌 적이 있는데, 이런 접근법 자체가 소셜미디어에 친숙한 컬렉터들의 마음에 닿기에 적절했을지도 모르겠다.

사실 이미 성공한 작가에게서 그 비결을 찾는 것은 그렇게 어려운 일이 아니다. 여기서 중요한 것은 이 작가가 처음 경매에서 성공적인 신고식을 마치고 나서야 컬렉터들이 그녀의 이름을 제대로 알게 되었다는 것이다. 추정가의 몇 배가 넘는 낙찰가를 기록한 이 작가가 누군지, 왜 나는 이 작가의 이름을 처음 듣는 건지, 나만 빼고 무슨 작당 모의라도 한 것인지. 컬렉터들은 그제야 엄청난 경매 낙찰가에 대한 적절한 근거를 찾기 시작한다. 이런 현상이 플로라 유크노비치에게만 일어나는 것은 아니다.

1993년생 아프리카계 영국인 작가 자데 파도주티미Jadé Fadojutimi는 영국에서 자랐으나 일본 만화 〈세일러문〉을 수백 번 돌려보며 유년 시절을 보냈고, 국적으로는 영국인이었으나 집에서는 나이지리아인으로 살았던 만큼 이전에는 없던 완벽히 새로운 타입의 그림들을 그려내며 첫 경매부터 엄청난 주목을 받기 시작했다. 무엇을 그렸는지, 본래의 형체가 있긴 했는지 궁금할 정도로 광적인 붓놀림과 생동감 넘치는 색감은 그 자체로 막대한 에너지를 느끼게 한다. 색과 색이 만나는 엄청난 충돌과 그 힘에서 느껴지는 낯선 감정들이 컬렉터들의 마음을 사로잡은 것일까? 런던의 피피 홀스워스 갤러리Pippy Houldsworth Gallery에서 두어 번의 개인전을 한 것이 전시 경력의 전부였으나 2020년 12월 경매에 출품된 자데 파도주티미 작가의 〈Fool〉은 캔버스가 아닌 종이에 크레용과 아크릴 물감, 마커로 그려졌음에도 불구하고 추정가보다 1,158% 상승한 5만 453달러(한화 약 6,563만원)에 낙찰되었다. 또한 2022년 3월 소더비 경매에 나온 〈A Cropped Perspective of This Whirlwind Effect〉는 추정가 대비 259% 상승한 83만7,755달러(한화 약 11억원)에 팔리기도 했다.

컬렉터들이 레드칩 작가에 열광하는 진짜 이유는 뭘까? 작가가 아무리 날고 긴다고 하더라도 컬렉터와 손발이 척척 맞아야 이것도 가능하다. 일단 레드칩 작가들의 부상은 작가뿐만 아니라 컬렉터에게도 유리한 측면이 분명히 있다. 애초에 컬렉터들의 소장 욕구는 몇 점의 좋은 작품을 가진다고 만족스럽게 채워지는 것이 아니다. 마르지 않는 샘처럼 컬렉터들의 수요는 끝없이 솟아난다. 반면 재정적인 어려움에 부닥친 컬렉터가 작품을 시장에 내놓는다고 하더라도 자기 컬렉션 중 최상위에 있는 수작들은 처분 대상에서 가장 마지막 순번이 된다. 블루칩 작품들은 인플레이션을 헤지Hedge할 수 있는 능력을 갖추고 있는 유형의 투자 자산이다. 이렇게 좋은 작품을 판매하려는 컬렉터들은 별로 없고 더욱 가치 있는 작품을 찾아 나선 이들의 폭발적인 수요를 충족시켜야 한다. 이 상황에서 레드칩 작가들의 등장은 어쩌면 필수 불가결하다. 심지어 레드칩 작가들의 존재는 컬렉션 구성을 더욱 다채롭게 만들고 포트폴리오를 분산시키는 효과까지 있다. 한마디로 지금까지 블루칩 작가들이 컬렉터들의 오랜 '워너비' 브랜드였다면, 레드칩 작가들을 컬렉터들의 '뉴 머스트' 아이템이다.

기성 컬렉터들은 미술 시장에 나타난 투자자들이 미술품이라는 재화를 대상으로 어떻게 막대한 돈을 벌어들이는지 직접 보고 배웠다. 작품을 저렴하게 사두었다가 수요가 공급을 초과하는 현상이 발생할 때 경매에서 고가로 작품을 재판매하는 것이다. 투자 시장에서는 이러한 행동을 플리핑, 즉 단타 투자라고 부르고 이러한 투자자들을 플리퍼flipper라고 한다. 미술 시장에 플리퍼들이 들끓으면서 결국 컬렉팅 역시 속도전으로 치닫게 되었다. 미술품은 흔히 '영혼이 있는 황금'이라고 부르는데, 그 이유는 미술품을 사는 데는 자본과 함께 지성이라는 재화 역시 필요하기 때문이다. 그러나 플리퍼들이 성행하는 상황에서 눈에 들어오는 작가를 재고 따지고 할 여유는 없다.

작가가 작업을 시작한 지 얼마 지나지 않은 초기 단계에 작품을 산다면 아무래도 작가와 교류하거나, 직거래하는 등 더 많은 기회를 누릴 가능성이 커지기 마련이다. 그리고 이때가 작가의 경력을 통틀어 작품값이 가장 낮은 시기이기도 하다. 컬렉터가 레드칩 작가라는 이유로 신중히 생각한다고 다른 작가에게 시선을 돌렸다가 다시 돌아왔을 때는 상황이 아예 달라져 있을 수도 있다. 나를 기다리는 작품은 이미 모두 다른 소장자의 품에 안긴 지 오래고 작가는 이미 나 정도 컬렉터는 거들떠보지 않을 만큼 슈퍼스타가 되어 있는 것이다. 이런 경험을 통해 컬렉터들은 작가가 마음에 들었다 하면 일단 작품을 일찍 사두는 것이 남는 장사라는 것을 체감하게 된다. 설사 작가가 성공하지 못해서 작품값을 날리게 되더라도, 성공만 한다면 엄청난 프리미엄을 얻을 수 있으니 이쯤은 기회비용으로 투자할 가치가 있다는 계산이다.

하지만 중요한 것은 미술 전문가들조차 아직 레드칩 작가의 투자 안정성을 제대로 검토하지 않았다는 사실이다. 심지어 레드칩 작가 사냥에 혈안이 된 컬렉터들은 미술관 대부분이 레드칩 작가의 작품을 소장하고 있지 않은 이유에 대해 깊이 생각하지 않는다. 오히려 미술관이 소장하여 작가의 가치평가가 제대로 이루어지기 전에 한발 먼저 작품을 사는 것이 이득이라고 믿을 정도다. 또한 이들은 일확천금의 가능성에 배팅하고 레드칩 작가를 물색하며 내가 레드칩 작가를 처음 발굴한 사람이 되어 미술 시장의 인정을 받으려고 한다.

하지만 그것을 누가 인정해주는가? 유일한 변별력은 '시간' 뿐이다. 심지어 장기적인 관점에서 봤을 때 이러한 현상은 레드칩 작가에게도 좋지 않다. 이미 주체할 수 없을 정도로 높아진 작가의 경매 낙찰가를 반길

출처 | CFA-BERLIN

안젤름 라일의 전시
〈LITTLE CODY〉 포스터
2007년, 안젤름 라일의 작품은 경매에 출품될 때마다 추정가를 크게 상회했다.

갤러리는 없을 것이다. 낙찰가가 얼마였든, 그게 얼마나 놀라웠던지 간에 그 금액을 실제 시세로 판단할 만한 근거는 어디에도 없으며 쉽사리 견고해지지도 않다는 이유로 말이다.

레드칩 작가들이 미술 시장에 나타난 지는 불과 얼마 지나지 않았지만, 과거의 미술 호황기에 비추어 이들의 지속성을 짐작해볼 수는 있다. 독일의 젊은 세대 작가를 대표했던 안젤름 라일Anselm Reyle은 새로운 방식을 탐색하는 등장 당시의 흐름과는 반대로 모더니즘 미술운동을 전적으로 계승해 알루미늄 포일과 네온, 콘크리트 등 재료를 주로 한 작품을 발표했다.

미술 시장의 3차 호황기로 분류되는 2007년은 작가가 가장 주목을 받았던 시기였다. 2006년 10월 필립스 경매를 통해 기분 좋은 신호탄을 쏘자마자, 다음 해부터 무서운 기세로 낙찰가를 끌어올리기 시작했다.

2007년 5월 필립스에 출품된 〈Untitled〉은 추정가 대비 246% 상승한 8만6,400달러(한화 약 1억1,240만원)에 낙찰되었고 같은 해 10월 크리스티 경매에 나온 또 다른 작품 〈Untitled〉은 추정가 대비 1,350% 높은 63만3,255달러(한화 약 8억3천만원)에 낙찰되었다. 경신에 경신을 거듭하는 안젤름 라일의 경매 낙찰가는 그 이듬해인 2008년 초까지도 이어지는 듯했다. 하지만 2008년 금융위기가 발발하면서 슬슬 작품이 유찰되기 시작하더니 2009년에 들어서는 정점 대비 70%까지 하락했다. 그 후로도 몇 년 동안 미술 시장에서 일관된 낙찰가를 만들어내지 못하던 안젤름 라일은 결국 2014년 가고시안 갤러리에서의 전시를 끝으로 은퇴를 선언했다. 하지만 다시 그로부터 2년 후 베를린에서 개인전을 열며 미술 시장에 복귀를 알렸고 스퍼스 갤러리Spurs Gallery와 함께 2023년 아트SG에 참가하기도 했다. 안젤름 라일의 작품은 여전히 경매 시장에도 출품되고 있으나 2007년 가을을 생각하면 턱없이 낮은 수준이다. 2022년 12월 소더비에서 낙찰된 15호 정도 되는 작품의 낙찰가가 1만3,860달러(한화 약 1800만원) 선이었으며, 같은 해 10월 필립스 경매에 출품된 대형 작품의 낙찰가는 4만2,719달러(한화 약 5,600만원) 선이었다.

한국에서도 비슷한 사례는 있다. 한 사람의 얼굴을 손톱만 한 크기로 화면에 가득 차게 무수히 그려 전체적으로는 다른 인물로 보이게 하는 김동유 작가의 작품은 이른바 '이중 초상' 혹은 '그림 속의 그림'이라 불리며 주목받았다. 돌풍의 시작이 한국이 아닌 홍콩이었다는 점에서 더욱 특별했는데, 2005년 크리스티 홍콩 경매에 출품된 23점의 한국 작가 작품 중 당시 최고가 8,800만원에 낙찰된 작품의 주인공이 바로 김동유 작가였다. 그리고 6개월 후, 크리스티 경매에서 당시 한국 작가로는 최고가인 3억2천만원에 자신의 낙찰 기록을 새롭게 경신하며 스타의 탄생을 알렸다. 해외에서 먼저 일어난 김동유 돌풍에 한국 미술 시장도 즉각적으로 반응했다. 2008년 서울옥션에 출품된 이우환 작가의 작품이 7천만원에 낙찰되는 동안, 같은 경매에서 김동유 작가의 작품이 무려 1억2천만원이 넘는 금액에 낙찰된 것이다. 그러나 금융위기가 한국을 점령하며 미술 시장이 긴 겨울을 보내게 되면서 김동유 작가의 작품값 역시 그대로 가라앉고 말았다. 2022년은 국내 미술 시장에 다시 한번 봄이 찾아온 활황기였으나 이미 이전 활황기에 큰 꽃을 피워낸 바 있는 김동유 작가는 아무런 스포트라이트를 받지 못했다. 이런 현상이 벌어지면 결국 가장 힘든 건 당사자인 작가 자신이겠지만, 김동유 작가는 지금까지도 묵묵히 화업을 이어 나가고 있다.

해외 미술 시장보다 지구력이 떨어지는 국내 미술 시장에도 레드칩 작가의 흐름이 나타난 지 오래다. 1976년생인 우국원 작가는 2021년과 2022년 낙찰률 100%로, 랭킹 1위를 기록한 바 있다. 이는 경매에 출품된 그의 작품 중 단 1점도 유찰되지 않고 백발백중 모두 새로운 소장자를 찾았다는 뜻이니, 우국원 작가가 미술 시장에서 얼마나 뜨거운 인기를 누렸는지 알 수 있다. 그렇다고 해서 고만고만한 가격으로 낙찰이 된 것도 아니다. 낙찰 총액 순으로는 총 48억원으로 10위를 기록했다. 경매에서 우국원 작가의 낙찰가는 언제나 관심의 대상이었다. 추정가보다 몇 배나 높은 가격으로 작품이 낙찰된 적도 부지기수이며, 2,500만원 선에 출품된 작품이 무려 1억7천만원에 낙찰된 적이 있을 정도다.

우국원 작가에 이은 낙찰률 2위는 1988년생인 문형태 작가다. 미술 시장 내에서 작가의 인기가 어느 정도인지는 그의 별명으로 짐작해볼 수 있는데, 마르기도 전에 팔려 나간다고 해서 '마팔'이다. 해외에서는 이렇게 그림을 그리는 족족 팔리는 작품을 두고 웨트 페인팅Wet Painting이라고 부르는데 문형태 작가는 이를 직역한 신조어를 별명으로 가지고 있는 셈이다. 실제로 그의 작품은 경매에 출품되는 족족 낙찰될 뿐만 아니라 800만원으로 시작된 경매가가 3,400만원으로 마감되기도 한다. 이러한 문형태 작가의 2022년 낙찰률은 우국원 작가보다 단 0.66% 모자란 99.34%였다.

그러나 2022년에 들어 상황은 바뀌었다. 낙찰률 순위 1위, 낙찰 총액 순위 10위에 빛나던 우국원 작가의 순위가 21위까지 떨어진 것이다. 문형태 작가는 아예 순위 밖으로 밀려났다. 그렇게 안정성을 추구하던 미술 시장에서 어떻게 이런 일이 발생하는 걸까? 모든 폭발적인 성장에는 휴지기가 뒤따르기 마련이다. 따라서 레드칩 작가의 행보를 지켜보는 관전 포인트는 지속성이다. 인스타그램을 비롯한 소셜미디어의 등장으로 기존의 유통 시장이 변화하면서 신진작가의 2, 3차 진출 속도는 빨라졌으며 제작 연도가 3년도 채 지나지 않은 작품들이 경매에 나오고 시장 가격이 가파르게 상승했다. 여기까지는 좋다. 그러나 블루칩이든 레드칩이든 결국 컬렉터의 숙명은 장기전에 강한 작가를 찾는 것이다. 블루칩 작가는 이미 오랜 시간을 들여 그들의 위상을 증명해왔다. 옐로우칩 작가 역시 블루칩이 되기 위해 꾸준히 내공을 쌓는 중이다.

어쩌면 작가를 이렇게 칩의 색상으로 분류하는 것 자체는 이들과는 무관한 일이다. 아니, 오히려 관심을 가지지 않는 편이 좋을 것이다. 미술 시장은 어차피 작가의 손을 떠난 미술품이 소비자들의 선호도에 맞춰 새롭게 재정렬되는 곳이다. 우국원 작가의 위상이 하늘을 찌르던 당시 진행되었던 한 인터뷰에서, 작가는 이런 미래를 예상이라도 한 듯 본인 작품의 인기에 관한 질문에 '기이한 현상이고 나와는 상관없이 일어나는 것'이라고 대답했다. 개인적으로도 우국원 작가의 작품을 좋아하긴 했지만, 이 인터뷰를 읽은 후 작가가 더욱 좋아졌다.

앞으로 20년이 흐른 후 우리는 레드칩 작가들을 어떻게 평가하고 있을까? 미술 시장에 새로운 전환점이 되는 시기가 앞으로도 분명히 올 것이고, 그 시점을 위해 모든 작가는 색깔 계급장을 떼고 꾸준히 작업을 이어 나가야 할 것이다. 컬렉터로서 후에 역사가 이들을 어떻게 평가할지 지켜보는 것도 흥미로운 관전 포인트다.

토크 후에

예술의 숨결이 살아나는 새로운 미술 시장을 꿈꾸며

한 분야의 부흥은 산업 전체에 신선한 변화를 가져온다. 어느 바람결에 시작된 작은 날갯짓이 전체의 판도를 바꾸기까지, 한국 미술 시장은 나름의 희로애락을 겪으며 찬찬히 나이테를 둘렀다. 그렇게 수십 년의 세월이 지난 2023년, 한국은 세계 미술계에서 미술품 경매 매출 규모로 10위권 안에 드는 나라가 되었다. 미술 시장 정보 분석업체 아트프라이스가 2022년 기준으로 작성한 연간보고서에 따르면 한국의 미술품의 경매 매출은 전 세계 9위다. 이를 랭킹으로만 보자면 2021년 6위로 순위권에 처음 진입한 후 3단계 하락한 등수이기는 하다. 그러나 2021년에 기록했던 6위가 지금까지 전례가 없었던 369%라는 폭발적인 성장률의 결과였던 것을 고려했을 때, 2022년의 9위는 이전 해의 성장률이 단순한 깜짝 해프닝이 아니었다는 사실을 뒷받침하는 좋은 근거가 된다.

특히나 2022년의 한국 미술 시장은 상반기와 하반기의 온도 차가 극과 극을 달리는 한 해를 보냈다. 2020년을 기점으로 타오르던 불꽃은 2022년 가을을 기점으로 그 열기를 다해버렸다. 따라서 2022년 상반기까지의 기간을 상승기, 나머지 기간을 하강기로 정의할 수 있다. 그러나 이를 매출이 아니라 시장 전체로 놓고 보면 앞에서 나눈 기준은 흐려지고, 미술 시장의 부흥이 시작되기 전과 후의 변화가 더욱 도드라져 보인다. 한마디로 경제 상황 등의 변수로 미술 시장의 매출 규모는 해마다 달라질 수 있으나, 이것이 더 이상 미술 산업 전체의 발전을 저해할 만한 영향을 주기는 어렵다는 이야기다.

오늘날의 미술 시장은 주목받지 못하던 과거로 돌아갈 수 없을 만큼 많은 변화를 겪고 있다. 안개에 가려진 하나의 섬 같았던 미술 시장이 이제는 하나의 산업군으로서 그 기세를 확장해가고 있기 때문이다.

전시해설가를 뜻하는 도슨트는 몇 년 전까지만 하더라도 드라마에서 극 중 배역의 고상하고 우아한 직업으로 낯설게 소개될 뿐이었다. '미술관 도슨트라니, 뭔지는 몰라도 있어 보이잖아' 같은 느낌이 도슨트라는 직업이 가진 이미지의 전부였다. 하지만 오늘날의 도슨트는 팬덤을 형성하는 수준을 넘어선 지 이미 오래다. 스타 도슨트의 전시를 골라서 관람하거나, 좋아하는 도슨트의 해설을 반복해서 보는 N차 관람 문화는 K-팝에서 발견되는 현상들과 완벽히 일치한다.

상황이 이렇다 보니 미술계 관계자들 사이에서는 도슨트 모시기 경쟁이 날로 치열해지고 있다. 작품 관람만큼이나 스타 도슨트를 만나기 위해 전시회를 찾는 사람들의 수요를 의식하는 것이다. 과거 자원봉사 정도로 여겨졌던 도슨트라는 직업에 관한 관심은 미술 시장의 영역이 확대되고 있음을 방증한다. 작품을 넘어 작품을 해설하는 사람까지 조명이 집중되는 현상은 곧 해당 직종의 선호도를 나타내고, 이는 미술 산업의 비전을 의미하기도 한다. 실제로 2022년 국립현대미술관의 도슨트 양성 과정에는 40명 모집에 무려 600명이 지원해 화제가 되었다. 높은 반응에 힘입어, 얼마 전에는 도슨트가 되는 방법을 소개하는 온라인 강의까지 개설했다.

한편, KBS에는 리얼 '아트' 버라이어티 쇼를 새롭게 론칭한다. 미술 작가들이 무대에서 직접 작품을 제작하고, 해당 작품이 경매에 출품되어 최종 낙찰될 경우 아트 굿즈와 신용카드로도 출시되는 프로그램의 제목은 〈노머니, 노아트〉다. KBS가 이 프로그램을 기획한 의도는 크게 두 가지다. 그동안 알려지지 않았던 대한민국 작가들이 빛을 볼 수 있었으면 좋겠다는 것과, 예술이 돈이 되는 것을 보여주겠다는 것이다. 흡사 '고통 없이는 얻는 것도 없다'는 영문 속담 'No Pain, No Gain'을 쏙 빼닮은 프로그램 제목에서도 알 수 있듯이, 성공을 위해선 고통이 뒤따르는 것처럼 예술가의 성공에는 돈이 수반되어야 한다는 명제를 분명히 제시하는 듯하다.

대한민국 공영 방송사인 KBS가 새 예능 프로그램을 론칭하면서 아트와 머니를 함께 적었다는 사실이 내심 반갑다. 이러한 기분을 느끼는 이가 비단 나뿐만은 아닐 것이다. 미술이 미술관에서만 존재하는 것이 아니라는 사실은 너무나 당연한 명제이지만 이를 모두가 깨닫는 데는 생각보다 더 긴 시간이 걸렸다. 비로소 우리는 예능 프로그램으로도 아트를 즐길 수 있다. 미술품을 다양하게 향유하고 또 소비하는 방법을 배우게 됨과 동시에 각종 산업으로 확장되는 순간을 버라이어티 쇼로 목격하게 되는 것이다.

일본에는 '복숭아와 밤은 3년, 감은 8년'이라는 속담이 있다. 심어서 열매를 맺기까지 그만큼의 충분한 시간이 걸린다는 뜻이다. 나는 도시에서 자랐고, 그 흔한 허브 하나 제대로 키워내지 못하지만 적어도 감나무가 열매를 만들어 내기까지는 실제로 8년보다 더 많은 시간이 필요하다는 사실을 알고 있다. 일본이 고향이신 나의 외할머니는 저 속담과 더불어 감나무의 비밀도 함께 귀띔해주셨다. 감나무의 묘목은 다른 나무보다 훨씬 못생겨서 심어 놓고 보면 무슨 나무 작대기를 땅에 박아 놓았나 싶을 정도라고 한다. 그리고 다른 나무보다 열매를 맺는 시간도 훨씬 오래 걸려 낙엽이 지고 나면 저 나무가 살아있는 게 맞나 싶다는 것이다. 하지만 감이 열릴 것인지 궁금해하다가 깜빡 몇 세월 잊어버리면 나뭇가지가 감 무게를 견디지 못해 아래로 늘어질 만큼 우수수 많은 감이 달린 것을 발견하게 된다고 하셨다.

나무로 치면, 한국의 정세는 복숭아나 밤나무보다는 감나무와 더 비슷할 것 같다. 다른 나무들이 봄에는 꽃을 틔우고 철마다 탐스러운 열매를 맺는 동안, 못난이 나무로 여러 해를 열매 없이 보냈던 감나무는 이제 막 첫 감이 열리기 시작했다. 달콤하고 포근한 맛의 단감을 말이다.

각종 무거운 뉴스들로 우울한 새해를 맞았던 2023년 초, 기쁜 소식이 하나 날아들었다. 국립중앙박물관이 국립중앙박물관회 젊은친구들 YFM, Young Friends of The Musem로부터 조선시대 나전함을 기증받았다는 것이다. 이 시기 제작된 나전함은 국립중앙박물관이 소장하던 나전함 1점을 비롯해 국내외를 모두 합쳐도 약 4점 정도가 남아있는 것으로 파악될 만큼 귀중하다. 특히 이번에 기증된 나전함은 16세기 나전칠기 공예의 특징을 아주 잘 보여주는 수작으로 평가받고 있다. YFM은 2008년 당시 50세 미만의 젊은 경영인을 중심으로 결성된 국립중앙박물관회 산하의 후원 모임이다. 이후 효성그룹 조현상 부회장과 정용진 신세계 부회장, 허용수 GS에너지 사장, 정의선 현대자동차그룹 회장 등을 주축으로 현재까지 활발한 활동을 이어오고 있다. 이번 기증의 의미가 더욱 값진 이유는 소더비 경매에 출품된 나전함을 YFM이 직접 낙찰받았기 때문이다. 심지어 이들의 기증은 이번이 처음도 아니다. 2009년에는 국립중앙박물관에 있는 작은 정자인 청자정靑瓷亭에 7,452점의 청자 기와를 기증한 것을 시작으로 2014년에는 〈고려 나전경함〉을 900년 만에 일본에서 들여왔으며, 2018년에도 일본에 유출됐던 고려 시대 불감을 구입해 기증한 바 있다.

이렇게 해외 경매에 출품된 작품을 낙찰받아 한국으로 자체 환송시킨 것 이외에도, 국립중앙박물관 대표전시실의 개선작업과 2021년 반가사유상 전용 전시실 '사유의 방' 신설 작업 등 YFM의 열정이 만들어낸 업적은 다채롭다. 그리고 이들의 행보를 조금만 더 자세히 살펴보면 굴지의 경영인들을 전면으로 내세우는 방식을 취하는 대신, 한국이 가지고 있는 고유의 문화와 역사에 초점을 맞추고 있다는 사실을 알 수 있다. 특히나 2021년 신설된 이래로 현재까지도 찬사를 받는 사유의 방은 환수도, 기증도 아닌 그야말로 독창적이고 고유한 K-아트의 콘텐츠화를 보여주는 진수였다. 이곳에 전시된 2점의 반가사유상은 1,400여 년 전 삼국시대 유물로 현재는 모두 국보로 지정되어 있다. 반가사유상은 한쪽 다리만 가부좌를 튼 반가半跏의 자세로 사유하는 모습을 조각한 작품을 말하는데, 특히 사유의 방에 있는 두 반가사유상은 일반 부처상과는 달리 정적인 분위기 속 은은한 움직임이 매력적이다. 날카로운 눈매에 입꼬리가 만들어낸 곡선은 부드럽게 휘어진 손가락과 맞물려 그야말로 한국의 미의 정점에 감탄하게 만든다. 여기에 신비한 자태까지 어우러져 완성된 작품의 아름다움은 그야말로 압권이다. 동양의 모나리자라는 평가가 달리 나온 것이 아니다.

이미 유명해질 대로 유명해진 공간이지만 내 마음속 은신처로 삼고 분기별로 한 번쯤은 들르는 전시실이 YFM의 후원 덕분에 완성되었다는 사실을 알게 된 건 불과 얼마 전이었다. 이들은 모임이나 구성원의 이름을 알리지 않고 활동하는 방식을 오랫동안 고수하고 있었다.

대한민국 정재계를 대표하는 젊은 경영인들이 한마음으로 이루고자 한 것은 무엇이었을까? 경매는 최고가 응찰 방식으로 정해진 낙찰가에 수수료까지 더해진다는 특징이 있다. 이러한 상황에서 해외에 중요한 우리 문화재가 출품되었을 경우, 국립중앙박물관의 연간 유물구매 예산인 30억원 내외의 금액 안에서는 구매하기 어려울 수 있다. 귀한 문화재는 값비쌀 확률이 높다. 그런 면에서 이번 YFM의 활약은 요긴하다. 확실히 이들은 문화에 힘을 실어주는 방식으로 국격을 높이고 있다. 앞서 설명한 사유의 방에서 알 수 있듯 말이다. 우리나라의 독창적이고 고유한 K-아트를 지키고 발전시키는 것이 곧 국력을 키우는 지름길이다. YFM은 당연한 사실을 단순히 아는 것에 그치지 않고 직접 실행에 옮기고 있다.

미술 시장에 막연한 궁금증을 가지고 있을 익명의 누군가를 위해 써 내려간 첫 번째 책을 발간한 후 두 번째 책을 준비하기까지, 참 많은 도반道伴의 도움을 받았다. 도반은 본래 불교에서 함께 수행하는 벗을 이르는 말이지만, 미술계에서 만난 인연을 가리키는 단어로도 두루 쓰인다. 같은 취미를 가졌다는 공통점 아래 성별과 나이를 막론하고 벗이 된다는 건 참 근사한 일이다.

이번에는 특히 한국과 해외의 도반들과 직접 인터뷰를 하는 시간이 무척 의미 있었다. 국내외 다양한 미술 행사들과 전시를 보고 살아온 나지만 직접 작성한 질문지를 앞에 두고 경청하며 얻은 인사이트는 분명히 또 다른 깊이로 내게 울림을 주었다. 애초에 해외의 미술 전문가들에게 인터뷰를 요청했던 이유는 그들이 국내 미술 시장의 10년 후에 살고 있기 때문이다. 미술 선진국에 살고 있는 이들의 메시지에 우리 미술 시장이 가야 할 지표가 들어있을 것이라 기대했다. 실제로도 상당 부분은 그랬다. 아직 국내에서는 제대로 다뤄지고 있지 않은 미술 사조나 미술품 위조의 현실은 생생하다 못해 생경할 정도였다.

하지만 여기서 놀라운 사실을 하나 더 발견했다. 글로벌 미술 시장에서 꾸준히 상위권을 유지하고 있는 나라는 경제적으로도 자립적일 뿐만 아니라 고유한 문화와 역사에 대한 자부심이 있다는 공통점이 있었다. 너무나도 당연해서 어쩌면 간과하고 있었을지도 모르는 한국의 미를 도리어 나에게 콕 집어 일깨워준 것은 해외의 도반들이었다. 이조차도 처음에는 예의상 하는 칭찬이겠거니 생각했던 내가 조금은 부끄럽다.

'뷰티풀, 사일런트, 벗 엘레강스 코리안 뷰티-'하는 그들의 감탄사를 들으며 백범 김구 선생의《백범일지》의 한 구절을 떠올렸다.

"문화의 힘은 우리 자신을 행복하게 하고, 나아가 남에게 행복을 준다."

얼마 전, 박서보 작가의 이름을 딴 첫 미술관의 기공식이 제주 서귀포에서 열렸다. 수행하듯 반복해서 선을 긋는 〈묘법〉 연작으로 세계적인 작가의 반열에 든 박서보 작가의 작품을 2025년 여름에는 제주에서 즐길 수 있게 되었다. 위치상 아주 가깝지는 않지만, 제주에는 김창열 작가의 작품을 연대별로 볼 수 있는 제주도립 김창열 미술관도 있다. 작가가 반세기 동안 그려온 진주처럼 영롱한 물방울은 우리에게 맑은 정신과 새로운 영감을 일깨워준다. 여기에 바람의 건축가라고 불리는 이타미 준의 뮤지엄인 유동룡 미술관이 지난 연말 개관하면서 제주는 그야말로 아트 특구 지역으로 거듭나게 되었다. 곧 서울을 찾는 해외 아트 컬렉터들의 수만큼 제주를 찾는 이들도 더 많아지지 않을까? 이우환 작가의 세 번째 미술관이 있는 프랑스의 작은 도시 아를에 머물렀던 지난여름, 한국을 빛낸 거장의 이름을 단 미술관에 모여드는 해외 관람객들을 바라보며 느꼈던 뿌듯한 감정을 제주에서도 기대해보고 싶다.

책을 쓰면서 관찰한 미술 시장은 고등학생 시절 지구과학에서 배웠던 판 구조론을 떠올리게 했다. 유럽과 북미, 아시아로 크게 구분되는 미술 시장은 각각의 대륙으로 분리된 것처럼 보이지만 끊임없이 서로 영향을 주고받으며 유기적으로 움직이고 있었다. 과거 한 지역에서만 생산된 것으로 알려진 특별한 조개껍데기가 지구 반대편의 어느 산기슭에서 발견되는 것처럼 미술 시장도 다이내믹한 역사 속에서 예기치 못한 충돌과 탄생을 반복하며 새로운 현상을 만들어 냈다. 이러한 광경을 비교적 가까이서 바라볼 수 있는 것은 컬렉터로서의 즐거움이고 작가로서의 특권이었다. 나의 경험과 분석을 여러분과 나눌 수 있어 더없이 기쁘기만 하다. 동시에 우아함과 다이내믹의 끝판왕인 미술 시장이 나를 또 어디로 이끌어 갈지 궁금하고 기대도 된다.

책을 쓰는 과정 대부분이 앉아서 이루어질 것이라는 예상은 이번에도 빗나갔다. 노트북 앞에서 깜박거리는 커서를 바라보는 시간보다 더 많이 필요한 것은 역시 운동화 끈을 꽉 잡아당기고 걷는 시간이었다. 그런 의미에서 이 책을 위해 도움을 주신 도반들과 친구분들께 고마움을 전하고 싶다. 끝으로, 온갖 진귀한 것들을 눈에 직접 담고 직접 경험할 수 있게 응원해주신 부모님께 깊은 감사를 드린다.

참고 문헌

책

(사)한국화랑협회, 《화랑 운영 및 미술품 유통 가이드북》, (사)한국화랑협회, 2019.

보고서

Art Basel · UBS, 〈A Survey of Global Collecting in 2021〉, 2022.

Art Basel · UBS, 〈A Survey of Global Collecting in 2022〉, 2022.

Art Basel · UBS, 〈The Art Market 2022〉, 2022.

Artsy, 〈Art Collecting 2021〉, 2022.

(재)예술경영지원센터, 〈2021년 미술 시장 실태조사〉, 2021.

(재)예술경영지원센터, 〈한국 MZ세대 미술품 구매자 연구〉, 2021.

Artsy · APAC, 〈2022 온라인 예술시장 현주소, A to Z〉, 2022.

Hiscox, 〈Online Art Market Report〉, 2021.

Agency for Cultural Affairs · Art Tokyo Association, 〈Japanese Art Industry Market Research Report 2021〉, 2021.

Artprice, 〈Ultra-Contemporary Art Market Report〉, 2022.

ArtTactic, 〈Women Artists Report-October 2022〉, 2022.

ZIPPIA, 〈ARTIST DEMOGRAPHICS AND STATISTICS IN THE US〉, 2022.

K-ARTMARKET, 〈아트마케팅의 유형과 흐름 분석 1 : How does art trade up your business?〉, 2022.

SIMPSONS SOLICITORS, 〈The artist/dealer gallery〉.

Knight Frank, 〈Wealth Report〉, 2023.

언론 보도

"Leo the Lion – How the Castelli gallery changed the art world", 《The New Yorker》, 2010.06.07.
"Damien Hirst Makes Bold Return to Gagosian Gallery", 《artnet news》, 2016.04.22.
"The End of the Traditional Art Gallery? (Part Two)", 《Books&ideas》, 2016.05.09.
"How Being Represented by Multiple Galleries Impacts an Artist's Market", 《Artsy》, 2020.10.16.
"'나 빼고 다 돈 벌었나' 2030 주식투자 성적표..'우량주 존버형' 주린이, 10% 이상 수익", 《한경BUSINESS》, 2021.03.17.
"Japan sculpts new tax rules in push to become Asian art hub", 《Nikkei Asia》, 2021.04.16.
"Top 10 of the Biggest Art Galleries in the World", 《Contemporary Art Issue》, 2021.05.27.
"'얼마 더 쓰면 되나요' 문의 폭주…'백화점 VIP'가 뭐길래", 《한국경제》, 2021.12.06.
"서울 · 싱가포르 · 도쿄 · 홍콩…'亞 미술 수도' 경쟁 막올랐다", 《한국경제》, 2023.01.11.
"지갑닫은 中 큰손, 힘빠진 싱가포르 아트페어", 《매일경제》, 2023.01.16.
"김환기 '북서풍'으로…케이옥션 '신중한 포문'", 《서울경제》, 2023.01.16.
"미국인들, 물가 올라 1년전 보다 월 생활비 51만원 더 썼다", 《글로벌이코노믹》, 2023.02.24.
"[박현주 아트클럽] 차분해진 아트바젤 홍콩…'프리즈+키아프' 승산 있다", 《뉴시스》, 2023.03.27.
"홍콩-서울-도쿄…미술판 '삼국지'", 《한겨레》, 2023.03.30.

작품 목록

피에트 몬드리안, 1930년, 〈구성 II〉, 캔버스에 유채, 51x51cm, 개인 소장.

조르주 쇠라, 1888년, 〈모델들, 군상(작은 버전)〉, 캔버스에 유채, 39.5x50cm, 개인 소장.

피에르 니콜라 윌리오, 1718년, 〈Still Life with Silver and Gold Vessels, Fruit, and Flowers〉, 캔버스에 유채, 181x142.9cm, Sarah Campbell Blaffer Foundation, 휴스턴.

다비트 테니르스, 1647년, 〈레오폴드 빌헬름 대공의 개인 화랑〉, 130.4x104.8cm, 빈 미술사 박물관, 빈.

에드가 드가, 1885년, 〈루브르 박물관에 간 메리 카사트〉, 황갈색 직조 종이에 연필·파스텔·에칭·아쿠아틴트·드라이포인트, Plate: 30.2x12.5cm·Sheet: 36x20.8cm, 시카고 미술관, 시카고.

클로드 모네, 1920~1926년, 〈수련〉, 캔버스에 유채, 219x602cm, 오랑주리 미술관, 파리.

에두아르 마네, 1881~1882년, 〈폴리 베르제르의 바〉, 캔버스에 유채, 96x130cm, 코톨드 미술연구소, 런던.

귀스타브 카유보트, 1877년, 〈파리의 거리; 비오는 날〉, 캔버스에 유채, 212.2x276.2cm, 시카고 미술관, 시카고.

카지미르 말레비치, 1915년, 〈검은 사각형〉, 캔버스에 유채, 79.5x79.5cm, 트레티야코프 갤러리, 모스크바.

알프레드 스티글리츠, 1918년, 〈알프레드 스티글리츠 : 조지아 오키프〉, 플래티넘-팔라듐 프린트, 24.5x19.6cm, 메트로폴리탄 미술관, 뉴욕.

조지아 오키프, 1923년, 〈Red Canna〉, 펜실베이니아 미술아카데미, 펜실베이니아.

레오나드로 다빈치, 1500년경, 〈살바토르 문디〉, 호두나무에 유채, 45.4x65.6cm, 개인 소장.

파올로 몬티, 1960년, 〈Servizio fotografico(Italia, 1960)〉, 24x30cm, BEIC 재단, 밀라노.

빈센트 반 고흐, 1887년, 〈자화상〉, 유성페인트, 42x33.7cm, 시카고 미술관, 시카고.

빈센트 반 고흐, 1890년, 〈까마귀가 나는 밀밭〉, 캔버스에 유채, 50.2x103cm, 반 고흐 미술관, 암스테르담.

빌 트레일러, 1939~1942년, 〈Man on White, Woman on Red / Man with Black Dog, double sided〉, 종이에 템퍼와 흑연, 18 7/8x24in, 크리스티.

알프레드 스티글리츠, 1917년, 〈마르셀 뒤샹, 1917, 샘〉, 젤라틴 실버 프린트, The original work of Duchamp is lost or destroyed(and the negative of Stieglitz too).

요하네스 베르메르, 1668년, 〈천문학자〉, 캔버스에 유채, 50x45cm, 루브르박물관, 파리.

리앵 레오폴 부알리, 1800년대, 〈The Auction〉, 캔버스에 유채, 50x62cm, 개인 소장.

아트토크 머니토크

갤러리에서 아트페어까지 미술 시장에서 만난 그림값의 비밀

초판 1쇄 발행 2023년 5월 30일

지은이 이지혜
펴낸이 성의현
펴낸곳 ㈜미래의창

편집주간 김성옥
책임편집 김다울

출판 신고 2019년 10월 28일 제2019-000291호
주소 서울시 마포구 잔다리로 62-1 미래의창빌딩(서교동 376-15, 5층)
전화 070-8693-1719 **팩스** 0507-1301-1585
홈페이지 miraebook.co.kr
ISBN 979-11-92519-60-9 03320

※ 책값은 뒤표지에 있습니다. 잘못된 책은 바꿔 드립니다.